한국사상선 16

최제우
최시형
강일순

개벽 세상을 꿈꾸다

한국사상선   16

최제우
최시형
강일순

박맹수 편저

개벽 세상을
꿈꾸다

창비
Changbi Publishers

창비 한국사상선 간행의 말

　나날이 발전하는 세상을 약속하던 자본주의가 반문명적 본색을 여지없이 드러내며 다수의 삶을 고통으로 몰아간 지 오래다. 이제는 인간 문명의 기본 터전인 지구 생태를 거세게 위협하는 시대에 이르렀다. 결국 세상의 종말이 닥친다 해도 놀랄 수 없는 시대의 위태로움이 전에 없던 문명적 대전환을 요구한다는 각성에서 창비 한국사상선의 기획은 시작되었다. '전환'이라는 강력하게 실천적인 과제는 우리 모두에게 다른 삶의 전망과 지침이 필요하며 전망과 지침으로 살아 작동할 사상이 절실함을 뜻한다. 그런 사상을 향한 다급하고 간절한 요청에 공명하려는 기획으로서, 창비 한국사상선은 한국사상이라는 분야를 요령 있게 소개하거나 새롭게 정비하는 평시적 작업을 넘어 어떤 비상한 대책이기를 열망하며 구상되었다.

　사상을 향한 요청이 반드시 '한국사상'으로 향할 이유가 되는지 반문하는 이들도 있을지 모른다. 사상이라고 하면 플라톤 같은 유구한 이름으로 시작하여 무수히 재해석된 쟁쟁한 인물과 계보로 가득한 서구사상을 으레 떠올리기 때문이다. 우리가 겪는 위기가 행성 전체에 걸친 것이라면 늘 그래왔듯 서구의 누군가가 자기네 사상전통에 기대 무언가 이야기하지 않았을까, 그런 것들을 찾아보는 편이 더 효율적이지 않을까 하는 생각은 사실 오래된 습관이다. 더욱이 '한국사상'이라는 표현 자체가 많은 독자들에게 꽤 낯설게 느껴질 법하다. 한국의 유교사상이라거나 한국의 불교사상 같은 분류는 이따금 듣게 되지만 그 경우는 유교사상이나 불교사상의 지역적 분화라는 인상이 강하다. 한국사상이 변모하고 확장하면서 갖게 된 유교적인 또는 불교적인 양상으로 이해하는 방식은 익숙지 않을 것이기에 '한국사상'에 대한 우리의 공통감각은 여전히 흐릿하다고 말할 수 있다.

하지만 이런 사정이야말로 창비 한국사상선 발간의 또 다른 동력이다. 서구사상은 오랜 시간 구축한 단단한 상호참조체계를 바탕으로 세계 지성계에서 압도적 발언권을 유지하는 한편 오늘날의 위기에 관해서도 이런저런 인식의 '전회turn'라는 형식으로 대응하고 있다. 그럼에도 그 위상의 이면에 강고한 배타성과 편견이 작동하고 있음을 지적하는 목소리가 높다. 무엇보다 지금 이곳 — 그리고 지구의 또 다른 여러 곳 — 의 경험이 그들의 셈법에 들어 있지 않고 따라서 그 경험이 빚어낸 사상적 성과 역시 반영되지 않는다는 느낌은 갈수록 커져왔다. 서구사상에서 점점 빈번해지는 여러 전회들이 결국 그들 나름의 뚜렷한 한계 안에서 이루어지는 뒤집기 또는 공중제비에 불과하다는 인상도 지우기 어렵다. 정치, 경제, 문화 등 여러 부문에서 그렇듯이 이제 사상에서도 서구가 가진 위상은 돌이킬 수 없이 상대화되고 보편의 자리는 진실로 대안에 값하는 사상을 향한 열린 분투에 맡겨졌다.

그런가 하면 '한국적인 것' 일반은 K라는 수식어구를 동반하며 부쩍 세계적 이목을 끌고 있다. K의 부상은 유행에 민감한 대중문화에서 시작되어서인지 하나의 파도처럼 몰려와 해변을 적셨다가 곧이어 다른 파도에 밀려가리라 생각되기도 한다. '한류'라는 지칭에 집약된 이 비유는 숱한 파도가 오고 가도 해변은 변치 않는다는 암묵적 전제에 갇혀 있지만, 음악이든 드라마든 이만큼의 세계적 반향을 일으킨다면 해당 분야의 역사를 다시 쓰면서 더 항구적인 영향을 남길 수 있다고 평가받아야 한다. 중요한 것은 이제 한국적인 것이 무시 못 할 세계적 발언권을 획득하면서 단순히 어떻게 들리게 할까가 아니라 무엇을 말할까에 집중할 수 있게 된 점이다. 대중문화에 이어 한국문학이 느리지만 묵직하게 존재감을 발하는 이 시점이 한국사상이 전지구적 과제를 향해 독자적 목소리를 보태기에 더없이 적절한지 모른다.

그러기 위해 한국사상은 스스로를 호명하고 가다듬는 작업을 함께 진행해야 한다. 이름 자체의 낯섦에서 알 수 있듯 한국사상은 그저 우리 역사에 존재했던 여러 사상가들의 사유들을 총합하는 무엇이 아니라 상당 정도로 새로이 구성해야 하는 무엇에 가깝다. 창비 한국사상선은 문명전환을 이룰 대안사상의 모색이라는 과제를 중심으로 이 작업에 임하고자 했는데, 이는 거꾸로 바로 그런 모색이 실제로 한국사상의 면면한 바탕임을 발견하는 과정이기도 했다. 여기 실린 사상가들의 사유에는 역사와 현실을 탐문하며 새로운 삶의 보편적 비전을 구현하려 한 강도 높은 실천성, 그리고 주어진 사회의 시스템을 변혁하는 일과 개개인의 마음을 닦는 일이 진리에 속하는 과업으로서 단일한 도정이라는 깨달음이 깊이 새겨져 있다. 이 점은 오늘날 한국사상의 구성과 전승이 어떤 방식으로 지속되어야 할지 일러준다. 아직은 우리 자신에게조차 '가난한 노래의 씨'로 놓인 이 사유들을 참조하고 재해석하면서 위태로운 세계의 '광야'를 건널 지구적 자원이자 자기 삶의 실질적 영감으로 부단히 활용하는 실천을 통해 비로소 한국사상의 역량은 온전히 발휘될 것이다.

창비 한국사상선이 사상가들의 핵심저작을 직접 제공하는 데 주력한 이유도 여기에 있다. 학구적 관심이 아니라도 누구든 삶과 세계에 대해 사유하고 발언할 때 펼쳐 인용하고 되새기는 장면을 그려본 구성이다. 이제껏 칸트와 헤겔을 따오고 맑스와 니체, 푸꼬와 데리다를 언급했던 만큼이나 가까이 두고 자주 들춰보는 공통 교양서가 되기를 기대한다. 그러기 위해 원문의 의도를 훼손하지 않는 범위에서 되도록 오늘날의 언어에 가깝게 풀어 싣고자 노력했다. 핵심저작 앞에 실린 편자의 서문은 해당 사상가의 사유를 개관하며 입문의 장벽을 낮추는 역할에 더하여, 덜 주목받은 면을 조명하고 새로운 관점을 보탬으로써 독자들의 시야를 넓혀 각자 또 다른 해석자가 되도록 고무한다. 부록과 연보는 사상가를 둘러싼 당대적·세계적 문맥을 더 면밀히 읽는 데 도움이 되고자 한다.

사상선 각권이 개별 사상가의 전체 저작에서 중요한 일부를 추릴 수밖에 없었듯 전체적으로도 총 30권으로 기획되었기에 어쩔 수 없이 선별적이다. 시기도 조선시대부터로 제한했다. 그러다 보니 신라의 원효나 최치원같이 여전히 사상가로서 생명을 지녔을뿐더러 어떤 의미로 한국적 사상의 원류에 해당하는 분들과 고려시대의 중요 사상가들이 제외되었다. 또 조선시대의 특성상 유교사상이 지나치게 큰 비중을 차지한 느낌도 없지 않을 것이다. 하지만 조선의 유학 자체가 송학 내지 신유학의 단순한 이식이 아니라 중국에서 실현된 바 없는 독특한 유교국가를 만들려는 세계사적 실험이었거니와, 이 시대의 사상가들이 각기 자기 나름으로 유·불·선 회통이라는 한반도 특유의 사상적 기획에 기여하고자 했음이 이 선집을 통해 드러나리라 믿는다.

조선시대 이전이 제외된 대신 사상선집에서 곧잘 소홀히 되는 20세기 후반까지 포함하며 이제껏 사상가로 이야기되지 않던 문인, 정치인, 종교인을 다수 망라한 점도 본서의 자랑이다. 한번에 열권씩 발행하되 전부를 시대순으로 간행하기보다 1~5권과 16~20권을 1차로 배본하는 등 발간 방식에서도 20세기가 너무 뒤로 밀리지 않게 배려했다. 1권 정도전에서 시작하여 30권 김대중으로 마무리되는 구성에 1인 단독집만이 아니라 2, 3, 4인 합집을 배치하여 선별의 아쉬움도 최대한 보충하고자 했으나, 사상가들의 목록은 당연히 완결된 것이 아니고 추후 보완작업을 기대해야 한다. 그럼에도 이 사상선을 하나의 '정전'으로 세우고자 했음을 굳이 숨기고 싶지 않다. 다만 모든 정전의 운명이 그렇듯 깨어지고 수정되고 다시 세워지는 굴곡이야말로 한국사상의 생애주기에 꼭 필요한 일이다. 아니, 창비 한국사상선 자체가 정전 파괴와 쇄신의 정신까지 담고 있음에 주목해주시기를 바란다. 특히 수운 최제우와 소태산 박중빈 같은 한반도가 낳은 개벽사상가를 중요하게 배치한 점은 사상선의 고유한 취지를 한층 부각해주리라 기대한다.

창비 한국사상선은 1966년 창간 이래 60년 가까이 한국학에 남다른 관심을 기울여온 계간 『창작과비평』, 그리고 '독자와 함께 더 나은 세상을' 꿈꾸어온 도서출판 창비의 의지와 노력이 맺은 결실이다. 문명적 대전환에 기여할 사상, 그런 의미에서 단순히 개혁적이기보다 개벽적이라 불러야 할 사상에 의미 있는 보탬이 되고 대항담론에 그치지 않는 대안담론으로서 한국사상이 갖는 잠재성을 세계의 다른 구성원들과 공유하는 계기가 된다면 더없는 보람일 것이다. 오직 함께하는 일로서만 가능한 이 사상적 실천에 독자 여러분의 많은 관심과 참여를 부탁드린다.

2024년 7월
창비 한국사상선 간행위원회 일동

차례

일러두기

1. 국립국어원 표기 규정을 따르되, 일부 표기에는 가독성과 당대의 맥락을 고려했다.
2. 각주는 모두 편저자의 것이고, 원주는【 】안에 표기했다.

현대의 개벽을 위한 초석

최제우·최시형·강일순

수운 최제우

재가녀再嫁女의 아들로 태어나다

수운水雲 최제우崔濟愚(이하 수운)는 1824년 10월 28일 경상도 경주군 현곡면 가정리(현재의 경주시 현곡면 가정1리)에서 태어났다. 부친은 근암近庵 최옥崔琸(1762~1840)이며, 모친은 곡산谷山 한씨韓氏(1793~1833)이다. 어렸을 때 이름은 복술福述[1]이며, 관명冠名은 제선濟宣, 제우濟愚는 1859년에 개명한 이름이다. 자字는 성묵性黙이며, 호號는 수운水雲, 또는 수운재水雲齋이다.[2]

부친 근암이 63세 되던 해에 만득자晚得子로 태어난 수운은 나면서부터 기구한 운명을 짊어지게 되었다. 모친 곡산 한씨가 재가한 처지여서 서자나 다름없는 신분 때문에 집안에서 차별을 받지 않을 수 없었으며, 그나마 10세 때(1833년)에는 모친마저 돌아가서 부친 슬하에서 외롭게 자랐다.

---

1   소춘 김기전 「대신사 생각」, 『천도교회월보』 162, 1924년 3월호, 18면.
2   강시원 「최선생문집도원기서」, 『동학사상자료집』, 아세아문화사 1979, 159면.

그뿐만 아니라 재가녀의 자손은 문과에 응시할 수 없다고 규정한『경국대전』「예전禮典」때문에 재주가 출중했음에도 문과에 응시할 수 없었다.[3] 이같은 수운의 처지가 그의 사상 형성 과정과 후일 동학東學을 창도하는 과정에 영향을 끼쳤을 것임은 불문가지不問可知이다.

그렇다면 재가녀의 아들로 태어난 수운이 받은 차별이 수운의 사상 형성 과정에 어떤 영향을 미쳤을까. 이 문제에 가장 먼저 주목했던 범부 김정설(1897~1966)의 견해를 소개한다.

여기 수운의 운명과 사상과 지업志業과 긴밀한 관련을 가진 사기事機가 암동暗動을 하고 있었다. 그것은 무엇보다도 그 생모가 단봇짐으로 떠들어온 과부란 것이 주 원인이 된 것이다. (…) 그때 일문一門 중에 길흉사가 있다 해도 다른 부녀들과 동열同列에 참여할 수 없는 과부의 신세인지라, 그런 때일수록 혼자서 어린 복술을 데리고 눈물에 젖은 손으로 그 천대 받는 옥동자를 어루만졌을 것이다. 영특한 복술은 어릴망정 그것이 무슨 일인 줄을 아주 모르지 않았을 것이고. 또 점점 자라남에 따라 더 잘 알게 될수록 그 울분 그 고민은 도리어 그 장지壯志와 웅도雄圖를 길렀던 것이다.[4]

어린 시절에 수운은 부친 근암으로부터 유학儒學, 구체적으로는 퇴계학退溪學을 익혔다. 부친은 영남 일대 400여명의 유생儒生들과 교유하면서 문집[5]을 남길 정도로 영남 일대에 문명文名이 자자했다.

1762년에 태어난 근암은 퇴계 이황(退溪 李滉, 1501~70)을 비조鼻祖로 하

---

3 한우근 외『경국대전』번역 편, 한국정신문화연구원 1985, 171~72면.

4 범부 김정설「최제우론」,『풍류정신』, 정음사 1986, 82면.

5 최옥의 문집에는 두 종류가 있다. 목판본 6권 3책으로 된『근암집』과 필사본 7권을 영인한『근암유고』(경인문화사 1976)가 그것이다. 내용을 대조해보면『근암유고』에 있는 글들이『근암집』에서는 여러 편 누락되어 있음을 알 수 있다. 그중에서도 특히「파과거사의(罷科擧私議)」「허개가사의(許改嫁私議)」등 개혁적 성향의 글들이 빠진 점이 눈에 띈다.

여 학봉 김성일(鶴峯 金誠一, 1538~93), 경당 장흥효(敬堂 張興孝, 1564~1633), 갈암 이현일(葛庵 李玄逸, 1627~1704)로 이어지고, 다시 밀암 이재(密庵 李栽, 1657~1730), 대산 이상정(大山 李象靖, 1711~81), 기와 이상원(畸窩 李象遠, 1722~1802)으로 이어지는 퇴계 영남학파의 학통을 정통으로 계승하고 있었다.[6] 부친 종하宗夏(?~1791)의 명에 따라 근암은 13세 때에 기와 이상원의 문하에 나아가 배웠는데 기와는 바로 퇴계 영남학파의 선봉인 갈암 이현일의 직손이었다.

20세 이후 여러 차례 과거에 응시하여 향시鄕試에는 여덟번이나 합격했지만 서울에서 치르는 복시覆試에는 끝내 합격하지 못했다.[7] 그는 결국 벼슬길을 단념하고 54세 되던 1815년에 향리鄕里에 용담서사龍潭書社(지금의 용담정)를 짓고 산림처사山林處士로 자처하며 늦게 얻은 어린 수운에게 학문을 전수하고자 했다. 수운은 그 자신의 회고에 의하면 "팔세에 입학해서 허다한 만권시서 무불통지 하여내니 생이지지 방불하다"[8]고 할 정도로 부친 슬하에서 "당시의 소상所尙(숭상하던 바)인 유학 중심의 경사經史를 학습"[9]했지만, "사상적으로 또는 정치적으로 여러가지 번민을 하여 그 당시 정교庭敎[10]로써 습득한 유학 중심의 사상은 수운의 번민을 해결하기엔 역시 만족스럽지 못했다".[11] 근암이 일찍이 남긴 「파과거사의罷科擧私議」, 「한민전사의限民田私議」, 「허개가사의許改嫁私議」 등[12] 개혁적인 글을 통해 수운의 사상적 연원을 근암에게서 찾는 연구[13]도 있으나, 수운이 유학(퇴계학)을 충실히 계승하고자 했다고 보기보다는 오히려 '부정적 계승' 즉 유

6   최옥 『근암집』, 최동희 옮김, 창커뮤니케이션 2005, 19~20면.
7   최옥, 앞의 책 744~45면.
8   『용담유사』, 「몽중노소문답가」.
9   범부 김정설, 앞의 책 83면.
10   조상 대대로 그 집안의 자손들에게 도덕적인 실천 기준으로 가르치는 교훈.
11   범부 김정설, 앞의 책 83면.
12   최옥 『근암유고』(영인본), 경인문화사 1979, 351~54면.
13   조용일 「근암에서 찾아본 수운의 사상적 계보」, 『최수운연구』, 경인문화사 1973.

학을 넘어서고자 했던 것으로 보는 것이 타당할 것이다. 왜냐하면 "최옥은 이황 이래의 심성론을 탐구하여 유학의 정통을 돈돈하게 지키려 하다가 자기 시대의 심각한 문제를 깊이 인식하지 못하고 앞 시대에 머물러서 살고자 한 사람임에 반해 수운은 아버지의 실패 사례를 철저히 극복하자는 의지에서 새로운 사상을 모색했던"[14]인물이기 때문이다.

유학을 넘어 '다시 개벽'의 길을 찾다

부친 슬하에서 유학을 익히던 수운은 15세 무렵을 전후하여 서책을 덮고 경주성 안으로 들어가 활쏘기나 말타기로 소일했다. 이런 사실은 수운의 어렸을 적 친우였던 김동범金東範[15]의 증언을 통해 확인된다. 즉 부친 재세 시부터 이미 "어떤 모형 안에 들기를 죽기만큼이나 싫어하며 재래의 습관에 구속되기를 미워하는 신사神師(수운 최제우에 대한 천도교의 호칭)는 그때의 예절이니 도덕이니 하는 것이 조금도 안중에 있지 아니하였으며, 매양 경주성 안에 들어와 활쏘기와 말타기에 분주했다. 동무들이 혹 '자네 그렇게 난봉만 부리면 어떻게 할 터이냐' 하면 신사는 자못 웃는 말로 '아버지가 돌아가시면 좀 나을 테지'"[16]라고 했다는 것이다.

이 같은 사실은 수운이 기존 유학의 울타리로부터 서서히 벗어나기 시작했음을 의미하는 사태가 아닐까 한다. 수운이 기성의 유학으로부터 '결정적으로' 벗어나는 계기는 그의 나이 17세 때인 1840년에 맞이한 부친의 죽음과 부친상을 마친 해인 1842년의 결혼, 그리고 이듬해인 1843년에 일

---

14 조동일 『동학 성립과 이야기』(개정판), 모시는사람들 2011, 219~20면.
15 김동범은 「최제우론」을 쓴 범부 김정설의 조부이며, 수운보다 한살 아래인 1825년생이다. 범부는 어렸을 때 조부로부터 들었던 수운에 관한 귀중한 증언을 1924년에 『개벽(開闢)』지 주간이던 소춘 김기전(小春 金起田)을 통해 기록으로 남겼다(소춘 김기전 「대신사생각」, 『천도교회월보』 162호, 1924년 3월호 참조).
16 소춘 김기전 「대신사생각」, 앞의 책 17면.

어난 가정리 생가의 화재였던 것으로 보인다. 부친의 죽음과 생가의 전소로 인해 크게 상심한 수운은 21세 때인 1844년에 가족을 울산 처가에 맡긴 채 '장궁귀상 주유팔로藏弓歸商 周遊八路'[17]의 유력遊歷에 나섰다. 경상도 각지는 물론이고 삼남三南 각지를 떠도는 생활이 10년간이나 이어졌다. 수운은 1844년부터 1854년까지 10년간에 걸친 '주유팔로'의 유력 생활을 통해 파탄으로 빠져드는 성리학적 지배 질서, 다시 말해 중세적 지배체제가 결정적인 한계에 직면한 상황을 온몸으로 실감했다. 그가 유력 기간 목도했던 19세기 중엽 조선왕조의 지배 이념인 유학이 직면하고 있던 한계 상황을 살펴보자.

평생에 하는 근심　　　　효박淸薄한 이 세상에
군불군 신불신君不君臣不臣과　부불부 자부자父不父子不子를
주소로 탄식하니　　　　울울한 그 회포는
흉중에 가득하되　　　　아는 사람 전혀 없어[18]

강산 구경 다 던지고　　　인심풍속 살펴보니
부자유친 군신유의　　　　부부유별 장유유서
붕우유신 있지마는　　　　인심풍속 괴이하다[19]

아서라 이 세상은　　　　요순지치堯舜之治라도 부족시不足施요
공맹지덕孔孟之德이라도　　부족언不足言이라[20]

17　강시원「최선생문집도원기서」, 앞의 책 160면.
18　『용담유사』, 「몽중노소문답가」.
19　『용담유사』, 「권학가」.
20　『용담유사』, 「몽중노소문답가」.

'효박한 이 세상' 즉 세상의 인심과 풍속이 어지럽고 괴이하기 짝이 없는 현실 앞에서 "누구도 알 리 없는, 누구에게도 통정할 수 없는 고독한 번민을 품은 채" 길을 떠난 수운이 목도한 현실은 바로 "임금이 이미 임금이 아니고, 신하가 이미 신하가 아니며, 아비도 이미 아비가 아니고 자식도 이미 자식이 아니어서" "요순의 다스림으로도 오히려 부족하고, 공맹의 덕으로도 오히려 말하기 모자라는" 말세적 상황이었다. 이런 현실에 대해 수운은 "유도 불도 누천년에 운이 역시 다했던가"[21]라고 지적함과 동시에, "십이제국 괴질운수 다시 개벽 아닐런가"[22]라 하며 기존 지배질서를 지탱하는 유학을 뛰어넘는 '다시 개벽'의 길을 모색하기 시작했다고 보인다. 요컨대 10년간의 '주유팔로'를 통해 시대의 위기를 절감한 수운은 지금까지 믿고 의지하던 유학 중심의 중세적 지배질서로부터 탈피하는 사상적 대전환의 필요성을 절감했다.

서학에 자극받아 동학을 열다

주유팔로의 10년간 수운이 목도한 두번째 놀랄 만한 현상은 서학의 만연과 그로 인한 향촌사회의 동요였다. 수운이 돌아다닌 울산, 언양, 양산, 동래(부산) 등에서는 1830년대 이래 서학이 널리 전파되고 있었다.

영남지방에 서학(천주교)이 들어온 것은 1791년 신유박해辛酉迫害로 인해 충청도의 서학 신자들이 영남 북부지방으로 대거 옮겨간 것이 계기가 되었다. 즉 1791년에 충청도 진산에 살던 윤지충尹持忠이 모친상을 당하여 서학의 교리에 따라 제사를 지내지 않고 신주神主를 불사른 사건으로 인해 체포되어 처형되고 다수의 신자들이 순교를 당하는 진산 사건이 일어나자, 충청도의 서학 신자들이 박해를 피해 영남 북부지방으로 이거했다. 이

---

21   『용담유사』, 「교훈가」
22   『용담유사』, 「안심가」 및 「몽중노소문답가」.

들 신자들은 다시 1815년의 을해박해乙亥迫害와 1827년의 정해박해丁亥迫害 이후 남쪽으로 이주해, 1830년대 이후에는 영남 남부지방에도 신자 집단이 형성되기 시작했다.[23] 그후 영남지방에 서학 신자들이 급격하게 늘어난 것은 1850년 초에 이르러서였다. 조선인으로는 두번째로 사제 서품을 받은 최양업崔良業(1821~61) 신부가 1849년에 귀국하여 6개월 만에 영남을 포함한 조선 남쪽 5도를 순방하는 등 무려 5천리에 달하는 전교 기록을 세웠는데, 이때 최양업 신부는 영남의 최남단에 자리한 동래까지 내려갔다. 그리하여 1860년대 초에는 양산, 언양, 김해, 기장, 동래 등 영남의 최남단 지역에도 신자 마을이 형성되고 예비 신자만도 1천여명에 이른다고 표현될 정도로 교세가 확대되었다.[24] 최양업 신부의 관할 구역인 지금의 경남 일대와 동래 등지에만 새 공소가 8개소에다 장차 5개소가 더 생길 예정으로 도합 15개의 공소가 들어설 정도였다.[25]

당연하게도 서학의 만연은 유학정통주의를 고수하고 있던 조선왕조 지배층 및 재야 유생들의 서학 배척을 불러왔다. 1839년 11월에 헌종은 서학의 만연과 그 폐해를 막는다는 명분으로 백성들에게 서학을 배척할 것을 훈유하는 「유중외대소민인등척사윤음諭中外大小民人等斥邪綸音」을 반포했고,[26] 같은 해 7월 성주 출신 사헌부장령 응와凝窩 이원조李源祚(1792~1871)가 경상도 도내 각 향교와 서원 앞으로 통문을 보내 서학을 이단의 사학邪學으로 규정하고 조정과 함께 그 금치禁治에 진력할 것을 역설했으며,[27] 1856년에는 상주의 사족 출신 묵암默庵 김치진金致振(1822~69)이 『척사론斥邪論』을 저

---

23 차기진 「조선후기 천주교의 영남 전파와 그 성격」, 『교회사연구 16: 이원순 교수 화갑 기념 한국교회사 논문집』, 한국교회사연구소 1988, 225면.

24 차기진, 앞의 책 1988, 212면; 정진석 옮김, 『최양업 신부의 편지 모음: 너는 주추 놓고 나는 세우고』, 바오로딸 2021 참조.

25 최정간 『해월 최시형가의 사람들』, 웅진출판 1994, 16면.

26 『헌종실록』 헌종 5년 11월조.

27 이원조 『응와전집』 1(영인본), 여강출판사 1986, 188면의 「이사학금치사통도내교원문(以邪學禁治事通道內校院文)」 참조.

술하여 "세상에서 서학을 금하고자 하는 사람들은 그 이치를 궁구하지 않고 그 옳고 그름을 분별하지 않으며 그 사람을 죽이거나 그 재산을 빼앗으니, 이는 표면을 다스리는 것을 알 뿐이고, 그 바탕을 다스려야 함을 알지 못하는 것"[28]이라 비판하고, 당시의 서학 배척과 비판이 표면을 다스리는 방책에 불과하므로 보다 근본적인 대책이 필요함을 역설했다.

수운은 '편답강산' 하는 10년 동안 특히 경상도 일대에 만연한 서학과 향촌사회의 서학 배척이라는 상반된 현실을 몸소 체험하면서 서학을 '의식'하지 않을 수 없었다. 그 구체적인 내용을 수운은 다음과 같이 말하고 있다.

> 서양 사람들은 자신들의 도를 서양의 도[西道]라 부르고 자신들의 학문을 천주학天主學이라 부르며 자신들의 가르침을 성스러운 가르침[聖教]이라 하니, 이것이 하늘의 때[天時]를 알고 하늘의 명령[天命]을 받은 것이 아니고 무엇이겠는가. 이러한 예를 하나하나 들어 말하기로 하면 끝이 없어, 나 역시 두려워서 다만 서양 사람보다 늦게 태어난 것을 한탄할 즈음에 (…)[29]

> 풍편에 뜨인 자도 혹은 궁궁촌 찾아가고
> 혹은 만첩산중 들어가고 혹은 서학에 입도해서
> 각자위심 하는 말이 내 옳고 네 그르지[30]

위의 내용에서 알 수 있는 것은 수운이 1830년대부터 1850년 사이에 양산·언양·동래 등 경상도 남부지방까지 전파되고 있던 서학 신자들을 접촉했을 가능성이 있으며, 동시에 그로부터 일정한 영향이나 자극을 받았을 가능성을 배제할 수 없다는 사실이다.[31] 이에 대해 일찍이 수운과 최양업

---

28   차기진 「척사론 해제」, 『교회와 역사』 121, 1987년 6월호 참조.
29   『동경대전』, 「논학문」.
30   『용담유사』, 「몽중노소문답가」.

신부가 만났을 가능성에 주목했던 최정간은 1849년에 최양업 신부가 귀국하여 경상도 동래를 중심으로 맹렬한 전교 활동을 전개하고 있을 바로 그 무렵 수운 역시 울산과 동래에서 구도 행각 중이어서 이 무렵에 두 사람의 역사적인 만남이 이루어졌을 것이라는 흥미로운 추론을 하고 있다.[32] 그러나 수운이 서학 신자들과의 접촉을 통해 서학으로부터 '영향'을 받고, 또 어쩌면 최양업 신부와의 만남을 통해 서학 서적이나 그 교리를 접했다 하더라도 서학이 수운이 안고 있던 시대적·사상적 고민을 해결해주지는 못했던 것이 분명하다. 다음 내용이 그것을 뒷받침한다.

가)

서양 사람들은 하늘님의 뜻이라 하여 부귀는 취하지 않으면서 천하(여기서는 중국을 중심으로 하는 동아시아를 뜻한다)를 공격해 취하고 교회당을 세워 서양의 도를 가르친다고 하므로, 나 또한 '과연 그럴까, 왜 그럴까' 하는 의문이 있었다.[33]

나)

서양 사람은 말에 순서가 없고 글에 옳고 그른 것에 대한 구분이 없어서 도무지 하늘님을 위하고자 하는 단서가 없고 다만 자기 몸만을 위하여 빌 뿐이다. 몸에는 하늘님 조화造化와 같은 신령함이 없고, 배움에는 하늘님의 가르침이 없으니 형체는 있되 자취가 없고 하늘님을 생각하는 것 같지만 하늘님을 위하는 주문이 없으니, 서양의 도는 허무의 학설에 가깝고 그 학문은 하늘님을 위한 학문이 아니니 (…)[34]

---

31   범부 김정설, 앞의 책 86면.
32   최정간, 앞의 책 18면.
33   『동경대전』, 「포덕문」.
34   『동경대전』, 「논학문」

위 인용문 가)에서 수운은 종래 '경신庚申의 변變'이라 불린 1860년 영불연합군의 북경 함락 소식을 접하고, 하늘님의 뜻을 내세우면서도 중국을 공격하여 '서양의 도' 즉 서학을 가르치려 하는 것을 의문시하고 있다. 인용문 나)에 와서는 서학의 문제점을 조목조목 비판하고 있다.

첫째, 수운은 서학에는 "몸에 하늘님 조화와 같은 신령함이 없다"고 비판한다. 이것은 하늘님과 인간이 이원적으로 분리됐다고 보는 관점을 비판한 것이다. 즉 서학에서는 하늘님이 사람 몸 바깥에 있다고 보기 때문에 동학에서처럼 하늘님이 내 몸 안에 있어 하늘님의 신령함이 곧 나의 신령함과 하나가 되는 조화의 묘한 이치가 없다는 것이다.

둘째, 수운은 서학이 '형체는 있되 자취가 없다'고 비판한다. 서학에서는 하늘님의 조화에 관한 가르침을 배우지 않기 때문에 형식은 있어도 실제 하늘님의 영험한 조화와 같은 효과는 없다는 것이다. 이때 하늘님의 영험한 조화란 '강령 체험'을 말하는 것이다.

셋째, 수운은 서학이 겉으로는 '하늘님을 생각하는 것 같지만 (동학에서처럼 하늘님을 지극히 위하는) 주문이 없다'고 비판한다. 주지하듯이 수운은 삼칠자, 즉 '지기금지至氣今至 원위대강願爲大降 시천주조화정侍天主造化定 영세불망만사지永世不忘萬事知'의 21자 주문을 핵심으로 교도들을 지도했다.[35] 수운에게 있어 이 21자 주문은 '하늘님을 지극히 위하는 글'로서 하늘님의 신령함을 내 몸에 모실 수 있게 하는 영험이 있는 데 반해 서학에는 그것이 없다고 비판한 것이다.[36] 요약하자면 수운은 "서교의 천주라는 표현에

---

35 "대개 그 도를 처음 배울 때에는 반드시 몸과 입을 정결하게 한 다음, 13자를 받고(초학주문), 다음으로 8자를 받고(제자주문 21자 가운데 앞의 강령주문 8자), 다시 13자(제자주문 중 뒤의 본주문 13자)를 받는다 한다."(「정운구서계」, 『비변사등록(備邊司謄錄)』 철종 계해 12월 20일조) "도와 법의 순서와 절차가 오로지 스물한자뿐이었다."(『동경대전』, 「논학문」) "어떤 사람은 불러서 입도하게 하고 어떤 사람에게는 명을 내려 포덕하게 하였는데 전하는 내용은 오직 주문 스물한자뿐이었다."(「최선생문집도원기서」, 앞의 책 171면 참조)

자극을 느끼고 잠재의식에서 공명하는 바도 있었을 것"[37]이지만, 서학과는 다른 자신만의 생각을 명확히 했다.

'내림 체험'을 통해 동학을 창도하다

일찍이 김지하 시인은 "동학은 우리 민족 특유의 민중적인 생명사상을 확고한 중심으로 하여 그 기초 위에서 유교, 불교, 노장사상과 도교와 기독교 등 제 사상의 핵심적인 생명사상을 통일하되, 특히 민중적인 생명사상, 민중적인 유교, 민중적 불교, 민중적 도교와 민중적 차원에서 새로 조명된 노장사상과 선禪사상, 민중적 기독교사상 등의 핵심적인 생명원리를 창조적으로 통일한 보편적 생명사상"[38]이라고 말한 바 있다.

서학의 만연으로 상징되던 서세동점西勢東漸, 조선왕조 수취체제收取體制의 근간인 삼정三政(전정田政, 군포軍布, 환곡還穀)의 문란, 괴질의 주기적 대유행, 가뭄과 기근으로 대변되는 자연재해의 빈발, 탐관오리들의 가렴주구와 그로 인한 민란 등 이른바 "나쁜 병이 가득하여 백성들이 사시사철 단 하루도 편안할 날이 없는[惡疾滿世 民無四時之安]"[39] 시대를 살며 새로운 길을 모색하던 수운은 10년에 걸친 '편답강산'에서도 새길을 찾지 못했다. "하는 일마다 어긋나는[所業交違]" 절망적 상황 속에서 마침내 오랜 처가살이에 종지부를 찍고 1859년 36세 때 고향 경주 용담으로 돌아와 "문밖을 나가지 않겠다[不出山外]"는 다짐을 하고 정진하던 중에 "경신庚申(1860년) 4월 초오일"[40]에 결정적인 '내림 체험'을 한다. 『용담유사』와 『동경대전』은 다음과 같이 전한다.

---

36 "주문도 같지만 서학의 주문에는 결실이 없느니라."(『동경대전』, 「논학문」)
37 범부 김정설, 앞의 글 87면.
38 김지하 『남녘땅 뱃노래: 김지하 이야기 모음』, 도서출판두레 1985, 110면.
39 『동경대전』, 「포덕문」.
40 『용담유사』, 「용담가」.

천은이 망극하여 　　　　　경신사월 초오일에

글로 어찌 기록하며 　　　　　말로 어찌 성언할까

만고 없는 무극대도 　　　　　여몽여각如夢如覺 득도로다[41]

사월이라 초오일에 　　　　　꿈일런가 잠일런가

천지가 아득해서 　　　　　정신수습 못 할러라

공중에서 외는 소리 　　　　　천지가 진동할 때

집안사람 거동 보소 　　　　　경황실색 하는 말이

애고 애고 내 팔자야 　　　　무슨 일로 이러한고

(…)

공중에서 외는 소리 　　　　　물구물공勿懼勿恐 했어라

호천금궐 상제님을 　　　　　네가 어찌 알까보냐

(…)

그럭저럭 창황실색 　　　　　정신수습 되었더라

그럭저럭 장등달야長燈達夜 　　백지 펴라 분부하네

창황실색 할 길 없어 　　　　백지 펴고 붓을 드니

생전 못 본 물형부勿形符가 　　종이 위에 완연터라[42]

　　서양 사람보다 늦게 태어난 것을 한탄할 즈음에 몸이 몹시 떨렸다. 밖으로는 신령스러운 기운을 접하는 느낌이 있고 안으로는 무슨 가르침을 받는 느낌이 있으나 보려 해도 보이지 않고 들으려 해도 들리지가 않으니, 마음이 더욱 괴이하고 의아해지므로 마음을 바르게 하고 기운을 바르게 하여 물었다. "어찌하여 그렇습니까." (상제가) 대답하기를, "내 마음이 곧 너의 마

41 　『용담유사』, 「용담가」.

42 　『용담유사』, 「안심가」.

음이니 다른 사람들이 어찌 그것을 알겠는가. 하늘과 땅은 알았으되 귀신은 모르니 귀신이 곧 나이니라. 너에게 무궁하고 무궁한 도를 줄 것이니 그것을 닦고 또 연마해 그 글을 지어서 사람들을 가르치고 그 법을 바르게 하여 덕을 펴면 너로 하여금 길이 살게 하여 온 세상에 너의 덕이 밝고 뚜렷하게 할 것이니라.”[43]

위와 같이, 수운의 경신년 4월 5일 체험은 ‘꿈인지 잠인지’ 모를 상태 또는 ‘여몽여각’ 즉 꿈 같기도 하고 깨어 있는 것 같기도 한 상태에서 ‘몸이 몹시 떨리면서 밖으로는 신령스러운 기운을 접하는 느낌이 있고 안으로는 무슨 가르침을 받는 느낌’이 있는 상태에서 이루어졌다. 이 같은 ‘체험’은 『용담유사』와 『동경대전』 도처에서 반복적으로 기술된다. 이에 대해 범부 김정설은 수운이 “접령接靈·강화降話 등 천계경계天啓境界의 광경을 체험한 것”[44] 즉 계시를 받은 것이라고 하면서, 수운이 체험한 계시 광경은 “일종의 강령 즉 ‘내림이 내린 것’으로 볼 수 있고 또 그 강령법降靈法(강령주문)도 자신의 체험을 양식화한 것”[45]이라고 보았다. 그리하여 범부는 “이 계시의 유래는 유교 정신에서 올 수 없는 것은 물론이고, 또 불교나 도교의 그것일 수도 없는 일이고, 기독교에서 온 것도 아예 아닌 것이다. 그래 이것이 꼭 무속의 ‘내림’에서 온 것이 틀림없고 본즉, 이건 과연 우리 문화사·사상사에 천번지복天翻地覆(하늘이 무너지고 땅이 뒤집힘)의 대사건”[46]이며, 또한 “하느님의 내림은 천주의 강령이니 계시, 묵시, 천계天啓 등의 어휘로 표현되는 것이니, 방역邦譯(우리말로 번역함)하자면 ‘내림’이란 이외에 다른 말이 있을 리 없다”[47] 하여 수운의 강령 체험, 계시 체험을 ‘내림 체험’이라

---

43   『동경대전』, 「논학문」.
44   범부 김정설, 앞의 글 85면.
45   앞의 글 89면.
46   앞의 글 89~90면.
47   앞의 글 92면.

고 정의하고 있다.

'다시 개벽'의 길, 동학의 길

'내림 체험'을 통해 수운은 '하늘님'으로부터 무극대도 즉 천도天道와 함께 21자 주문과 영부靈符도 함께 받았다.[48] 수운에게 내려온 '하늘님'은 주문과 영부를 가지고 민중들을 가르쳐 인도하면 스스로 장생할 뿐만 아니라 온 세상에 덕을 널리 펼 수 있을 것이라면서 수운에게 '하늘님'의 덕을 펴는 활동 즉 포덕布德을 권했다. 이에 수운은 '내림 체험' 이후 1년여 동안 수련을 거듭한 후 1861년 봄에 「포덕문」을 짓고 6월부터 본격적인 포덕 활동에 나섰다. 그러자 '용담에 신인이 났다'는 소문이 널리 퍼져 많은 민중들이 다투어 경주 용담으로 몰려오기 시작했다. 서세동점, 삼정문란, 자연재해 빈발, 콜레라와 같은 '괴질'의 주기적 유행 등으로 위기의식이 가득한 민중들이 다투어 수운을 찾아오기 시작한 것이다. 당시 민중들의 폭발적 반응을 전하는 기록을 인용한다.

> 문경새재로부터 경주까지는 400리 남짓 되고 고을은 10여개정도 되는데 날마다 동학에 대한 말이 들려오지 않은 적이 없었고, 경주 근처의 여러 고을에서는 그 말이 더욱 심하여 저잣거리의 아낙네와 산골짜기 어린아이들까지도 동학의 글을 외며 전하지 않는 이가 없었습니다. 말하기를 '위천주爲天主' 또는 '시천지侍天地'[49]라고 하면서 부끄러워하지도 않고 또한 감추려고도 하지 않았사옵니다.[50]

---

48 『동경대전』, 「포덕문」.
49 시천주(侍天主)를 얻듯 듣고 잘못 말한 것.
50 「정운구서계」, 『비변사등록』 철종 계해(1863) 12월 20일조.

위에 인용한 내용은 선전관 정운구가 1863년 12월에 수운을 체포하기 위해 한양에서 경주로 내려가던 도중 경상도 일대 민중들이 동학으로 몰려가는 광경을 기록한 것이다. 수운을 체포한 관리조차 놀랄 정도의 기세로, 당시 민중들은 왜 다투어 수운에게로 달려갔을까? 그에 대한 답은 아래와 같다.

> 귀천과 등위를 차별하지 않으니 백정과 술장사들이 모이고, 남녀를 차별하지 아니하고 유박혜박帷薄(집회소)을 설치하니 홀아비와 과부들이 모여들고, 돈과 재물을 좋아해 있는 사람과 없는 사람이 서로 도우니 가난하고 궁핍한 사람들이 기뻐했다.[51]

위 내용을 보면, 수운의 동학은 첫째 귀천과 등위에 차별이 없는 신분 평등의 공동체였으며, 둘째 남녀를 차별하지 않는 양성평등의 조직이었고, 셋째 부자 즉 있는 사람과 빈자 즉 없는 사람들이 서로 돕는 상호부조의 공동체였다. 그뿐만 아니라 수운은 당대의 세상을 "십이제국 괴질운수 다시 개벽 아닐런가"[52] "하원갑 지내거든 상원갑 호시절에 만고 없는 무극대도 이 세상에 날 것"[53]이라 하며 '다시 개벽'의 새로운 세상이 오고 있음을 역설했다. 그럼으로써 위기의식으로 가득 찬 민중들을 위로하는 '신인'(또는 '진인') 즉 민중들의 구세주 역할을 했다. 그러나 바로 이것 때문에 수운은 포덕을 시작한 지 3년째인 1863년 12월 말에 체포되어 이듬해 3월 10일 좌도혹민左道惑民 즉 삿된 도로 민중들을 현혹했다는 죄명으로 '순도殉道'했다. 만 40세의 짧은 생애였다.

---

51   최승희 「서원(유림)세력의 동학 배척운동 소고」, 『한우근 박사 정년 기념 사학논총』, 지식산업사 1981, 554면.
52   『용담유사』, 「안심가」.
53   『용담유사』, 「몽중노소문답가」.

그렇다면 수운이 길을 연 동학의 핵심사상은 무엇일까? 간단히 요약하면, 동학의 핵심사상은 『동경대전』에 집약되어 있다고 할 수 있다. 『동경대전』의 핵심사상은 다시 「논학문」에 집약되어 나타나며, 그것은 다시 「논학문」 안에서 수운 자신이 상세한 설명을 붙인 '주문' 해설로 집약된다. 그리고 그 '주문'의 핵심은 최종적으로 '시侍' 한 글자로 집약된다.[54] '시'(모심)에 대해 수운은 「논학문」에서 '내유신령 외유기화 일세지인 각지불이內有神靈 外有氣化 一世之人 各知不移'라고 해설했다. 풀이하면 "안으로 신령함이 있고 밖으로 기화함이 있음을 세상 모든 사람이 제각각 알아서 옮기지 아니한다"라는 뜻이 된다. 이것을 요약하자면, 수운이 강조하는 '시'란 내 안의 영성을 확립하는 동시에 그 확립된 영성으로 이웃과 세상을 바람직한 방향으로 변화시키는 사상이다. 후일 동학농민혁명 최고지도자 전봉준은 그것을 일컬어 '수심경천守心敬天과 보국안민輔國安民의 도학道學'이라 말했다. 이른바 개인의 영성과 사회혁명의 창조적 통일을 실현하는 것이 바로 동학에서 말하는 '시'의 경지를 실천하는 것이다.

해월 최시형

오해되어온 해월의 행적과 사상

동학농민혁명은 1892년 10월 공주집회로부터 시작된 교조신원운동에 이어 1893년 11월의 사발통문 모의와 이듬해 1월의 고부농민봉기를 거쳐 1894년 3월 21일 전봉준을 최고지도자로 삼아 전라도 무장에서 조선왕조의 폐정을 혁파하기 위한 동학농민군의 전면 봉기로 시작되었다.

---

54   김지하 「인간의 사회적 성화: 수운사상 묵상」, 『남녘땅뱃노래』, 도서출판두레 1985, 110~15면.

조선뿐만 아니라 청국과 일본 등 동아시아 삼국을 뒤흔든 동학농민혁명의 조직적 기반은 동학 2대 교주 해월海月 최시형崔時亨(이하 해월)이 비밀포교 활동을 통해 조직해놓았던 각 지역의 동학 접포接包 조직이었으며, 지역별로 봉기한 농민군을 지휘한 지도자들은 해월의 직간접적 지도를 받으며 성장한 동학의 지도자 즉 접주接主 출신이 대부분이었다. 또한 동학농민군들은 해월이 평생토록 '유일한' 설법 주제로 삼았던 사인여천事人如天 사상에 전폭적으로 공감하여 동학에 입도했다.[55] 그러므로 해월은 동학사東學史에서나 한국근대사에 있어 동학농민군 최고지도자 전봉준 못지않게 중요한 연구 대상임에 틀림이 없다.

그러나 선행 연구는 동학 창시자 수운과 동학농민혁명 최고지도자 전봉준에 대해서는 크게 주목하면서도 동학을 하나의 제도종교로 발전시킴으로써 동학농민혁명의 사상적·조직적 기반을 닦은 해월에 대해서는 별로 주목하지 않았던 것이 사실이었다. 그뿐만 아니라 해월에 관한 극소수의 연구마저도 혁명을 주도한 전봉준은 '위대한 인물'이지만, 전봉준의 봉기를 만류하고 참여하지 않았다고 '잘못' 알려진 해월은 '비겁한 인물'인 것처럼 낙인찍음으로써 해월은 오랜 기간 학계나 일반인들에게 '반동적' 인물로 남아 있었다. 이처럼 해월에 관한 연구와 그 이해가 오랜 기간 피상적 수준에 그치고 또한 부정적 평가로 남은 데에는 몇 가지 이유가 있었다.

첫째, 해월은 1861년 동학에 입도한 때부터 관에 체포되어 처형당한 1898년까지 38년간 관으로부터 감시와 탄압을 받는 '수배자' 신세였다. 그래서 그는 평생토록 전국 각지를 전전하며 피신 생활로 일관하는 삶을 살았다. 그 때문에 해월의 행적과 활동과 법설 등은 공개적으로 기록될 수 없었으며, 그를 수행했던 제자 몇 사람에 의해 '비밀리에' 그리고 부분적으로 기록될 수밖에 없었다. 또한 그런 기록들마저 인멸되거나 이곳저곳

---

55 홍종식 구연, 춘파(박달성) 기록 「70년사상의 최대 활극 동학란 실화」, 『신인간』 34, 1929년 4월호, 45~46면.

에 산재되어 있어 연구자들이 제대로 된 자료를 확보하기 어려웠다. 둘째, 일상적 세계 속에서 민중에 커다란 영향을 끼쳤던 동학의 사상 및 동학 접포 조직의 역할 등에 대해 주목하기보다는 동학농민혁명이라는 '비일상非日常'의 변혁 운동 연구에 역량을 집중함으로써 선행 연구 대부분은 해월보다는 전봉준 연구에 관심이 집중되었다. 이른바 '운동사' 중심으로 동학을 연구해온 경향이 지배적이었던 까닭에 '사상사'나 '생활사' 등에 대한 연구가 제대로 이루어지지 못했다. 셋째, 적어도 1894년 동학농민혁명 단계까지는 해월 중심의 단일지도체제를 유지해왔던 동학 교단이 혁명 실패 이후에 더한층 강화된 관의 탄압 속에서 분화되었다. 그리하여 분화된 각 교파는 다투어 자파自派의 정통성을 강조하고자 역사적 사실을 왜곡하는가 하면,[56] 해월을 신인으로 둔갑시키는 '종교적 윤색' 또는 신비화 작업을 강화하여 역사적 사실에 입각한 해월 연구와 이해를 어렵게 만들었다.

위와 같은 문제점에 유의하여 이 글에서는 해월에 관한 선행 연구를 재검토하는 한편, 해월이 은거하면서 비밀포교 활동을 전개했던 지역을 답사하며 채록한 주민들의 증언 및 비밀포교지 현지에 전승되는 이야기들도 참고하며, 해월의 행적과 사상을 담은 새로운 자료를 최대한 활용하여 해월의 생애와 활동, 사상 등을 재구성하고자 한다.

새롭게 확인된 해월의 행적

19세기 후반 조선 민중으로부터 '최 보따리'[57]라는 이름으로 널리 알려진 해월은 1827년 3월 27일 지금의 경상북도 경주시 황오동에서 부친 종

---

[56] 졸고 「동학자료의 재검토」, 『사료로 보는 동학과 동학농민혁명』, 모시는사람들 2009, 15~16면; 趙景達「東學=天道敎正史の變遷」, 『歷史學硏究』 938, 2015년 11월호, 16~26면.

[57] 박정동「시천교종역사」, 『한국학자료총서 9: 동학농민운동 편』, 한국정신문화연구원 1996, 575면; 오지영「동학사」, 『동학사상자료집』 2, 아세아문화사 1979, 419면.

수宗秀와 모친 월성 배씨月城 裵氏 사이에서 태어났다.[58] 조실부모하여 어려서부터 이웃 마을에서 머슴 생활도 하고 인근의 조지소造紙所에서 용공備工 생활도 하며 가까스로 생계를 유지했다. 19세에 밀양 손씨密陽 孫氏와 결혼한 뒤에도 그의 형편은 나아지지 않아 33세(1859) 때에는 현재의 포항시 신광면 반곡리 검등골로 이주하여 화전을 일구며 생활했다.[59] 35세 되던 1861년 6월, '경주 용담에 신인이 났다'는 소문을 듣고 수운 최제우를 찾아가 동학에 입도했다.

입도 후 해월은 매월 서너차례 용담으로 찾아가 스승 수운으로부터 직접 지도를 받으며 수련에 열중했다. 그리하여 '조화'로 불리는 신비체험을 하고 스승 최제우의 허락을 받아 포교 활동에 나섰다. 그는 '검악포덕劍岳布德'이라는 말을 들을 정도로 포교 활동에 전력을 기울여 1863년 7월에는 경상도 북부지역 포교를 책임지는 '북도중주인北道中主人'에 임명되었으며 그해 8월에는 '도통道統'을 전수받았다고 한다.[60] 그러나 『최선생문집도원기서』와 『수운행록』 등 동학 교단 측 자료, 「정운구서계」와 「서헌순장계」, 『교남공적』 등 관변 자료 등을 비교·검토해보면, 스승 수운으로부터 직접 '도통'을 전수받았다는 교단사 기록은 검토의 여지가 많다. 입도 초기 해월은 21자 주문 수련과 포교 활동에 전념하면서 스승 수운과 그 가족들을 위한 경제적 후원에 정성을 다했으며 '유력 제자' 가운데 1인이기는 했다. 그러나 그는 스승과는 달리 학문적 기반(유학, 주자학)이 거의 없었다. 조실부모하고 가정 형편이 어려운 관계로 학문을 제대로 닦은 적이 없었기에 한문으로 된 수운의 저작 중심으로 동학을 수용하기보다는 주로 일반 민중이 선호하던 주문 수련 중심으로 동학을 수용했다.[61]

---

58 필자 미상 「해월선생문집」, 『대선생사적』(필사본), 1906, 35면.

59 표영삼 「해월신사와 금등골」, 『신인간』 485, 1990년 8월호, 17~19면; 표영삼 『동학 1: 수운의 삶과 생각』, 통나무 2004, 238면.

60 표영삼, 앞의 책 248~56면.

61 "문밖을 나가지 않으면서 밤낮을 가리지 않고 지극한 정성으로 주문 외우기를 3~4개월이

해월이 수운의 '도통' 계승자로 알려지게 되는 데에는 몇 번의 계기가 있었다. 첫번째 계기는 1863년 12월 말경 수운이 선전관 정운구에게 체포될 당시 제자들도 체포되었으나 해월만은 운 좋게 체포를 면했다. 체포를 모면한 해월은 자연스럽게 스승 수운의 옥바라지와 함께 수운이 부재한 초기 동학 조직을 수호하는 역할을 맡았다. 이로써 그는 수운 체포 직후에 그를 대신하는 유력한 지도자로 부상할 수 있었다. 두번째 계기는 1871년 3월 10일에 이필제李弼濟(1825~71)가 주도한 '영해병란寧海兵亂'을 통해 찾아왔다. '영해병란'은 동학·천도교 측에서 '영해 교조신원운동'으로 부르는 병란으로 해월을 비롯한 초기 동학교도들이 다수 참여했다. 해월이 맡은 역할은 '차괴次魁'(부 지도자)였다.[62] 병란을 주도했던 이필제는 동학교조 수운의 억울한 죽음을 신원한다는 명분을 걸고 경상도 북부 지역에서 다수의 동학교도들을 끌어모아 병란을 일으켰으나 끝내 실패했다. 이로 인해 해월의 양아들 최준이崔俊伊를 비롯한 다수의 동학교도들이 희생되었고, 경상도 북부지역을 중심으로 재건되고 있던 동학 조직이 와해되고 말았다. 그러나 해월은 그 와중에서도 운 좋게 살아남아 강원도로 피신하여 동학의 재건에 나섰다. 이 과정에서 해월의 지도력이 다시 한번 강화되었다. 세번째 계기는 스승 수운의 유족들이 잇따라 사망함으로써 찾아온다. 즉 1864년 3월 수운 사후부터 1870년대 중반까지 수운의 유족들은 관의 탄압과 감시를 피해 경상도 북부, 충청도 북부, 강원도 남부 산악지역에서 피신 생활을 계속하면서도 정례적으로 수운의 탄신제(10월 28일)와 기제忌祭(3월 10일) 등을 거행했다. 이들 제례는 흩어져 있는 교도들을 결속하는 역할을 했고, 그에 따라 동학교도들의 정신적 구심점은 어디까지나 수운의 유족이 그 중심을 이루고 있었다. 그러나 1872년 수운의 장남 세정의 옥사, 1873년 수운의 부인 박씨의 병사에 이어 1875년 수운의 차남 세청이

지났다." 필자 미상「해월선생문집」, 앞의 책 35~36면.

62　졸고「교남공적 해제」,『한국사학』10, 한국정신문화연구원 1989, 245~46면.

급사함[63]으로써 수운에 대한 제사권祭祀權을 해월이 장악해 단일지도체제가 확립되었다. 1879년에 동학의 차도주次道主 강시원姜時元이 해월 중심의 단일지도체제를 '정통'으로 삼는 최초의 동학 교단사敎團史(『최선생문집도원기서』)를 편찬함으로써 수운으로부터 해월로 이어지는 '도통'의 전통, 즉 도통 계승자로서 해월의 정통성이 확고해질 수 있었다.

이상과 같은 세번의 극적인 계기를 통해 1870년대 후반 단일지도체제를 구축한 해월은 강원도 남부 산악지역(영월, 정선) 등을 거점으로 삼아 동학 조직의 재건 및 교세 확장에 전력을 기울였다. 특히 단일지도체제를 통해 리더십을 굳건히 한 해월은 충청도 단양 '절골'을 중심으로 교도들이 자유롭게 내왕할 수 있는 안정된 근거지를 마련하는 한편(1874), 각종 종교의례 제정(1875), 정기수련회 부활(1878), 순회포교 활동 재개(1879 경상도와 강원도 등), 교사 편찬(1879) 및 경전 간행(1880~81) 등을 성공적으로 달성하여 동학을 하나의 제도종교로 확립하는 데 성공했다.[64]

동학을 제도종교로 확립한 해월은 1880년대에 들어서자 그 기반을 토대로 그간 강원도 남부 및 충청도 북부 산악지대를 중심으로 전개해왔던 포교 활동을 충청도 남서부 평야 지대로 확장했다. 그 결과 동학교단 안에서 '삼로三老'로 불리는 충청도 목천의 김영식金永植·김은경金銀卿·김성지金成之를 비롯하여 공주의 윤상오尹相五, 아산의 안교선安敎善, 청주의 손천민孫天民과 손병희孫秉熙, 서장옥徐璋玉, 예산의 박인호朴寅浩와 박희인朴熙寅, 보은의 황하일黃河一, 단양의 여규덕呂圭德과 여규신呂圭信(몽양 여운형의 조부) 등 후일 동학농민혁명 지도자로 활약하게 되는 인물들이 다수 입도함으로써 교세가 확장되어갔다. 늘어나는 교세에 부응하기 위해 해월은 1884년에 주요 직제의 하나인 '육임제六任制'(교장, 교수, 도집, 집강, 대정, 중정)를 제정했으며, 1880년대 후반에 이르러서는 전라도 지방까지 포교 활동

63   졸고 「최시형 연구」, 한국학대학원 박사논문, 1995년 12월, 82~83면.

64   졸고 「최시형 연구」, 앞의 논문 89~105면.

을 펼쳐 충청도는 물론이고 전라도에서도 교도가 급증하기에 이르렀다.

이에 따라 동학에 대한 탄압도 가중되었다. 지방 수령들은 물론이고 이서와 토호 등이 동학 포교를 금한다는 명목으로 동학교도와 일반 민중에 대한 가렴주구가 빈번해졌다. 그중에서도 '을유지영액乙酉之營厄'으로 기록된 1885년의 탄압, '기축지원왕己丑之冤枉'으로 기록된 1889년의 탄압으로 인해 교도들이 체포되었으며 신변의 위협을 느낀 해월도 피신에 피신을 거듭하며 대책 마련에 고심했다. 1880년대까지만 해도 관의 탄압에 대해 동학교단 측은 피신과 도망, 속전을 바쳐 체포된 교도들을 빼내오는 등 소극적 방법으로 대응할 수밖에 없었다.

1890년대에 들어서자 동학은 전라도 서남해 연안까지 전파되어 교세가 확대 일로였고 그에 비례하여 관변 측의 탄압이 더욱 가중되어 교도들의 수난 역시 한층 격화되었다. 이에 해월은 교도들의 수난이 끊이지 않는 것은 교조 수운의 억울한 죽음을 신원伸冤하지 못했기 때문이라고 판단하고, 마침내 1892년 10월 '교조의 신원에 적극적으로 참여하라'는 요지의 「입의통문立義通文」을 전국 각지의 접주 및 교도들에게 발송했다. 「입의통문」 발송을 계기로『경국대전』「형전」의 '소원訴冤' 조항[65]에 의거한 합법적 시위운동인 교조신원운동敎祖伸冤運動이 공주집회(1892년 10월)에서 시작하여 삼례집회(1892년 11월)로, 다시 광화문 복합상소와 척왜양격문 게시운동(1893년 2월)을 거쳐, '척왜양창의斥倭洋倡義'를 전면으로 내걸었던 보은집회와 금구 원평집회(1893년 3월) 등으로 이어졌다. 종래 해월은 이 교조신원운동에 반대했다고 알려졌으나 「입의통문」을 비롯하여 1880년대 후반부터 1890년대 초반까지 해월이 발송한 각종 통문을 담은『해월문집』[66] 발

---

65 한우근 외『경국대전』번역 편, 한국정신문화연구원 1985, 442~43면.

66 『해월문집』은 필자도 참여한 바 있는 '전북일보 동학농민혁명 특별취재팀'이 1992년에 전라북도 부안군 상서면 감교리 소재의 천도교 호암수도원 답사 때 발굴하였으며,『동학사료집성』1(박맹수 편, 익산, 선명문화사 1996) 및『한국학자료총서 9: 동학농민운동 편』(한국정신문화연구원 1996)을 통해 전문을 공개한 바 있다.

견으로 교조신원운동이 해월의 허락 아래 전개되었을 뿐만 아니라 해월이 적극적으로 주도했다는 사실이 명확해졌다.

또한 교조신원운동은 당초 '교조의 신원, 동학교도 및 일반 민중에 대한 가렴주구 행위 금지, 척왜양斥倭洋'이라는 세가지 목표를 내걸고 시작되었지만 운동이 계속되면서 '교조의 신원' 같은 동학교단의 종교적 요구는 수면 아래로 들어가고 일반 민중의 요구이자 시대적 요구인 '척왜양'이 전면에 등장하는 정치적·사회적 운동으로 변모해갔다. 그뿐만 아니라 교조신원운동을 통해 첫째 인맥 중심의 동학 접接 조직이 같은 지역의 여러 접을 하나로 묶는 지역적 성격이 강한 포包 조직으로 정비되었고, 둘째 서장옥·전봉준·손천민·손병희·박인호 등 1894년 동학농민혁명을 주도하게 될 인물들이 유력한 지도자로 성장하는 계기가 마련되었다. 이에 교조신원운동은 동학농민혁명의 전사前史로서 자리매김될 만한 역사적 의미를 지니고 있었다.

1892년 10월부터 이듬해 1893년 4월 초까지 충청도 공주, 전라도 삼례, 서울 광화문, 다시 충청도 보은과 전라도 금구·원평 등지에서 지속되었던 교조신원운동은 무력을 동원한 조정의 탄압으로 강제 해산당해 실패로 끝났다. 하지만 교조신원운동을 통해 조직화된 전국 각지의 접포 조직과 동학 지도자들은 1894년에 들어와 전혀 새로운 양상을 보이기 시작했다. 우선 1894년 1월에 전라도 고부에서 전봉준 등이 중심이 되어 농민봉기를 일으켰다. 3월 초에는 충청도 금산·진산에서 해월로부터 직접 지도를 받고 있던 서장옥과 조재벽趙在璧을 중심으로 무장武裝봉기가 일어났으며, 고부농민봉기를 주도했던 전봉준은 「무장포고문茂長布告文」을 통해 조선 왕조의 폐정 혁파를 선언하고, 3월 21일 전라도 무장에서 전면 봉기하기에 이르렀다. 4월 초에는 경상도 진주에서 손은석·백도홍 등이 봉기했다.[67]

제1차 동학농민혁명의 불길이 전국적으로 타오르기 시작한 것이다.

제1차 동학농민혁명에 대해 해월은 어떻게 대응했던가? 선행 연구에서는 전봉준의 봉기를 만류했을 뿐만 아니라 참여하지도 않았다고 알려졌다. 그러나 『백범일지』와 『김낙봉이력』 같은 농민군 지도자들의 수기를 비롯하여 『동비토록』과 『양호전기』 등의 관변 자료, 『저상일월渚上日月』 같은 유생 측 자료, 『조선국 동학당 동정에 관한 제국공사관 보고일건』, 『주한일본공사관기록』, 『아사히신문』 및 『미야코신문』 등 일본 측 자료가 속속 발굴되어 소개됨에 따라 해월이 제1차 동학농민혁명에 참여했다는 '새로운' 사실이 밝혀졌다. 따라서 교조신원운동 및 제1차 동학농민혁명 단계에 해월과 전봉준이 대립했다는 이른바 '남·북접 대립설'은 재고되어야 마땅하다.[68]

해월 동학사상의 내용과 특징

그렇다면 해월이 수용하고 실천한 동학사상의 특징은 무엇일까? 주지하듯이, 동학교조 수운이 1860년에 창도한 동학의 핵심사상은 시천주侍天主 사상으로 집약된다. '시천주'란 모든 사람이 자기 안에 거룩한 하늘님을 모시고 있다는 뜻이다. 해월은 바로 이 시천주 사상을 민중과 어울리는 일상생활 속에서 실천적으로 해석해냈다. 우선 해월은 '머슴 출신'이라는 자신의 신분적 배경을 바탕으로 '사인여천事人如天'을 생애를 일관하는 설법 주제로 삼아[69] 사람과 사람 사이의 부귀빈천과 노소남녀, 적서노주嫡庶奴主의 차별을 타파하는 데 일생을 바쳤다. 백정 출신으로 알려진 전라도 익산 출신의 남계천南啓天을 호남좌우도 편의장으로 임명했을 때 양반 출

---

68 졸고 「동학의 남북접 대립설에 대한 재검토」, 『개벽의 꿈 동아시아를 깨우다』, 모시는사람들 2011, 315~52면.

69 오지영 「동학사」, 『동학사상자료집』 2, 아세아문화사 1979, 397면.

신 접주들이 반발하자 "설령 출신이 낮고 미미하다 하더라도 두령의 자격이 있으면 그 지휘를 따라 도를 실천하려는 마음을 가지는 것이 옳을 것이다"라고 역설했던 일화[70]는 해월이 시천주 사상에 입각하여 신분 차별을 극복하고 평등사회를 건설하려 노력했던 대표적 사례라 할 것이다. 해월은 또한 시천주를 사람뿐만 아니라 만물에게로 확장하여 "모든 만물이 하늘님을 모시지 않은 존재가 없다(天地萬物 莫非侍天主)"라는 범천론汎天論적 시천주 사상으로 새롭게 해석해냈다. 해월에게 있어서는 "어린이도, 베 짜는 며느리도, 집에 오시는 손님도 모두 하늘님이며, 하늘을 나는 새도, 들판에 피어 있는 한송이 꽃도, 그리고 졸졸 흘러가는 시냇물도 모두 하늘님이었다". 그리하여 해월의 범천론적 시천주 사상은 마침내 경천·경인·경물의 삼경三敬 사상으로 체계화되기에 이른다.[71]

해월은 동학 입도 이래 내내 수배자 또는 도망자의 처지였음에도 체포되기 전날까지 새끼를 꼬는 일을 쉬지 않았다.[72] 수배자여서 다음 날 다른 곳으로 떠나야 할 처지에서도 나무 심는 일을 계속했다고도 한다.[73] 그리하여 잠시도 쉬지 않는 그에게 제자들이 "이제 그만 쉬시라" 하면 "하늘님이 쉬시는 것을 본 적이 있느냐" 하며 짚신을 삼거나 새끼를 꼬거나 나무 심는 일을 계속했다고 한다. 이 같은 해월의 모습은 말 그대로 '일하는 하늘님'[74]의 모습 그 자체였다. 동학에서 말하는 "하늘님은 일하는 사람을 통해서 일을 하며 (…) 따라서 일하는 사람만이 가장 하늘님다운 하늘님이며, 일을 하는 사람만이 가장 생명의 본성에 알맞는 생명 활동을 하는 생명 주

---

70   오상준 「본교역사」, 『천도교회월보』 23, 1912년 6월호, 18면; 『한국학자료총서 9: 동학농민운동 편』, 한국정신문화연구원 1996, 501면.

71   오선진 「해월신사의 사인여천의 실행과 삼경설」, 『천도교회월보』 280, 1935년 11월호.

72   이상묵 「일생이 도시 고생」, 『천도교회월보』 195, 1927년 3월호, 70면; 임순호 「해월 신사의 은도시대」, 『천도교회월보』 249, 1931년 9월호, 8면.

73   오지영 「동학사」, 앞의 책 419면.

74   김지하 『일하는 한울님』, 일과놀이 1984, 57~77면.

체"[75]가 된다. '일하는 하늘님'의 모습을 그대로 체현體現한 해월이야말로 노동의 신성함과 즐거움을 일상에서 실천함으로써 노동(일)의 진정한 가치를 역설했다 할 것이다.

다음으로 해월은 수운 재세 당시부터 도인 간의 '유무상자有無相資' 즉 '있는 이'(경제력 여력이 있는 이)와 '없는 이' 사이에 서로 돕는 전통을 확립하는 데 정성을 다했다. 수운 재세 당시의 유무상자 전통은 동학을 비판하고 탄압하는 데 앞장섰던 유생의 눈에 의해 다음과 같이 기록되어 있다.

> 귀천이 평등하여 차별이 없으니 백정과 술장사들이 모이고, 남녀를 차별하지 아니하고 포교소를 설치하니 홀어미와 홀아비가 모이고, **재물을 좋아하여 있는 이와 없는 이들이 서로 도우니 빈궁한 이들이 기뻐했다**〔好貨財而有無相資則 貧窮者悅焉〕.[76](강조는 필자)

해월이 초기 동학의 유무상자 전통을 계승하여 그 생활화에 주력했던 사실은 이 선집에서 소개하고 있는 『해월문집』에 실린 「을유통문」(1885), 「무자통문」(1888), 「임진신약」(1892), 「임진통문」(1892) 등에서 일관되게 강조된다. 이 가운데 「무자통문」은 대흉년이 들었던 1888년에 해월이 발송한 통문으로 동학 도인 상호 간의 유무상자를 다음과 같이 강조하고 있다.

> 『논어』에서 "사해의 안은 모두 형제다"라고 했다. 이것은 우리 도인들의 표준이 되는 말이다. 무릇 우리 도인들은 함께 연원을 받았으니 마땅히 형제와 같다. 그러니 형은 배고픈데 아우만 배부른 것이 될 일이며, 아우는 따뜻하게 지내는데 형은 얼어 죽는 것이 될 일이겠는가. (…) 크게 바라건대

---

75   김지하, 앞의 책 58~59면.

76   최승희 「서원(유림)세력의 동학 배척운동 소고」, 『한우근 박사 정년 기념 사학논총』, 지식산업사 1981, 554면.

모든 군자들은 해당 접중接中에서 조금이라도 여유가 있는 자는 각각 약간의 성의를 내서 항심恒心이 없는 자로 하여금 한해 동안의 가뭄 걱정을 면하게 해주고서 무극無極의 큰 원천을 함께 닦는 것이 어찌 크게 좋고 기쁜 일이 아니겠는가.[77]

이처럼 초기 동학부터 1892~93년의 교조신원운동 단계에 이르기까지 해월에 의해 일관되게 강조된 유무상자 전통은 1894년 동학농민혁명 단계에서도 다음과 같이 실천되었다.

그런데 이때에 있어서 제일 인심을 끄는 것은 커다란 주의나 목적보다도 또는 조화나 장래 영광보다도 당장의 실익 그것이었습니다. 첫째 입도만 하면 사인여천이라는 주의하에서 상하귀천 남녀존비 할 것 없이 꼭꼭 맞절을 하며 경어를 쓰며 서로 존경하는 데서 모두 심열성복心悅誠服이 되었고, 둘째 죽이고 밥이고 아침이고 저녁이고 도인이면 서로 도와주고 서로 먹으라는 데서 모두 집안 식구같이 일심단결이 되었습니다. 그때야말로 참말 천국천민天國天民들이었지요.[78]

증산 강일순

정본화 과제가 남은 증산의 삶과 사상

증산교는 창시자인 증산甑山 강일순姜一淳(1871~1909, 이하 증산) 사후 불

---

77   「무자통문」,『한국학자료총서 9: 동학농민운동 편』, 한국정신문화연구원 1996, 307~08면.
78   홍종식 구연, 춘파(박달성) 기록 「70년사상의 최대 활극 동학란 실화」,『신인간』 34, 1929년 4월호, 45~46면.

과 몇 년 만에 여러 교파로 분열되었다.[79] 일제강점기인 1935년에 조선총독부 조사자료 제42집으로 간행된 『조선의 유사종교』에는 '흠치계 유사종교단체' 즉 증산교 계열 교파로 11개 교파를 열거하고 있다. 1970년에 문화공보부 주관으로 나온 『한국 신흥 및 유사종교 실태조사 보고서』에서는 9개 교파가 조사되었으며, 1985년에 한국종교학회가 펴낸 『한국 신종교 실태조사 보고서』에서는 43개 교파가 조사되었고, 1997년에 원광대학교 종교문제연구소에서 간행한 『한국 신종교 실태조사 보고서』에서는 총 51개 교파가 조사되었다. 가장 최근인 2015년 조사에 따르면 130여개 교파가 확인되고 있다.[80]

흥미로운 사실은 시대 변천에 따라 증산교 계열 교파를 대표하는 주류 교파가 계속 바뀌어왔다는 사실이다. 증산 사망 2년 후인 1911년에는 '수부首婦' 고판례高判禮(1880~1935)[81]가 창립한 '대흥리 교단'(후일 태을교)이 중심을 이루다가 1914년에는 증산의 첫 제자인 김형렬金亨烈(1861~1932)이 이끄는 미륵불교가 대두하며, 1916년이 되면 역시 증산의 제자 차경석車京石(1880~1936)이 이끄는 보천교普天敎가 급부상하고, 1923년에는 조철제趙哲濟(1895~1958)가 이끄는 태극도太極道가 중심 교파로 등장한다. 그리고 1970년대 초에 이르면 박한경朴漢慶(1917~96)이 이끄는 대순진리회大巡眞理會, 배용덕裵容德(1916~98)이 이끄는 증산진법회甑山眞法會, 안경전安耕田(1954~)이 이끄는 증산도甑山道로 분화되기에 이른다.[82]

이처럼 교파가 다양한 만큼 증산의 행적과 그의 가르침에 대한 이해에서도 서로 차이를 보인다. 자파自派의 정당성을 확보하기 위해 경전을 새로 편찬하거나 자파에 유리한 새로운 사실을 추가하는 경우가 많기 때문

---

79 이경원·백경언 「증산계 신종교운동의 역사와 사상적 변천에 대한 조명」, 『한국 신종교 지형과 문화』, 집문당 2015, 330~54면.

80 이경원·백경언, 앞의 논문 329면.

81 고판례(1880~1935)는 1907년에 증산과 결혼하여 수부(首婦)로 임명되었다.

82 윤승용 『한국 신종교와 개벽사상』, 모시는사람들 2017, 293면의 각주5 참조.

이다. 그럼에도 증산을 '천사天師' 또는 '상제上帝'로 추존함으로써 증산의 종교적 권능을 절대적으로 강조하는 점에서는 일치를 보인다. 그래서인지 증산교 경전 속에는 합리적이고 사실적인 내용보다는 신비적이고 초월적인 내용이 가득하다.[83]

증산의 행적과 가르침은 그가 생존했던 당시에는 공간公刊되지 못했다. 증산의 행적과 가르침은 증산 사후 17년이 되는 1926년에야 처음으로 공간된다. 보천교 간부 출신 이상호李祥昊(1888~1966)가 1922년부터 1925년까지 증산의 제자 차경석과 김형렬로부터 채록한 내용을 편집하여 간행한 『증산천사공사기甑山天師公事記』가 바로 그것이다. 이상호는 『증산천사공사기』 간행 이후 다시 김경학, 박공우, 안내성, 김자현, 문공신, 이치복 등 증산으로부터 직접 지도를 받았던 제자들로부터 증산의 행적을 추가로 수집하는 한편, 증산이 순회하여 가르침을 폈던 지역을 답사하여 그곳 촌로들로부터 채록한 이야기 등을 더해 1929년에 『대순전경大巡典經』을 간행했다.[84]

『대순전경』은 『증산천사공사기』를 단순 보완한 것이 아니었다. 증산의 행적과 사상을 알기 쉽도록 모두 13장 499절로 구성하고 경전 체제도 갖추었다. 초판이 간행된 이후 1933년에 112절이 증보된 2판이 나왔으며, 1947년에는 일제강점기라는 시대적 제약 때문에 싣지 못한 내용 120절이 보완된 3판이 나왔다. 4판(1949)과 5판(1960)을 거쳐 1965년에는 6판이 간행되기에 이른다. 6판은 『대순전경』 편찬자 이상호에 의한 최종판으로 3판에 비해 모두 130절이 증보되어 총 9장 861절로 구성되었다.[85] 1979년에 8판과 1982년 9판에 이어 2006년 현재 12판까지 나와 있다.[86]

---

83 윤승용, 앞의 책 124~25면.

84 보천교 간부 출신인 이상호는 증산 사후인 1911년에 수부 고판례가 세운 '대흥리 교단'에 1915년경 입교하였고 1918년부터 교단의 핵심 인물로 부상했다.

85 김탁 「증산교의 교리 체계화 과정」, 한국학대학원 석사학위논문, 1986년 12월, 35~42면; 윤승용, 앞의 책 124~26면.

86 『대순전경』은 공식적으로 '정본화' 작업이 이루어지지 않아 가장 신뢰할 만한 판본이 무

'참 동학'의 길을 선포하다

증산은 1871년에 전라도 고부군 우덕면 객망리(지금의 전북 정읍시 덕천면 신월리)에서 부친 홍주興周와 모친 안동 권씨 사이에서 2남 1녀 중 장남으로 태어났다.[87] 이름은 일순이고, 자는 사옥士玉이며, 호는 증산이다.

그의 가계를 거슬러 올라가면 14대조 되는 이온利溫이 조선 성종 때 이조참의 겸 춘추관 수찬관과 승정원 도승지를 지냈고, 이온의 손자 세의世義는 충순위 선략장군을 역임하여 지금도 객망리에 그 비각이 남아 있는[88] 양반 가문이다. 그러나 증산의 부친은 부채를 짊어지고 있어 모친이 베를 짜서 시장에 내다 팔아야 할 정도로 경제적으로는 빈궁했다. 이런 사실에서 증산은 경제적으로는 빈곤층 출신이면서 신분적으로는 양반 가문의 후손이라는 계층 구조상 이중성을 지니고 있었다.[89]

여기서 주목할 것은 증산이 동학농민혁명의 진원지 고부에서 출생하여 성장한다는 사실이다. 그가 태어난 고부군 우덕면 객망리는 1894년 5월 11일에 전봉준이 이끄는 동학농민군과 전라감영에서 파견된 감영군이 싸워 농민군이 승리를 거두었던 '황토현黃土峴'에서 불과 몇 킬로미터 떨어진 마을이며, 1880년대 후반부터 이미 고부를 중심으로 동학이 널리 퍼지고 있었다.[90] 이런 사회적 상황을 고려할 때 증산은 동학농민혁명이 일어나기 이전에 이미 동학을 접했을 가능성이 있으며, 1894년 음력 1월에 전

엇인가에 대해서는 이견이 있다. 여기서는 『증산천사공사기』(1926)와 『대순전경』 제9판 (1982), 『대순전경 해설』(1984), 노길명(1975)과 김탁(1986, 2006), 이경원·백경언(2015), 윤승용(2017) 등의 선행 연구를 바탕으로 증산의 행적과 가르침을 개관하기로 한다.

87   『대순전경』 제9판, 증산교본부 1982, 1면; 김탁, 앞의 책 44~45면.

88   홍범초 「증산 대성의 생애」, 『증산사상연구』 1, 증산사상연구회 1975, 130면.

89   노길명 「증산교 발생배경에 대한 사회학적 연구」, 『증산사상연구』 2, 증산사상연구회 1975, 30면.

90   필자 미상 「해월선생문집」, 『대선생사적』 필사본, 1906, 74~75면.

봉준이 주도한 고부농민봉기를 직접 목격했을 가능성 또한 농후하다.[91] 따라서 증산은 태생적으로 동학 및 동학농민혁명과 불가분의 관계를 지닐 수밖에 없었다고 하겠다.[92]

가난한 집안이었음에도 증산은 6세 때부터 서당에 다닌 것으로 확인된다. 8~9세에 이르러서는 시문詩文을 지을 정도로 뛰어난 자질을 보였지만 집안 형편 때문에 학업을 계속할 수 없었다. 14~15세 무렵에는 학업을 중지하고 한때는 정읍군 입암면 거사막巨沙幕에서 남의 집 머슴살이를 하기도 하고, 또 한때는 장성군 백양사 부근 부여곡扶餘谷에서 나무 베는 일도 했다.[93] 청소년기의 증산은 "첫째 경제적으로는 최하류의 생활을 영위하는 한편 가치관에 있어서는 당시 지배계급의 윤리 기준인 유교사상을 학습하였고 신분계급에 있어서는 상류계급의 후손임을 자각함으로써 경제적·신분적 지위의 불일치에서 나타나는 심리적 좌절의식을 가질 수 있었고, 둘째 이와 같은 심리적 갈등 현상은 14~15세 이후 사춘기에 경험한 주유周遊 과정과 타인의 머슴살이 및 나무꾼 생활을 통하여 보다 고조되는 동시에 주유 생활을 통해 그 당시에 극심했던 고부 지방을 비롯한 전라도 각지에서의 관리들의 부정부패와 일반 민중의 현실 및 그들의 욕구 상태를 관찰하고 측정할 수 있었다".[94]

21세 때인 1891년에 김제군 초처면의 연일 정씨延日 鄭氏를 맞아 결혼했지만 결혼생활이 평탄하지 못했다고 한다.[95] 24세 때인 1894년에는 처가에서 서당을 열고 학동을 가르쳤으나 동학농민혁명으로 인해 문을 닫고 혁명 대열에 가담했다.[96] 그는 특히 제2차 동학농민혁명 당시 전봉준 부대

---

91   『대순전경』제9판, 7~14면.

92   증산과 1894년의 동학농민혁명, 증산교와 동학의 상호 관계가 밀접하다는 사실에 대해서는 노길명이 이미 1970년대에 선구적으로 주목한 바 있다. 노길명, 앞의 논문 19~44면.

93   이상호『증산천사공사기』, 상생사 1926, 2~3면; 홍범초, 앞의 논문 133면.

94   노길명, 앞의 논문 31면.

95   『대순전경』제9판, 2장 24절; 김탁, 앞의 책 45~49면.

가 아닌 김개남金開南 부대를 따라 남원, 임실, 전주, 여산, 진잠, 유성 등을 거쳐 청주까지 종군했다.[97] 증산은 종군하면서도 "겨울에 이르러 패멸될 것을 예언하며 망동치 말라"고 충고했다고 한다. 과연 증산의 예측대로 동학농민혁명은 민초들의 치열한 항쟁과 막대한 희생에도 불구하고 실패로 돌아갔다. 최근 연구에 따르면, 제2차 동학농민혁명 당시 일본군에 의해서만 최소 3만명 이상 학살을 당했으며, 근대식 무기로 무장한 일본군은 조선 팔도를 누비며 '총살'과 '장살杖殺' '돌살突殺' '소살燒殺' 등의 잔인한 방법으로 동학농민군을 학살했다.[98] 증산은 산같이 쌓인 동학농민군의 시체들과 함께, 살아 있어도 이미 넋이 나간 사람들 앞에서 식음을 전폐하고 사흘 낮 사흘 밤을 대성통곡했다고 전한다. 풀뿌리 민초들이 그렇게도 고대하고 고대하던 개벽, 그 개벽을 앞당기고자 했던 동학의 '동세개벽動世開闢'[99]의 처절한 실패는 증산의 삶에 결정적인 영향을 끼쳤다. 즉 갑오년의 처참한 살육을 목격한 증산은 눈에 보이는 현실의 제반 모순을 물리적 힘을 동원해서라도 개벽하고자 했던 동학의 동세개벽과는 차원이 다른 새로운 길을 모색하지 않을 수 없었다. 요컨대 "동학의 종교적 위력과 동학혁명의 실패 및 그로 인한 사회적 아노미 상황을 직접 목도한 증산은 스스로 동학을 대신할 만한 대도를 창도하여보겠다는 뜻을 이 시기에 품게 되었던"[100] 것이다.

증산이 택한 새로운 길은 바로 동학농민혁명 좌절 이후 사람들의 마음 속에 가득한 원寃(원한)과 신명계神明界[101]의 혼란까지 근원적으로 해소하

---

96   『대순전경』 제9판, 제1장 14~23절 참조.

97   노길명, 앞의 논문 32면.

98   이 같은 참혹한 학살 실태는 2013년 8월 29일자 『한겨레신문』에 소개된 동학농민군 진압 전담 부대였던 일본군 후병보병 제19대대 병사의 종군일지를 통해 낱낱이 공개된 바 있다.

99   '동세개벽'이란 무장봉기를 통한 지배체제의 변혁을 뜻하는 것으로 김지하 시인이 처음으로 사용한 용어이다. 김지하 「구릿골에서」, 『남녘땅뱃노래』, 도서출판두레 1985, 201~03면.

100   노길명, 앞의 논문 33면.

101   신명계란 인간 삶에 영향을 끼친다고 믿어지는 신, 귀신, 조상의 영 등 다양한 신적 존재들이

여 민초들이 원하는 이상사회를 이룩하는 부드럽고 조용한 정세개벽靖世
開闢[102]의 길이었다. '정세개벽'의 서원誓願을 세운 증산은 1897년부터 주
유천하의 길에 나섰다. 그 과정에서 유불선을 비롯하여 음양 참위에 관한
서적을 두루 섭렵했고, 충청도 연산의 일부一夫 김항金恒(1826~98)을 찾아
가 정역正易을 배웠다.[103] 1901년에는 김제 모악산 대원사에 들어가 수련
을 거듭했는데, 그해 7월 어느 날 다섯마리 용이 포효하는 듯한 폭풍과 비
바람 속에서 계시를 받고 '삼계대권을 주재하여 천지를 개벽하며 조화정
부를 열어 선경을 건설할 수 있는'[104] 진리를 깨달았다. 이후 증산은 하산
하여 1909년에 39세로 '화천化天'[105]하기까지 9년간 모악산 및 구릿골 동
곡 약방을 중심으로 고부·정읍·태인·전주·부안·함열·순창 등 전북 7군,
즉 주로 동학농민혁명의 깊은 상처가 남은 고을들을 순회[106]하며 사람들
마음속과 신명계에 가득 찬 원한을 푸는 해원상생解冤相生의 천지공사天地
公事를 행하는 삶을 살게 된다.

정세개벽의 길 '천지공사'

증산은 자신의 가르침을 '참 동학'[107]이라 선언하고, 일찍이 수운을 보
내 세상을 구원하도록 하였으나 수운이 그 역할을 제대로 수행하지 못하
여 자신이 직접 이 땅에 하강했다고 주장하면서 동학이 제시한 길을 새롭

어울려 존재하는 눈에 보이지 않는 영적 세계를 말한다.

102 '정세개벽'이란 『대순전경』 제5장 19절의 "최수운은 동세를 맡았고 나는 정세를 맡았나니
전명숙의 동은 곧 천하의 난을 동케 하였느니라"에서 유래한 것으로 김지하 시인이 처음으
로 사용했다. 김지하, 앞의 글 201면.

103 이상호 『증산천사공사기』, 상생사 1926, 4~5면; 『대순전경』 제9판, 제1장 28절.

104 『대순전경』 제9판, 제4장 1절.

105 증산교에서 증산의 죽음을 이르는 용어.

106 『대순전경』 제9판, 제3장 13절.

107 『대순전경』 제9판, 제3장 22절.

게 계승하고자 했다.[108] 그러나 증산은 동학의 접포와 같은 교단 조직을 만들지 않았으며, 자신의 가르침을 저술하거나 제자들을 체계적으로 양성하지도 않았다. 특별한 종교의례도 따로 제정하지 않았다. 오로지 탈제도적이며 지극히 민중적 방식인 '천지공사'라는 독특한 종교적 행위를 9년 동안 행하고 떠났다.

여기서 '천지공사' 또는 '공사'란 증산이 9년 동안 실천했던 모든 종교적 행위를 가리키는 증산교의 독특한 용어이자 증산 사상을 대표하는 용어이다.[109] 증산에 따르면, '천지공사'란 "삼계대권三界大權[110]을 주재하여 천지를 개벽해 무궁한 선경仙境의 운수를 정하고 조화정부造化政府를 열어 재겁災劫에 쌓인 신명神明과 민중을 건지"는 일[111] 또는 "혼란하기 짝이 없는 말대末代의 천지를 뜯어고쳐 새 세상을 열고 비겁(否劫)에 빠진 인간과 신명을 널리 건져 각기 안정을 누리"게 하는 일[112]이며, "천지도수天地度數를 뜯어고치며 신도神道를 바로잡아 만고의 원을 풀고 상생의 도로써 선경을 열고 조화정부를 세워 하염없는 다스림과 말 없는 가르침으로 백성을 화化(교화)하여 세상을 고치"는 일[113]이다. 한마디로 '천지공사'란 선천先天 시대의 질서 즉 지난 시대에 민중의 희생을 초래했던 '상극지리相剋之理'를 뜯어고쳐서 후천後天 시대의 새로운 질서인 상생의 도를 실현하고 민중이 억울하게 희생되는 일이 없는 선경 즉 이상사회를 건설하기 위한 종교적 실천행위였다고 할 수 있다.[114]

---

108 『대순전경』 제9판, 제5장 12절.

109 『대순전경』에는 '천지공사'를 줄인 '공사'라는 용어가 81회나 등장하며, '천지공사'라는 용어도 16회나 등장한다. 따라서 '천지공사' 또는 '공사'는 증산이 9년간 행한 모든 종교적 실천행위를 집약한다고 볼 수 있다. 김탁, 앞의 책 28면.

110 삼계란 천계(天界), 지계(地界), 인계(人界) 즉 온 세상과 전 우주를 지배하는 상제의 권능과 힘을 말함.

111 『대순전경』 제9판, 제4장 1절.

112 『대순전경』 제9판, 제5장 1절.

113 『대순전경』 제9판, 제5장 4절.

증산은 이 같은 새로운 이상사회 건설을 위해서는 무엇보다도 과거 즉 선천시대에 쌓이고 쌓인 원을 푸는 일이 급선무라고 보았다. 증산은 자신이 살던 시대를 '해원시대解冤時代'[115]라 선언하고 제일 먼저 동학농민혁명 당시 억울하게 죽은 수만 농민군의 원혼을 해원하는 공사를 벌였다.[116] 첫 제자 김형렬을 비롯하여 차경석, 박공우, 김경학 등 자신을 따른 제자들 대부분의 마음속에 동학농민혁명이 남긴 상처가 깊이 자리하고 있던 현실과 순회 지역 대부분이 동학농민혁명의 좌절로 인한 민초들의 한이 하늘을 찌르고 있던 시대 상황에서 증산이 행한 공사는 민중에게 큰 위로가 되었을 것이다.

다음으로 증산은 "부자의 집 마루와 방과 곳집(곳간)에는 살기와 재앙이 가득 차 있"으며[117] "양반의 기습을 속히 빼고 천인賤人을 우대해야 속히 좋은 시대가 오리라"[118]고 강조하면서 가장 밑바닥 민중들의 원을 푸는 공사를 널리 행했다. 그는 특히 부하고 귀하고 지혜롭고 강권强權을 가진 자들에 의해 핍박당해온 빈천하고 병들고 어리석은 사람들을 '내 사람'[119] 또는 '남은 조선 사람'[120]이라 하여 사회적·경제적으로 가장 낮은 계층의 사람들을 위로하고 격려하는 데 주저함이 없었다. 그러면서도 증산은 제자들에게 "파리 죽은 귀신이라도 원망이 붙으면 천지공사는 아니라"[121]고 하였고, "한 사람의 원한이 능히 천지 기운을 막히게 한다"[122]고 강조하면서 일상 속에서 "남에게 척짓지 말고"[123] 오직 "남 잘되게 하는

---

114   『대순전경』 제9판, 제5장 4절.
115   『대순전경』 제9판, 제3장 106절 및 제6장 5절.
116   『대순전경』 제9판 제4장 48절.
117   『대순전경』 제9판, 제5장 10절.
118   『대순전경』 제9판, 제6장 6절.
119   『대순전경』 제9판, 제6장 14절.
120   『대순전경』 제9판, 제3장 41절.
121   『대순전경』 제9판, 제6장 44절.
122   『대순전경』 제9판, 제4장 10절 및 제6장 45절.

공부"[124]에 주력할 것을 강력하게 호소했다. 이 같은 증산의 천지공사는 "동세개벽에 실패한 갑오동학혁명 뒤의 폐허 속에서 (…) 이에 대처하는 방략으로서 민심을 고르게 하고 안돈시킴으로써 오히려 더 적극적으로 세상을 개벽한다는 정세개벽을 제시하기 이른 것"[125]이라고 할 수 있다.

증산은 과거의 가부장 사회에서 온갖 차별과 억압을 당해온 여성들의 마음속에 자리한 수천년 묵은 원을 해원하는 공사에도 주력했다. 그는 "부인들이 천하사天下事를 하려고 염주를 딱딱거리는 소리가 구천九天에 사무쳤으니"[126] "몇천년 동안 깊이깊이 갇혀 있어 남자의 완롱玩弄거리와 사역使役거리에 지나지 못하던 여자의 원을 풀어 정음정양正陰正陽으로 건곤乾坤을 지어야 한다"[127]고 하면서 진정한 '남녀동권男女同權' 시대를 실현해야 한다고 강조했다. 증산은 새로 열리는 시대 즉 후천시대는 "남녀의 분별을 틔워 각기 하고 싶은 대로" 하게 할 뿐만 아니라[128] "부인도 각기 닦은 바를 따라 공덕이 서고 신앙이 모여 금패와 금상으로 존신의 표를 세울" 것이며[129] "사람을 쓸 때도 남녀의 구별이 없어지는"[130] 시대가 될 것이라 못 박았다.

증산은 여성 가운데서도 조선 시대에 가장 큰 억압을 받아왔던 청춘과부들의 개가改嫁를 허용하는 공사를 '후천 5만년 첫 공사'[131]라고 특별히 강조했으며, 죽은 남편을 따라 젊은 나이에 순절한 미망인의 이야기를 전해 듣고는 "충효열이 나라의 큰 윤리강령이기는 하나 충성 때문에 나라가

---

123 『대순전경』제9판, 제2장 5절 및 제5장 10절.

124 『대순전경』제9판, 제6장 29절.

125 김지하 「구릿골에서」, 『남녘땅뱃노래』, 도서출판두레 1985, 212면.

126 『대순전경』제9판, 제3장 120절.

127 『대순전경』제9판, 제6장 134절.

128 『대순전경』제9판, 제3장 61절.

129 『대순전경』제9판, 제3장 59절.

130 『대순전경』제9판, 제6장 114절.

131 『대순전경』제9판, 제4장 40절.

망하고 효 때문에 집안이 망하며 열 때문에 몸이 망한다(忠孝烈 國之大綱 然 國亡於忠 家亡於孝 身亡於烈)”라며 경직된 유교 윤리의 폐해를 통렬하게 비판했다. 이리하여 청춘과부의 개가를 전면적으로 허용하는 공사로 시작한 증산의 여성 해원공사는 마침내 미망인 출신인 자신의 부인 고판례를 ‘수부首婦’132로 임명하는 것으로 마무리된다.133 그렇다면 증산은 왜 이렇게 여성들의 원을 푸는 해원공사에 주력했던 것일까? 그것은 한마디로 증산이 후천개벽을 정세개벽이요 음개벽으로써 음陰이 주장이 되어 조화와 통일, 상생과 화해가 바탕이 되고 주장이 되는 세계로 보았기 때문일 것이다.134 현대적인 표현으로 바꾸면 다가오는 시대, 즉 후천시대는 ‘여성성’이 핵심 가치가 되는 시대가 될 것이라는 말씀이다.

---

132 수부란 일반적으로 증산 강일순의 부인 고판례를 일컫는다. 천지공사에 참여하여 모든 여성들의 권리를 천지공사에 반영시킨 ‘천하 모든 여성 가운데 으뜸이 되는 여성’이라는 뜻이 담겨 있다.

133 『대순전경』 제9판, 제4장 66절.

134 김지하, 앞의 글 216면.

최제우

수운 최제우(1762~1864) 영정(천도교 용담성지 소장)

1장
최선생문집도원기서

선생의 성은 최 씨요, 이름은 제우濟愚요, 자字는 성묵性默이요, 별호는 수운재水雲齋로 경주인慶州人이다. 산림공山林公 휘諱 옥(鋈)의 아들이며, 정무공貞武公 휘 진립震立의 7세손이다. 가경嘉慶 갑신년(1824) 10월 28일에

---

1 1870년대 동학 교단에서 도주(道主) 해월 최시형과 함께 도차주(道次主)의 직임을 수행했던 강시원(姜時元)이 1879년 11월 10일에 집필을 시작하여 동년 12월에 탈고한 동학 최초의 교단사이다. 1824년 탄생부터 1864년의 죽음에 이르기까지의 수운 최제우의 행장(行狀)을 포함하고 있는 이 교단사는 『동경대전』과 같이 간행할 예정이었다. 그러나 그 내용에 포함된 1871년 3월 경상도 영해에서 이필제가 주도한 '영해변란'(이필제란 또는 교조신원운동이라고도 함)에 해월 최시형을 비롯한 동학 지도자들이 관련된 사실이 세상에 알려지는 것을 염려하여 '견봉날인(堅封捺印)'된 채 오래도록 비장(秘藏)되어오다가 1978년에 신용하 교수를 통해 공개되었다. 「최제우 최시형의 비밀포교 기록 동학 도원기 발견」, 『중앙일보』 3872호, 1978년 4월 4일, 7면. 수운의 행장에 해당하는 『최선생문집도원기서』의 앞부분을 필사한 다양한 이본(異本)이 존재하는데, 도올 김용옥은 여러 이본 중에서 서울대 규장각에 소장되어 있는 『대선생주문집(大先生主文集)』을 원본으로 보고 있다. 도올 김용옥 『동경대전 1: 나는 코리안이다』, 통나무 2021 참조. 그러나 다양한 이본들을 종합적으로 검토해본 결과, 『대선생주문집』은 『최선생문집도원기서』를 저본으로 필사한 것이라 판단하여 여기서는 『최선생문집도원기서』 가운데 수운의 행장에 해당하는 부분을 번역한다. 『대선생주문집』이 『최선생문집도원기서』를 필사한 것이라는 필자의 견해를 뒷받침하는 글은 조성환 「동학 문헌 『도원기서』와 『대선생주문집』의 선후관계: 최제우 전기의 성립 연대에 관한 비판적 고찰」, 『원불교사상과 종교문화』 94, 2022년 12월, 211~15면 참조.

경주부慶州府 서쪽 가정리에서 태어났다.

선생이 태어날 즈음에 하늘 기운이 매우 맑고 해와 달이 빛났으며 상서로운 기운이 집을 둘러싸고, 구미산龜尾山의 봉우리가 이상하게도 사흘을 울었다. 태어난 지 겨우 4~5세에 용모가 기이하고 총명하기가 중국의 사광師曠과 같았다. 산림공(부친)이 매양 사랑하여 기이한 보배처럼 여겼다.

점점 자라 10여세에 이르러 기골이 장대하고 엄숙하며 지혜가 비범했다. 나이가 16세가 될 무렵 기해년(1839)에 산림공이 돌아가셨다.[2]

선생이 아버님 상을 치른 지 3년째에 가세가 점점 기울고 글을 배우긴 했으나 이루지 못하여 청운의 뜻을 잃었다. 그러나 평생 뜻하는 바가 크고 활달하여 사람을 가르치는 것을 제일로 여기는 마음이 있어서 여러 이치와 여러 술법을 살펴보았으나 그 모든 이치와 술법이 밝은 세상에 사람을 그르치는 이치이므로 한번 웃고 떨쳐버렸다. 다시 무예에 힘을 쓴 지 2년째에 무예의 길을 단념하고 장삿길을 떠나 팔도를 널리 돌아다녔으나 하고자 하는 일이 모두 어긋나기만 했다. 나이는 점점 들어갔지만 뜻하는 바가 하나도 이루어지는 것이 없어 장차 자신의 신세가 초라해질 것을 탄식하다가 울산 처가로 이사했다. 그곳에서도 일이 마음과 같이 되지 않았다. 그래서 초당에 누워 전전반측輾轉反側하면서 세상 걱정으로 하루하루를 보냈다.

마침 을묘년(1855) 3월 봄에 이르러 봄 졸음에 취하여 꿈 같기도 하고 꿈에서 깬 것 같기도 할 즈음에 어떤 선사禪師가 밖에서 주인을 찾거늘, 선생

---

2   수운의 부친 근암 최옥의 문집 『근암집』에 실린 행장에 의하면, 최옥은 1840년 2월 20일에
     79세를 일기로 세상을 뜬다. 수운이 17세 때의 일이다.

이 문을 열고 내다보니 어디에서 왔는지 한 늙은 스님이 용모가 깨끗하고 거동이 은근한지라 문을 나가 맞이하며 묻기를 "스님은 무슨 일로 저를 찾아오셨습니까?" 하니, 스님이 물었다. "생원님이 바로 경주 최 생원이신가요?" 대답하여 말하기를 "그렇습니다" 하니, 노승이 말하기를 "그러시다면 소승이 긴히 드릴 말씀이 있으니 초당 안으로 들어가도 괜찮겠습니까?" 했다. 선생이 스님을 이끌고 들어와 초당에 올라 자리를 정하고 묻기를 "무슨 일을 의논하시려는 것인가요?" 하니, 노승이 대답했다. "소승은 금강산 유점사에 있으면서 다만 불서佛書(불경)만 읽고 끝내 신기한 체험을 얻지 못해 백일기도를 올렸습니다. 기도가 다소 효험이 있는 듯하여 지성으로 축원을 올렸습니다. 백일기도를 마치던 날에 탑 아래에서 잠깐 졸다가 문득 깨어 탑 앞을 보니 한권의 책이 탑 위에 놓여 있었습니다. 그 책을 거두어 펴보니 세상에 드문 책이어서 소승이 곧 산에서 내려와 팔방을 두루 다니며 혹 박식한 사람이 있는지 찾아 나섰지만 가는 곳마다 아는 사람을 찾지 못하다가 생원님이 박식하다는 말을 전해 듣고 책을 품고 왔으니 생원님께서는 혹 이 책이 무슨 책인지 알 수 있겠습니까?" 선생이 말하기를 "책을 책상 위로 올려보시지요" 하니, 노승은 예를 갖추어 책을 드렸다. 선생이 펴보니 곧 유교나 불교의 글에다가 문리文理가 마땅하지 않아서 풀어 이해하기가 어려웠다. 그러자 노승이 말하기를 "그러하시면 사흘 여유를 드리겠습니다. 오늘은 물러갔다가 이틀이 지나 다시 오겠으니 그사이에 자세히 살펴서 알아보시는 것이 어떻겠습니까?" 하고 물러갔다. 그날이 되어 노승이 다시 와서 물었다. "혹 알아내신 내용이 있습니까?" 선생이 대답했다. "벌써 이 책의 내용이 무엇인지 알아냈습니다." 노승이 수없이 절하며 한량없이 기뻐하며 말하기를 "이 책은 참으로 생원님께서 받아야 할 책이오니 소승은 다만 전해드릴 따름이요, 오로지 이 책의 가르침대로만 행하십시오" 하고 사례를 하고 물러나 계단을 내려간 지 몇 걸음 만에 문득 노승이 보이지 않게 되거늘, 선생은 마음속으로 그 노승이 신인神

人임을 알아차렸다.[3]

그후 그 책에 담긴 내용을 깊이 더듬어 이치에 통달하고 보니 기도하라는 가르침이 들어 있었다.

병진년(1856) 중하仲夏(5월)의 절기에 이르러 삼가 폐백幣帛(부처님께 공양할 여러 물품)을 준비하여 스님 한 사람과 함께 양산 통도사 천성산에 들어가 3층 단을 쌓고 49일 축원(기도)을 할 계획이었는데, 마음속으로 항상 바라는 바는 오로지 하늘님이 강령하여 가르침을 주는 것뿐이었다. 49일 중에 이틀을 채우지 못한 47일에 이르러 지성으로 스스로 생각하니 작은아버지가 이미 돌아가시어 다시 상복을 입은 처지가 된지라, 상을 당한 사람이 정성을 올리는 것이 편안하지 않은 까닭에 산을 내려와보니 과연 작은아버지께서 돌아가셔서 슬픔에 겨워 곡하기를 그치지 못했다. 얼마 후에 1년이 지나 탈복脫服(정해진 애도의 기간이 지남)하고 나서 생각하니, 살아갈 별다른 방책이 따로 없고 남은 재산이라고는 다만 논 여섯두락이 있을 뿐이었다. 집안 형편을 어찌할 수가 없어서 논 여섯두락을 일곱 사람에게 팔아 밖으로는 철점鐵店[4]을 설치하고 안으로는 기도를 하려고 했다. 그리

3　동학·천도교 교단사에서 이른바 '을묘천서(乙卯天書)'라 부르는 이 신비체험에 관한 기술은 『최선생문집도원기서』(1879)를 필두로 『천도교회월보』에 연재된 오상준의 「본교역사」(1910.8~1914.11), 시천교총부(侍天敎總部)에서 최제우의 일생을 그림으로 펴낸 『회상 영적실기』(1915), 『천도교회사초고』(1920), 『시천교역사』(1920), 수운 탄생 백년 기념호 『천도교회월보』 169호(1924.10)에 실린 「대신사 일생」, 이돈화의 『천도교창건사』(1933), 오지영의 『동학사』(1940) 등에 모두 실려 있다. 그러나 무엇보다도 중요한 기술은 1863년 12월에 수운을 체포한 선전관 정운구(鄭雲龜)가 남긴 「정운구서계」 안의 다음과 같은 기술이다. "대여섯해 전에 울산에 이사를 가서 살면서 무명을 팔아 생계를 삼는다 하더니 홀연 근년에 고향으로 돌아왔다. 돌아온 다음에 사람들에게 도를 펴면서 말하기를 '나는 정성을 다해 하늘에 제사를 지내왔는데, 하늘에서 책 한권이 내려온 것을 다른 이들은 무슨 글자인지도 몰랐으나 나만 홀로 알아서 도를 닦았다. 그것을 공부해 익혔으므로 이제 사람들에게 가르치노라' 했다." 『비변사등록』 철종 계해(1863) 12월 20일조.

하여 다시 천성산에 올라 뜻과 같이 49일 기도 계획을 이루니 바로 정사년 (1857) 가을이었다.

무오년(1858)에 이르러 가산이 탕진되어 빚이 산처럼 쌓이고, 논을 판 자취가 드러나 논을 산 일곱 사람이 매일같이 돈을 돌려받기를 재촉하여 군색하기가 이루 말할 수 없었다. 일곱 사람을 모두 불러들여, 각각 소송 문서를 써주며 "같은 날 다 같이 관아에 소송 문서를 제출하라"고 말하여 돌려보냈다. 정해진 날이 되어 일곱 사람이 똑같이 소송 문서를 제출했다. 관아에 불려가 첫 질문에 대답하기를 "잘하고 잘못한 것은 나에게 있고 판결은 관官에 달려 있으니 오직 영감令監의 처분에 달렸나이다" 했다. 판결하기를 제일 먼저 산 사람이 소유권을 가지게 했다.

마을 가운데 한 노파가 있었는데 방 안으로 들어와 행패를 부리는 것이 무쌍無雙하여 선생이 분을 이기지 못하고 손을 휘둘러 물리치니 그로 인하여 노파가 기운이 끊어져 죽은지라 그 아들 세 사람과 사위 두 사람이 붙잡고 흉하고 험악한 말을 하기를 "우리 어머니가 돌아가셨다. 살인은 법의 심판에 달려 있고, 보복하는 것은 자식에게 달려 있으니 만약 이미 돌아가신 어머니를 되살려내지 못하면 반드시 관에 고발할 것이다"라고 했다. 선생이 스스로 일의 형편을 살펴보니 그들 말대로 거행하면 큰일이라, 직접 그 집을 찾아가 그 어머니를 살려낼 방법이 있다면서 큰 소리로 말했다. "너희 어머니를 살려내면 너희들은 두번 다시 다른 말을 하지 않겠는가?"

---

4   철점에는 채광업(採鑛業), 용광업(鎔鑛業), 용선업(鎔銑業)이 있다. 채광업은 토철과 사철을 채취하여 판매하는 업이고, 용광업은 토철과 사철을 사다가 용광로에 녹여 편철(片鐵)을 만들어 파는 업이다. 용선업은 편철을 사다가 솥이나 보습 등 기구를 주조하여 파는 업이다. 채광업과 용선업 모두 많은 자본이 필요한 업종이었기에 수운은 소자본으로도 가능한 업종인 용광업 분야의 철점을 경영한 것으로 보인다. 권병탁 『한국경제사특수연구』, 영남대학교 출판부 1977 참조.

그 아들이 말하기를 "돌아가신 어머니를 되살려낸다면 다시 무슨 말을 하겠습니까?" 하며 지극히 공손하고 간절하게 빌기에 선생이 다른 사람들을 물러나게 한 다음 직접 시신이 있는 방으로 가서 맥을 짚고 시신을 어루만지니 죽은 것이 분명한지라, 한자(한자는 30센티미터)쯤 되는 닭 꼬리를 목구멍에 꽂자마자 목구멍 가운데에서 문득 기침 소리가 나더니 피 한덩어리를 토하고 어깨가 움직였다. 이에 선생이 그 아들을 불러 물을 달라 하여 입에 부으니 잠시 후에 완전히 살아나 몸을 움직이면서 일어나 앉았다. 이 일로 인하여 선생이 신명하다는 말이 세상에 퍼지게 되었다.

기미년(1859)이 되어 거처할 만한 곳을 정할 수 없어서 군색하기가 이루 말할 수 없었다. 오로지 고향으로 돌아가 집안 식구들을 거느릴 계획을 세우기에 바빴다. 그해 10월에 울산에서 경주 용담서사龍潭書社로 돌아왔는데, 용담서사는 바로 부친 산림공이 제자들에게 글을 가르치며 공부하던 서재이다. 용담서사로 돌아온 뒤로 의관을 벗어던지고, 문밖으로 나가지 않겠다고 깊이 맹세했다. 물러나 쉬면서 어지럽게 돌아가는 세태를 가소롭게 여기며 한가롭고 그윽한 생활을 꺼리지 않고 세월을 즐기면서 즐거움을 오로지 정자(용담서사)와 연못에 두었다.[5]

경신년(1860) 4월 5일은 큰조카 맹륜孟倫의 생일이었다. 관冠과 의복을 보내어 오시기를 청하니 선생이 그 정을 이기지 못해 억지로 그 모임에 참석했다. 얼마 지나지 않아 몸이 몹시 떨리고 추운 기운이 있어 마음을 안

5 1859년 10월, 울산 처가에서 고향인 경주 용담으로 돌아온 수운은 '불출산외(不出山外)'의 자세로 더욱 정진했던 것으로 확인된다. 즉 "용담에 돌아오셔서부터 꼭 집에 계셨는데 하는 일은 다른 것이 없고 그저 글 읽는 것이었다. 언제 봐도 책을 펴고 있더라. 자다가 일어나 이제는 주무시는가 하면 오히려 책을 보고 계셨고, 아침에 일어나 아직 주무시겠지 하고 그 앞을 지나면 벌써 책을 보고 계셨다. 어쩌면 세상에 그렇게도 볼 책이 많을까." 소춘 「대신사 수양녀인 팔십 노인과의 문답」, 『신인간』 16, 1927년 9월호, 16면.

정할 수 없어서 이내 일어나 돌아오려 하는데 정신이 혼미하여 미친 것 같기도 하고 술에 취한 것 같기도 하면서 엎어지고 넘어졌다. 잠깐 쓰러졌다가 일어나 대청 위로 올라가니 몸이 위로 뛰고 기氣가 솟아올라 무슨 병인지 그 증상을 알 수 없고 말로도 표현하기가 어려울 즈음에 공중으로부터 완연한 한 소리가 자주 귓가에 들려왔다. 어디에서 들리는지 그 단서를 알 수가 없어서 공중을 향해 묻기를 "공중에서 들리는 소리의 주인공은 도대체 누구입니까?" 상제上帝가 말씀하시기를 "내가 바로 상제인데 너는 상제도 모른다는 말이냐? 너는 어서 백지를 펴서 내가 주는 부도符圖(영부靈符라고도 하며 일종의 부적이다)를 받으라" 했다. 곧 백지를 펴니 부도가 종이 위에 완연하게 기록되었다. 선생이 아들을 불러 부도를 보도록 하니 아들이 말하기를 "저에게는 부도가 보이지 않습니다"라고 했다. 상제가 말씀하기를 "우매한 인생이로다. 붓으로 써서 깨끗한 그릇에 담아 태운 다음에 그것을 냉수에 타서 마시도록 하라"고 했다. 선생이 즉시 부도 한장을 쓴 다음에 그것을 태워 냉수에 타서 마시니 처음으로 부도를 태워 마실 때의 느낌은 소리도 없고 냄새도 없는 것이 그 특징이었다. 상제가 또 말씀하기를 "너는 내 아들이니 나를 위해 아버지라고 불러라" 했다. 선생이 상제의 가르침을 공경하여 아버지라고 부르니 상제가 말씀하기를 "너의 정성이 진실로 아름답구나. 내가 준 부도는 곧 삼신산불사약三神山不死藥인데 네가 어찌 이 효능을 알겠느냐?"라고 했다. 이에 선생이 마침내 수백장을 그려 연이어 탄복했다. 7~8개월을 지내고 보니 몸이 부드러워지며 윤택해지고 용모가 아주 딴 사람처럼 바뀌었다. 시 한 구를 지었는데, "황하의 물이 맑아지고 봉황이 우는 뜻을 누가 알리요, 시운時運이 어디에서 오는지 나는 알지 못하겠노라〔河淸鳳鳴熟能知 運自何方吾不知〕"[6]라고 했다.

---

6   『동경대전』에는 「절구(絕句)」라는 제목으로 실려 있다.

상제께서 또 가르쳐 말씀하기를 "너에게 백의재상白衣宰相(평범한 유생이 단번에 재상이 됨)의 벼슬을 내릴 터이니 받겠느냐?" 하니, 선생이 대답하기를 "상제의 아들로서 어찌 백의재상이 되겠습니까?" 했다. 상제 말씀하기를 "그렇다면 내가 주는 조화造化를 받아 써보아라." 선생이 상제의 가르침을 받아 써보니 모두 세상에 흔히 있는 조화여서 선생이 그에 응하지 않았다. 상제가 또 말씀하기를 "이 조화를 써본 뒤에는 저 조화를 써보아라" 했다. 선생께서 즉시 써보니 이 조화나 저 조화 모두 역시 세상에 있는 조화였다. 만약 이러한 조화로써 사람들을 가르치면 반드시 사람들을 그르치게 될 것이기 때문에 영원히 쓰지 않기로 했다.

상제가 또다른 조화를 보이며 말씀하기를 "이 조화는 진실로 행해야 할 조화이다"라고 했다. 선생이 힘써 그 조화를 써보니 이것 역시 먼저의 조화와 다를 바 없는 것이어서, 그뒤로는 비록 상제의 가르침이 있어도 거행하지 않기로 맹세하고 11일 동안이나 단식했다.

음식을 끊은 이후 상제가 단 한마디의 가르침도 내리지 않다가 거의 한 달이 되어서야 가르침을 내려 말씀하기를 "아름답도다, 그대의 절개여. 그대에게 무궁한 조화를 내리노니 덕을 온 세상에 널리 펴도록 하라" 하니, 이에 선생이 비로소 음식을 들기에 이르렀다. 이후로 마음을 닦고 기운을 바르게 하여 거의 한해가 다 가도록 수련에 수련을 거듭하니 모든 일이 스스로 그렇게 되지 않는 이치가 하나도 없었다. 이에 「용담가龍潭歌」를 짓고 또 「처사가處士歌」를 지었으며 「교훈가教訓歌」와 「안심가安心歌」를 함께 지었다. 한편으로 「주문呪文」 두건을 지었으니 한건의 주문은 선생이 읽는 것이요(선생주문), 다른 한건의 주문은 아들과 조카에게 전하는 것이었다(제자주문). 또 강령降靈의 글을 짓고(강령주문), 「검결劍訣」을 지었으며, 고자주문告字呪文을 지었으니 그것은 '백의동白衣童 청의동青衣童'이라는 내용이

들어 있는 것이었다. 법제주문法制呪文이 따로 있었는데 그 내용은 현묘한 기틀[玄機]은 함부로 드러나지 않기에 하늘이 그것을 감추고 땅이 그것을 비밀로 한다는 내용이었다.

뜻하지 않은 어느 날 상제가 말씀하기를 "너는 내일 꼭 부친의 묘소에 성묘 가도록 하라"하므로 선생이 다음 날을 기다려 가려고 생각했다. 그 날을 당해 바야흐로 큰비가 내려 길이 막혀 갈 수가 없게 되었다. 상제가 독촉했다. "어찌 그리 더디고 더딘가? 빨리 가서 성묘를 하라." 선생이 비를 무릅쓰고 가는데 우구雨具(비옷)가 없었는데도 옷이 조금도 젖은 곳이 없었다. 곧 조카의 집에 이르러 인마人馬를 빌리려 하자 조카가 말했다. "이 같은 큰비에 갑자기 왜 성묘는 가시려 합니까?" 선생이 힘써 인마를 갖추어 50리를 갔다가 돌아오는데 태양이 머리 위를 둘러 따라온 노비도 또한 젖지 않은 채 돌아왔다. 조카가 말하기를 "하루 종일 큰비가 왔는데 어찌 젖지 않고 돌아오셨습니까? 아주 이상해서 소동이 날 것 같습니다." 선생이 말하기를 "이것은 하늘님의 조화이다"라고 하니 그 조카가 더욱 더 괴이하게 여겼다. 그해 10월에 이르러 그 조카 맹륜이 와서 입도入道(동학의 가르침을 받고자 제자가 되는 일)하기를 간청하니 선생이 가르침을 전해주었다.

상제가 또 일러 말씀하기를 "너의 앞뒤 모든 길흉화복은 내가 반드시 간섭하는 바이다. 그런데 네가 이 용담서사로 돌아온 뒤에 이름과 호를 고치고 산 밖으로 나가지 않겠다며 이른바 '도의 기운을 길이 보존하면 삿된 기운이 침범하지 못할지니 세상 사람들이 가는 길로는 함께 돌아가지 않으리라[道氣長存邪不入 世間衆人不同歸]'라는 입춘시를 지어 벽상壁上에 걸어두고 세상을 조롱하고 있으니 실로 가소로운 일이다. 네가 이제부터라도 사람들을 가르쳐 하늘님의 덕을 펴서 나(상제, 하늘님)를 위하여 지극히 섬기게 하면 너 또한 장생長生하여 천하에 그 덕이 빛나게 될 것이다. 비록 그러하나 네 나라의 운수가 비참한지라 사람들의 마음이 오직 위태롭고 도道의 마음은 오직 미미하여 삼강三綱이 모두 상실되고 오륜五倫이 점차 해이해져서 전국 각지의 수령들은 백성을 학대하고 정치를 그르치고 있으며, 백성들 역시 분수를 잃어 모두 어하지탄魚河之歎(물이 말라가는 연못에서 숨을 헐떡이는 물고기 같은 신세)의 지경이라 민란이 무수히 일어나기를 연이어 3년에 이르렀으니, 이런 까닭에 임금은 임금답지 못하고, 신하는 신하답지 못하며, 아비는 아비답지 못하고, 아들은 아들답지 못하여 (하늘의) 도와 (하늘의) 덕을 따르지 않으니, 네 나라가 어찌 다치고 해를 입을 운수가 아니겠느냐? 너는 삼가 내 말을 들어 사람들을 가르치도록 하라"라고 했다.

마침 신유년(1861)에 이르러 봄에 「포덕문布德文」을 지었다. 6월이 되자 포덕布德(동학의 가르침을 펴는 일)하려는 생각이 일어나 세상의 어진 선비들을 얻고자 했더니 자연히 소문을 듣고 찾아오는 사람의 수가 헤아릴 수 없을 정도로 많았다. 어떤 사람은 불러서 입도하게 하고 어떤 사람에게는 명을 내려 포덕하게 했는데 전하는 내용은 오직 주문 스물한자뿐이었다. 선생이 그 도를 이름하여 말하기를 '천도天道'라 하고, 또 이름하여 말하기를 '동학東學'이라 하니, 사실은 '가서 돌아오지 아니함이 없는〔無往不復〕' 이치요, 또 모든 것이 '저절로 그러한〔自然〕' 이치이며, '함이 없는 가운데 저절로 변화하는〔無爲而化〕' 이치였다. 닦아 가르치는 것 한가지는 '식고食告'요, 다른 또 한가지는 나아갈 때 반드시 고하고 들어올 때 반드시 고하는 것이며, 약을 쓰지 않고 마음을 지키며 기운을 바르게 함으로써〔守心正氣〕 악을 버리고 선을 행하면 욕심이 저절로 사라질 것이라 했으며, 달리 삿된 이익을 추구하지 않는 것과 유부녀를 취하지 않으며, 다른 사람의 허물을 말하지 않으며, 나쁜 고기〔惡肉〕를 먹지 않으며, 신信·경敬·성誠 석 자를 가장 중요한 덕목으로 삼았다.

그해 11월에 갑작스럽게 길 떠날 계획이 있어 그사이에 새로 입도한 사람들을 생각하니 아직 어리석고 수련이 깊지 않은 사람들뿐이라 스스로 탄식하며 전라도를 향해 길을 떠났다. 지나는 길에 성주星州[7]에 들러 충무공의 사당에 배알한 다음 처음으로 남원에 도착하여 서공서徐公瑞의 집에서 10일간 유숙했다.[8] 그때 함께 간 사람은 최중희崔仲羲뿐이었다.

남원의 지세나 형편을 두루 살펴보니 산수의 아름다움과 풍토의 순후淳厚함이 매우 뛰어난 곳이라 이를 만했고, 시인과 활발한 선비들이 붐벼서 번화하지 않은 곳이 없었다. 죽장망혜竹杖芒鞋(대나무 지팡이와 짚신)로 마을 마을을 찾아가보고 골짜기 골짜기를 두루 살펴보고 가다가 은적암隱跡庵에 이르니 때는 12월이었다. 한해가 저물어가는데 절의 종소리가 때맞추어 들려오고 뭇 스님들이 모여들어 새벽에 불공을 올리며 모두 법경의 축원을 드리는 모습을 보니 송구영신의 감회를 금하기 어려웠다. 밤이 깊어 외로이 등을 밝히고 홀로 베개를 베고 누워 이리저리 뒤척이니 멀리 떨어져 있는 어진 벗들과 처자 생각이 간절했다. 「도수사道修詞」를 짓고 또 「동학론東學論」(「논학문論學文」의 본래 이름), 「권학가勸學歌」를 지었다. 임술년(1862) 봄 3월에 경주부 서쪽에 있는 백사길白土吉의 집으로 돌아와 최중희를 시켜 집에 편지를 보냈다. 또 학學(동학론)과 사詞(도수사) 두건도 동봉해 보냈다.

---

7 전남 승주(昇州) 즉 지금의 순천(順天)의 오기로 보인다. 왜냐하면 경북 성주(星州)에는 충무공 사당이 없고 전남 승주에는 충무공 사당이 있기 때문이다. 동학 초기 교단사에 해박한 표영삼(1925~2008)도 전남 승주로 비정하고 있다. 표영삼 『동학 1: 수운의 삶과 생각』, 통나무 2004, 149면.

8 1924년에 남원군 주임종리사 최병현(崔炳鉉)이 쓴 『남원군종리원사』에는 "본군에 도(到)하사 광한루하 오작교변 서형칠가(徐亨七家, 당시 약방)에 유(留)하시고 주인 생질 공창윤가(孔昌允家)에 숙침(宿寢)하사 유 수십일에 서형칠(徐亨七), 공창윤(孔昌允), 양형숙(梁亨淑), 양국삼(梁局三), 서공서(徐公瑞), 이경구(李敬九), 양득삼(梁得三) 제현의 동정으로 포덕하시다"라고 나온다.

박대여朴大汝의 집에 숨어 있을 때 일체 번거롭지 않았으니 그 이유는 다른 곳 사람들이 선생이 숨어 있다는 사실을 알지 못하게 했기 때문이다. 각지의 사람들은 선생이 전라도에 있다는 것만 알 뿐 아무도 이곳에 와 있는 줄 알지 못했다. 이렇게 한 까닭은 제자들로 하여금 마음으로 저절로 통하여 스스로 찾아오게 하자는 뜻이었다. 뜻밖에 3월에 최경상崔慶翔[9]이 문득 찾아왔다. 선생이 묻기를 "그대는 혹시 소식을 듣고서 오는 길인가?" 하니, 대답하기를 "제가 어찌 알았겠습니까? 스스로 오고 싶은 생각이 있어서 왔습니다"했다. 선생이 웃으며 말하기를 "그대가 참으로 그래서 왔는가?"하니, 말하기를 "그렇습니다"라고 했다. 경상이 물었다. "제가 그동안 수련한 바가 독실하지 못했사온데 다음과 같이 이상한 일이 있었으니 어찌 그런 일이 있는 것입니까?" 선생이 말씀하기를 "말을 계속해보라" 하니, 경상이 꿇어앉아 고했다. "기름 반 종지로 21일 동안 불을 밝혔으니 이것은 무슨 까닭입니까?" 선생이 말씀하기를 "그것은 하늘님 조화의 커다란 증거이니 그대는 마음속으로 홀로 기뻐하라〔心獨喜自負〕"했다. 경상이 또 묻기를 "이후에 포덕을 해도 되겠습니까?"하니, 선생이 말하기를 "포덕하도록 하여라"했다. 경상이 다녀간 뒤부터 사방의 어진 선비들이 나날이 늘어나 감당할 수 없을 정도였다.

마침내 임술년(1862) 6월이 되어 「수덕문修德文」을 짓고 또 「몽중가夢中歌」(몽중노소문답가)도 지었다.

강원보姜元甫라는 사람이 있어 그 집에 가기도 하고 혹은 며칠씩 머물기

---

9   경상(慶翔)은 해월 최시형의 초명(初名)이며 자는 경오(敬悟)이다. 시형(時亨)은 1875년에 개명한 이름이다. 또한 「서헌순장계(徐憲淳狀啓)」와 『교남공적(嶠南公蹟)』 등 관변 자료에 나오는 '최경오(崔景五)'라는 인물의 행적이 동학·천도교 측 자료에 나오는 최시형의 행적과 일치하니, '최경오(崔景五)'는 '최경오(崔敬悟)' 즉 해월 최시형과 동일 인물이다.

도 했다. 7월 어느날 말을 타고 집으로 돌아오는 길에 회곡回谷에 이르렀다. 길 위로는 논이었고 길 아래로는 둑이 있어 높이가 7~8척이나 되었다. 말이 문득 그 둑 앞에서 멈춰 서니 함께 가던 대여섯 사람이 말을 채찍으로 때려도 움직이려 하지 않았다. 바로 그럴 즈음 둑의 벽 7~8장이 벽력같은 소리를 내며 무너져내렸다. 비록 말갈기나 휘날리는 미물이기는 하지만 역시 사람의 뜻을 아는 듯했다. 말을 돌려 좁은 길로 돌아서 왔다. 며칠 머문 뒤에 다시 박대여의 집으로 가고자 했는데 밤중에 문득 비가 많이 와서 큰물이 넘치는지라 사람들이 모두 더 머물도록 만류하니 선생이 말하기를 "물이 비록 백척이라도 나는 건너갈 것이다. 다른 사람은 못 건너겠지만" 하며 말을 타고 몇 길이나 되는 깊은 물을 스스로 고삐를 잡고 건너가니 사람들이 놀라며 장하게 여겼다. 돌아와 박대여의 집에 머물렀다.

그때 경주부 중에 윤 선달이라는 자가 있었는데 당시 경주 영장營將[10]과 서로 친한 사이여서 영장을 선동하여 말하기를 "이 경주 고을 최 선생의 제자가 천명을 헤아린다고 하니 만약에 최 선생을 잡아 다스리면 제자 한 사람마다 돈 한꿰미씩만 하더라도 천냥 이상이 될 것입니다. 잡아서 다스리는 것이 어떻겠습니까?"라고 했다. 영장이 그 사람의 말을 듣고 차사差使(지방 고을의 하급관원)를 보내 최 선생을 잡아가니 그때가 1862년 가을 9월 29일이었다. 영장이 보낸 차사가 잡으러 온다는 말을 들은 선생은 비록 분한 마음이 있었지만 관민官民의 구분이 있는 까닭에 제자 10여인을 거느리고 말을 타고 억지로 가기에 이르렀다.

서천西川이라는 곳에 이르러 물을 건너려 하는데 동쪽 물가에서 빨래

---

10   영장(營將)은 1627년에 각도의 지방 군대를 지휘하기 위하여 설치한 진영의 최고책임자인 진영장(鎭營將)의 줄임말로 진장(鎭將)이라고도 한다. 각 도의 진영은 전·후·좌·우·중의 5영이 있었으며, 현종 때부터는 수령이 겸직하던 토포사의 직임을 영장이 겸하도록 하여 날로 증가하는 도둑을 잡도록 했다. 「한국민족문화대백과사전」 참조.

하던 여인 백여명이 한꺼번에 일어나 선생을 우러러 쳐다보았다. 선생은 홀로 의아하게 생각하면서도 그저 관청 안으로 들어갔다. 영장이 물었다. "너는 일개 하찮은 선비로서 무슨 도와 덕이 있길래 선비 수천을 거느리고 세상이나 조롱하는 주제에 이름을 얻었다는 말이냐. 너를 술가術家라 친다면 너의 의술은 의술이 아니요, 너의 점은 점이 아니며, 네가 하는 무당 짓 역시 제대로 된 무당이 아니다. 그런데도 무슨 술수로 그렇게 생계를 이어 간단 말이냐?" 선생이 노하여 대답하여 말하기를 "하늘이 명령〔天命〕한 것을 사람의 본성이라 하고, 사람의 본성을 잘 거느리는 것을 도라 하며, 도를 닦는 것을 가르침이라고 하나니, 이 세가지로써 사람들을 가르치는 것을 생업으로 삼고 있는데 어찌하여 이치에 부당하다고 하는가?" 하며 눈을 부릅뜨고 영장을 쳐다보았다. 영장이 선생의 위엄에 가득 찬 모습을 보고 놀라서 혼이 나가고 넋이 나가 감히 대꾸하지 못하고 곧 석방했다.

선생이 물러나와 경주부 안으로 들어가니 어언 간에 사방에서 몰려온 제자들의 수가 600~700명에 가까웠다. 영장의 성은 김씨요 이름은 자세히 알 수 없었다. 몰려온 제자 700여명이 관문으로 쳐들어가 윤 선달을 찾으니, 윤 선달이란 놈은 몸을 피해 영장이 있는 방 안 벽장 속에 숨어버렸다. 사람들이 꾸짖어 말하기를 "윤이란 놈을 내놓아라" 하니 영장이 만단으로 용서해주기를 빌고 사람들도 그 영장이 잘 대해주는 것을 보고 물러나왔다.

빨래하던 여인들이 선생을 우러러본 까닭을 들으니 그때 서천 하늘에 상서로운 기운이 서려 있었기 때문이었다고 한다. 얼마 후 영장이 차사에게 곤장을 짊어지게 하고 와서는 죄를 청하거늘, 선생이 말하기를 "나는 세상 물정 모르는 하찮은 선비인데 어찌 관원을 벌할 수 있겠는가?" 하고 용서하여 돌려보냈다. 또 경주부 부사가 예리禮吏(예방)로 하여금 급히 보고하여 말하기를 "사또의 부인께서 병환이 나셨습니다. 선생님께서는 약을 쓰지 않고도 병을 고치신다고 하니 부도 한장을 청합니다"라고 했다.

선생이 한참 동안 묵념을 한 후에 예리에게 일렀다. "병이 이미 나았을 것이니 가보도록 하라." 예리가 돌아가 부사에게 보고했다. "선생 말씀으로는 병이 이미 나았을 것이라고 합니다." 부사가 말하기를 "그래, 병이 이미 나았느니라" 했다.

선생이 경주부에 머문 지 5~6일째인 10월 5일에 용담으로 돌아왔다. (1862년 10월) 14일에 각지로 통문通文을 발송했다.[11] 그달 20일 밤에 선생은 밤이 깊도록 글을 읽었고 부인은 베를 짜고 바느질을 하고 있었는데 밝은 기운이 문을 환하게 비추어 마치 보름달이 뜬 것과 같은지라 문을 열고 나가보니 캄캄한 밤하늘에 채색 구름이 영롱하고 상서로운 기운이 명랑하여 용담서사로 들어오는 동네 입구가 낮과 같이 밝았다. 집안사람들이 놀라 선생에게 물었다. "동네 입구 큰 나무 위에 아름다운 여인이 앉아 있는데, 녹색 저고리에 붉은색 치마를 입고 있습니다." 선생이 이르기를 "소란스럽게 하지 말라" 하고 선생만이 홀로 선녀가 강림한 줄을 알았다.

11월에 최경상이 찾아와서 청하여 말하기를 "선생님, 마북동 제 집으로 왕림하시는 것이 어떻습니까?" 하니, 선생이 말하기를 "그대의 집은 좁으니 다른 곳으로 옮겨 정할 것이다" 했다. 경상이 절하고 물러나 선생이 머물 처소를 흥해 매곡에 있는 손봉조孫鳳祚의 집으로 정한 뒤에 재차 와서 뵙고 절했다. 초9일에 선생을 모시고 손봉조의 집에 도착하여 거처를 정했다. 다음 날 각처의 도인들이 찾아와 절을 하며 뵙는데 분망하기도 했다. 선생은 경상과 더불어 손봉조의 집에 며칠 머물며 어려움과 즐거움을 함께 나누었다. 또 아이들과 더불어 날마다 글씨 쓰는 연습을 하며 시간을 보냈다. 선생이 장지壯紙 한축을 준비하여 밤새도록 썼으나 한자도 제대

---

11   경주부에 체포되었다가 석방된 수운이 각지의 도인들에게 관의 지목을 받는 일이 없도록 각별하게 당부하는 내용으로 『동경대전』 안에 실려 있다.

로 쓴 것이 없고 종이만 세권을 허비했다. 선생이 하늘님께 고하여 말했다. "신인께서 어찌 이러시는 것입니까? 저는 반드시 제대로 쓰고야 말겠습니다." 잠시 쉬고 나서 다시 썼으나 역시 난필亂筆이 되었다. 선생이 말했다. "신인께서 어찌 이러시는 것입니까." 이같이 하기를 수없이 했으나 끝내 제대로 된 글씨를 쓰지 못했다. 상제가 말씀하기를 "그대는 잠시 쓰기를 멈추거라. 다음에 반드시 제대로 글씨를 쓰게 해줄 것이니라" 했다. 그 뒤로 아이들과 더불어 혹은 글공부도 하고 혹은 글씨 쓰는 것으로 일과를 삼았는데, 선생이 하늘님과 화답한 결구訣句인 「송송백백松松柏柏」편[12]은 이때 나온 것이었다. 이 무렵에 경상이 이불 한채와 의복 한벌을 지어 선생에게 드렸다. 선생이 말하기를 "그대는 본래 가난하거늘 어찌 이렇게 힘을 쓰는가?" 했다. 선생이 정다운 말로 말하기를 "우리 집의 가족들이 먹는 것이 궁핍하니 그대가 어떻게 그 급한 것을 구할 방법이 있겠는가?" 하니, 경상이 즉시 쌀과 고기와 돈 50냥을 준비하여 선생의 편지와 함께 본가로 보냈다.

날이 가고 달이 지나 세모歲暮가 가까워지자 이곳 손봉조의 집에서 과세過歲를 하고자 했다. 섣달 그믐날이 되자 선생이 직접 각처의 접주接主를 정했다.[13] 경주 부서慶州 府西에는 백사길白士吉과 강원보姜元甫, 영덕은 오명철吳命哲, 영해寧海는 박하선朴夏善으로 정하고, 대구·청도 기내畿內[14]에는 김주서金周瑞, 청하淸河는 이민순李民淳, 연일延日은 김이서金而瑞, 안동은 이무중李武中, 단양은 민사엽閔士葉, 영양은 황재민黃在民, 영천은 김 선

12　'송송백백청청립(松栢栢靑靑立)'이라는 구절이 들어 있는 『동경대전』의 「화결시(和訣詩)」를 가리킨다.

13　임술년 섣달그믐은 음력으로 1862년 12월 29일, 양력으로는 1863년 2월 17일이다. 이날 동학 교단 최초로 경주를 중심으로 경상도 일대 15개 지역에 16명의 접주가 임명되었다. 접주란 접(接)을 이끄는 책임자라는 뜻으로, 동학 초기에 1개의 접은 대체로 40~60호로 구성되었다. 표영삼 『동학 1: 수운의 삶과 생각』, 통나무 2004, 224면.

14　'기내(畿內)'를 경기도라고 해석하는 이도 있으나 '특정 행정구역의 안'이라고 해석하는 것이 더 설득력 있다.

달(이름 미상), 신녕新寧은 하치욱河致旭, 고성固城은 성한서成漢瑞, 울산은 서군효徐君孝, 경주 본부慶州 本府는 이내겸李乃謙, 장기長機는 최중희崔仲羲로 정했다.

계해년(1863) 정월 초하루에 상제가 선생에게 결訣을 내리니 그 글에 이르기를 "도를 묻는 오늘에 아는 바가 무엇인가. 뜻은 계해년 새 아침에 가 있도다(問道今日何所知 意在新元癸亥年)"라고 했다. 초6일에 경상과 절하며 헤어질 때 말하기를 "그대는 영덕과 영해 지역을 둘러보고 오라" 하고는 선생은 곧 경주 본가로 돌아왔다.

2월에 영천에 있는 향리 이 모의 집에 왕림하여 아이들과 더불어 글씨 쓰기를 익히다가 잠깐 신녕 하처일河處一의 집에 가서 지내다가 3월 9일 본가로 돌아왔다.

선생이 날마다 둘째 아들 세청世清과 김춘발金春發, 성일규成一圭, 하한룡河漢龍, 강규姜奎 등과 더불어 소일하다가 비로소 「필법筆法」을 짓고 편액의 글자를 써보기도 하고 진체眞體[15]를 써보기도 했는데 불과 며칠 사이에 필체가 왕희지王羲之의 필적과 흡사해져서 사방의 도인들이 필법의 신기함을 듣고 날마다 문에 가득 찼다.

4월에 영덕 사람 강수姜洙가 도 닦는 절차를 묻거늘 선생이 말씀하기를 "다만 신信·경敬·성誠 석자에 있다"고 했다.

선생이 영덕에서 도인들이 잡혀갔다는 말을 듣고 다시 각처의 도인들에게 훈계를 내려 관의 지목을 당하는 단서가 되는 일을 하지 말도록 당부

---

15   18세기에 출현한 우리나라 고유의 서체로 '동국진체'라고 한다.

했다.

　이해 6월에 각처의 도인들에게 편액 글씨 한장씩을 써서 나누어주었다. 이때 강수가 와서 선생을 뵈니 10여장 글씨 중에서 性(성)자가 쓰인 것을 주면서 "이것은 그대가 가지고 가라"하고 또 '경재敬齋' 두 글자를 써서 주었다.

　선생이 갑자기 통문을 보내 7월 23일에 파접罷接[16]하기로 정했다. 그때 모인 사람이 겨우 40~50명이었다. 파접을 한 뒤부터 글씨 쓰는 것도 그만두었다. 이때 「도가道歌」(도덕가)를 지었고 또 시 한 구를 지으니 "용담의 물이 흘러 흘러 네 바다의 근원이 되고 구미산에 봄 돌아오니 온 세상이 꽃이로세〔龍潭水流四海源 龜岳春回一世花〕"이다.

　최경상이 때마침 찾아와서 오래도록 더불어 서로 이야기를 나눈 뒤에 특별히 '북도중주인北道中主人'[17]으로 삼았다. 선생이 깊이 탄식하면서 얼굴에 노기를 띤 듯하더니 다시 기운을 가라앉히고 얼굴을 편안히 하여 말했다. "진실로 해야 할 일을 다한 사람은 떠나가는 법이다. 이 운을 생각하면 반드시 그대를 위하여 나온 것이니 이 이후로부터 우리 도道의 일을 신중히 하여 나의 가르침에 어김이 없도록 하라." 경상이 대답하기를 "선생님께서는 어찌하여 이와 같은 가르침을 내리시는 것입니까?"하니, 선생이 말씀하기를 "이것은 곧 시운이다. 시운이니 나로서도 어찌하겠느냐? 그대는 마땅히 명심하여 잊지 않도록 하라" 했다. 경상이 다시 대답했다. "선생님 말씀이 저에게는 과합니다." 선생이 웃으며 말씀하기를 "일이 그러하니 번거롭게 생각하지 말고 의심하지 말라"고 했다.

16　동학의 정기 수련회를 열었다가 마치는 일.
17　수운이 주재(主宰)하고 있던 경주를 제외하고 그 북쪽 지방인 영덕, 영해, 영양, 안동, 상주 등지의 동학 포교를 총괄하는 책임자.

8월에 「흥비가興比歌」를 지었다. 8월 13일에 생각지도 않았는데 경상이 선생을 찾아왔다. 선생이 기뻐하며 물었다. "명절(추석)이 머지않았는데 그대는 어찌하여 급하게 왔는가?" 경상이 대답하기를 "선생님께서 홀로 명절을 보내실 것 같아서 모시고 같이 지낼 생각으로 왔습니다"라고 하니, 선생이 더욱 기쁜 얼굴을 했다. 14일 삼경三更(밤 11시~새벽 1시)에 주변 사람들을 물리치고 선생이 오래 묵념을 한 뒤 경상을 불러 말씀하기를 "그대는 무릎을 펴고 바르게 앉으라" 하니, 경상이 그 말에 따라 바르게 앉았다. 선생이 일렀다. "그대의 손과 발을 마음대로 움직일 수 있겠는가." 경상은 졸지에 대답하지 못하고, 정신이 있는 것 같기도 하고 없는 것 같기도 하여 몸을 마음대로 움직일 수가 없었다. 선생이 그 모습을 보고 웃으며 "그대는 어찌하여 그와 같이 되었는가?"라고 하니, 그 말을 듣고서야 다시 마음대로 움직일 수 있었다. 선생이 말하기를 "그대의 몸과 손발이 조금 전에는 마음대로 움직일 수가 없었고, 지금은 다시 마음대로 움직일 수 있게 되었으니 그 까닭이 무엇인가?" 하니, 경상이 대답했다. "그 까닭을 알지 못하겠습니다." 선생이 말했다. "이것이 바로 아주 큰 하늘님 조화이니라. 어찌 후세의 어지러움을 근심하겠는가. 오로지 삼가고 삼갈지어다."

8월 15일 이른 새벽에 선생이 경상을 불러 말씀하기를 "우리 도는 유·불·선 삼 도를 모두 겸하여 나온 것이다" 하니, 경상이 대답했다. "어떻게 겸했다는 말씀입니까?" 선생이 말씀하기를 "유도儒道는 붓을 휘두르면 글자를 이루고 입을 열면 문장이 쏟아져나오고 제사에 쇠고기와 양고기를 쓰니 바로 이것이 유도이다. 불도佛道는 도량道場을 깨끗이 하고 손으로는 염주를 들고 머리에는 백납白衲(하얀 고깔모자)을 쓰며 (부처님께 불공을 드릴 때는) 백미를 쓰고 등을 켜니 이것이 바로 불도이다. 또 선도仙道는 (수련을 잘해서) 용모를 바꾸며 복장은 색깔이 있는 것을 입고 제사를 지낼 때는 폐백을 쓰고 예주醴酒(단술)를 올리니 이것이 바로 선도이다. 우리 도는 시의적절하게 그때그때 알맞은 제례의 방법을 따르기 때문에 유불도 삼도를 겸

한 것이다"라고 했다.

해가 뜰 무렵에 수심정기守心正氣 넉자를 써주며 말씀하기를 "앞으로 병을 다스릴 때 이것을 쓰라"고 하시고 또 부도를 주셨다. 특별히 붓을 잡고 '수명受命' 두 글자를 써서 하늘님께 고하여 결을 받으니 "용담의 물이 흘러 네 바다의 근원이 되고 검악에 사람이 있으니 일편단심이노라(龍潭水流四海源 劍岳人在一片心)"였다. 이것을 경상에게 주며 말씀하기를 "이 시는 그대의 장래 일을 위하여 내린 강결降訣의 시이니 영원히 잊지 않도록 하라"고 했다.

이때 청하 사람 이경여李敬汝가 산골짜기에 막幕(동학 도인들의 수련 장소)을 지어 도인들의 출입이 잦게 되자 다른 사람들로부터 음해를 입어 드디어 체포되어 귀양을 가게 되었다. 영덕 도중盈德 道中(영덕접) 도인들이 모두 200여냥을 모아 속전贖錢(석방 대금)으로 바치고 귀양살이에서 풀려나게 했다. 선생이 그 소식을 듣고 특별히 칭찬했다.

영덕 사람 유상호劉尙浩가 혼자 100냥을 부담하여 그 돈으로 선생의 손님 맞는 자금으로 삼으니 그 정성이 가히 아름답다고 하더라.

겨울 10월 28일은 곧 선생의 생신날이었다. 만약에 통문을 돌리면 사방에서 오는 사람의 수가 많아 번거로울 것이므로 선생의 본심은 생일잔치 자리를 차리는 데에 있지 않았다. 그 때문에 주인(최경상)이 몰래 영덕 도인들에게 기별하여 생일잔치를 크게 베풀었더니 찾아온 사람들의 수가 그럴 듯하여 거의 헤아릴 수가 없었다. 선생이 수저를 들고 좌우를 돌아보며 말씀하기를 "세상 사람들이 나를 (후천의) 천황씨天皇氏라고 부를지도 모르겠다"라고 했다.

그 전날에 시 한 구를 지으니 "내 마음 지극히 묘연한 사이를 생각하노니 태양을 따라 흐르는 그림자인가 의심하노라〔吾心極思杳然間 疑隨太陽流照影〕"라는 구절이었다. 여러 사람에게 묻기를 "이 시의 뜻을 그대들은 혹 풀이할 수 있겠는가?" 했으나 좌중에 있는 사람들 모두 "모릅니다"라고 했다.

선생이 말씀하기를 "일전에 「흥비가」를 반포한바 있는데 누가 그것을 외울 수 있겠는가? 각자 면강面講(책을 덮고 외는 일)을 해보라" 하고 차례로 면강을 하게 한 후에 강수姜洙가 홀로 좌중에서 나와 선생 앞에서 면강을 한 후 그 뜻을 물었다. 선생이 각 구절에 대해 먼저 뜻을 물으니 강수가 대답하지 못했다. 선생이 장난삼아 우스갯소리로 말하기를 "그대는 진실로 묵방墨房(먹을 파는 가게)의 사람 같다"라고 했다. 강수가 또한 그 뜻을 물어보니 선생께서는 동쪽을 가리키고 서쪽을 가리켰다. 강수가 다시 문장군蚊將軍의 뜻을 물으니 선생이 말했다. "그대가 마음이 통하게 되면 알게 될 것이다." 또 강수가 무궁無窮의 이치에 대하여 여쭈니 "그것 역시 마음이 통하면 알게 될 것이다"라고 했다.

선생이 말하기를 "내가 전에 한 꿈을 꾸었는데 태양의 살기殺氣가 왼쪽 다리에 붙었다가 불로 변하여 밤새도록 사람 인人 자가 쓰여 있었다. 잠을 깬 후에 다리를 보니 한점의 붉은 흔적이 생겨 사흘이나 남아 있었다. 이 일로 인하여 항상 근심하는 바가 있어 마음속으로 장차 화가 이를 것을 알고 알았노라"고 했다. 이때부터 상제는 강화降話의 가르침을 거둬들이고 그저 시석矢石(세상 사람들로부터의 비난 또는 그로 인한 재앙을 비유함)을 피하는 법만 가르쳤다.

선생이 도인들에게 이르기를 "앞으로 우리 도道의 일을 함에 있어 법이 되는 바는 하나에 있고 둘에 있지 않으며, 셋에 있고 넷에 있지 않으며, 다섯에 있으며 여섯에 있지 않다"고 했다.

선생이 평소에 거처하면서 항상 도인들에게 이르기를 "개벽 이후로 세상에 혹 상제를 친히 모시고 문답하는 가르침이 있었느냐? 내가 그냥 헛된 말을 하는 것이 아니다. 세상이 혹 그렇지 않아서 헛된 말로 여길지 모르겠으나 사실은 밝고 밝은 시대의 운수를 저마다 밝히게 되어 있느니라〔明明其運各明〕. 그런 까닭으로 천운이 순환하여 가서 돌아오지 않는 이치가 없고 이로써 오만년 무극無極의 도를 나에게 명하여 내렸으니 우리 집안의 성스러운 덕〔聖德〕이 아니고 무엇이겠느냐. 그러므로 내가 무극의 도를 받은 것은 옛날에도 듣지 못했고 지금도 들어보지 못한 일이요, 옛날에도 비교할 수 없고 지금도 비교할 수 없는 법이니라〔古不聞今不聞之事 古不比今不比之法〕. 아아 세상 사람으로서 우리 도를 헐뜯는 자들은 혹시 그럴 수 있겠으나 우리 도인들은 공경하고 삼갈지어다"라고 했다.

지난번에 선생이 처음 포덕할 때에 도법道法의 절차가 오직 스물한자 주문에 있을 뿐이라고 했는데 떠도는 말을 듣고 닦는다든지 떠도는 주문을 듣고 외는 자들은 성덕聖德(하늘의 덕)을 공경하여 전하는 것이 아니다. 이런 까닭으로 스승 될 사람이 가르침을 받을 스승이 없으면 어디서 예와 의를 본받겠는가? 예로부터 스승과 스승이 서로 전해주는 데에 연원이 있었으니 어찌 잘못 전하여 감히 성덕을 어기겠는가. 진실로 닦는 사람은 실實이 있고 물어서 닦는 자는 허虛가 있나니 뒤에 나타나는 허와 실 또한 그 사람의 사람 됨됨이에 있는 것이며 또 그 사람의 정성 여하에 달려 있다고 했다.

처음 도에 들어오면 한번 치제致祭(치제식)를 올리고 개과천선을 하여 영원토록 하늘님을 모시겠다고 중한 맹세를 하며, 또 축문을 읽게 하는 것은 하늘이 덮어주고 땅이 실어주는 은혜와 해와 달이 비추어주는 덕을 알게 하자는 데에 그 뜻이 있는 것이다. (동학의 가르침은) 다른 도리가 따로 있는 것이 아니라 다만 신·경·성 석자에 있을 뿐이다.

11월에 이르러 「불연기연不然其然」을 짓고 또 「팔절八節」의 구절을 지어 각처로 보내 각기 「팔절」 구절의 이치에 합당한 구절을 지은 다음에 그것을 밀봉하여 선생이 머물고 계신 처소로 보내도록 했다. 전前 팔절에 말하기를 "밝음(明)이 어디에 있는지 알지 못하거든, 덕德이 어디에 있는지 알지 못하거든, 명命이 어디에 있는지 알지 못하거든, 도道가 어디에 있는지 알지 못하거든, 정성(誠)이 이루는 바를 알지 못하거든, 공경해야(敬) 할 바를 알지 못하거든, 두려워해야(畏) 할 바를 알지 못하거든, 마음(心)을 얻고 잃음을 알지 못하거든"이라고 했다.

앞서 선생이 몸에 풍습風濕[18]이 있어 그 모양이 구슬 같기도 하고 천연 두로 인한 종기 같기도 한데 몸 전체에 나지 않은 곳이 없었지만 다만 가렵기만 하고 조금도 아프거나 상한 데는 없었다. 선생이 풍습에 감염된 뒤로부터 경주 이북지역에 유달리 풍습이 유행하여 남녀노소 할 것 없이 풍습으로 인하여 오랫동안 수련에 힘쓸 수가 없었다. 도인들이 선생께 이런 고민을 말씀드리니 곧 말씀하기를 "앞으로 풍습이 사라지도록 소지所志(청원하는 글)를 지어 하늘님께 고하라"고 했다. 그후 영해 접주 박하선朴夏善이 청원하는 글을 지어 선생께 보이니 곧 말씀하기를 "내가 반드시 하늘님으로부터 명을 받아 제題를 받으리라" 하고 붓을 잡고 잠시 멈추니 제가 내렸다. 그 「제서題書」에 말하기를 "얻기도 어렵고 구하기도 어렵다고 하나 사실은 어려운 것이 아니니라. 마음을 화평하게 하고 기운을 화평하게 하

18　원래 바람과 습기로 인하여 뼈마디가 저리고 아픈 병을 가리키지만 여기서는 천연두 혹은 강한 전염성을 가진 피부병을 말한다.

여 봄날같이 화평해지기를 기다리라"라고 했다.

　이때 사방이 어지럽고 인심이 괴상해져서 풍속은 떳떳한 도리를 잡지 못하고 양학洋學(천주교)이 온 세상에 가득하여 허무맹랑한 말이 횡행하니 바르게 받아들이지 못하고 그저 음해하기에만 바빴다. 그리하여 세상 사람들은 동도東道(동학)의 이치를 알지 못하고 동도를 서학이라 여겨 음해를 일삼고 있으니 안타까울 따름이다. 저들은 과연 어떠한 사람들인가. 그들은 집에 들어오면 마음속으로 틀렸다고 하고 집 밖으로 나오면 길거리에서 수군거리니, 실로 그것을 막을 방책이 없어 선생은 매우 두려워했다.

　때마침(1863) 12월에 이르러 전 팔절의 대구對句를 지어 찾아오는 사람들이 경주 이북과 이남으로부터 잇따랐다. 그리하여 12월 10일에는 경주 용담에 있는 선생의 처소에 숙박하는 사람이 무려 50~60명에 가까웠다.[19] 이날 밤 선생이 홀로 안채 좁은 방에 침소를 정하고 촛불을 밝힌 가운데 자리를 높게 하여 앉았으나 마음이 편안하지 못해 앉았다 섰다 하며 안색이 수심으로 가득했다. 잠을 청하지 않고 상황을 살피고 있는데 이때 선전관 정구룡鄭龜龍[20]이 임금의 명을 받고 경주부로부터 용담에 이르렀다.

　며칠 전에 경주부 안에 있던 도인이 와서 선생께 고하기를 "저희가 소문을 듣기로는 머지않아 조정에서 선생님을 해치고자 논의하고 있다고 하오니 선생님께서는 미리 피하시는 것이 좋겠습니다"라고 했다. 선생이 말씀하기를 "우리 도는 곧 나로 인하여 나온 것이다. 그러니 내가 감당해야지 어찌 제군들에게 피해가 미치게 하겠는가?" 하며 그 말을 듣지 않았다. 급

19　그때 경주 용담에 있던 수운의 집은 기와집으로 안방이 네칸, 부엌이 한칸, 사랑이 두칸 반, 마루가 한칸, 곳간이 한칸이었는데 안방 한칸을 내놓고는 모두 손님의 방이 되고 말았다고 한다. 소춘 「대신사 수양녀와의 문답」, 『신인간』 16, 1927년 9월호, 17면.

20　『비변사등록』의 「정운구서계」(철종 계해 12월 20일조), 『일성록(日省錄)』의 「서헌순장계」 (고종 갑자 2월 29일조) 등 관변 기록에는 모두 정운구(鄭雲龜)로 나온다.

기야 정구룡이 포졸들을 많이 거느리고 갑자기 들이닥쳐 어명이라며 선생을 체포했다. 어명이라 하니 어찌할 도리가 없어 순순히 명을 받아 체포되니 체포될 때 온 동네의 처참한 광경은 차마 이루 다 말할 수가 없었다. 그때 같이 잡혔던 사람이 10여인이 된다. 같이 경주부로 압송되었다.

다음 날(1863년 12월 11일) 길을 떠나 영천 관내에 이르렀다. 이곳에 속해 있는 포졸들의 언사가 대단히 불손하고 멸시하는 태도가 보통이 아니었다. 선생이 말 위에 타고 앉아 있는데, 말의 발이 땅에 붙어 조금도 움직이지 않아 갈 수가 없었다. 수십명이나 되는 포졸들이 몹시 놀라 황망히 고하기를 "소인들이 참으로 선생님을 몰라뵈었습니다. 선생님께서는 아무쪼록 편안히 행차하시기를 바라나이다" 했다. 그러자 말이 갑자기 빨리 가기 시작하여 영천 관아 근처에 숙소를 정했다.

다음 날(12월 12일) 영천을 떠나 대구 감영(경상 감영) 숙소에 도착했고, 또 다음 날(12월 13일)에는 선산에서 유숙하고, 다음 날(12월 14일)은 상주에 이르렀는데 선전관 정구룡이 다음 여정을 조령鳥嶺 쪽으로 잡으려고 생각했으나 도인 수천명이 모여 있다는 말을 듣고 크게 겁이 나서 화령華嶺[21]으로 길을 잡아 충청도 보은의 숙소에 도착(12월 15일)하니 이 고을 이방은 동학의 도인이었다. 그래서 아침저녁을 잘 대접했고 돈 다섯꾸러미를 선생께 바쳤다. 다음 날(12월 16일) 길을 떠나 청산에 이르러 유숙하고, 그다음 날(12월 17일) 청주 숙소에 이르렀으며 청주 숙소에서 길을 떠난 지 며칠 만에 과천에 이르렀다.

과천에 이르고 보니 지난 12월 7일에 철종 임금이 승하한지라 대리(흥선대원군)를 내세우고 그 사실을 각 도에 반포하는 과정에서 많은 시일이 걸렸다. 선생이 과천에 이르러 비로소 국상國喪이 났다는 소식을 듣고 말씀하기를 "내가 비록 죄인의 몸이지만 국상을 당했으니 이것은 참으로 불행한

---

21   경상북도 상주시 화서면에 소재한 화령(化寧)을 말한다. 화령은 지금도 경상북도 북부지방의 주요 교통로로서 경상도와 충청도·강원도·수도권 간 교통의 요지이다.

일이다"라고 하며 애통해 마지않았다. 과천에서 여러 날 머물러 있었더니 임금님의 전교傳敎에 "경상도 경주 동학 선생이라는 죄인 최崔(최제우)를 해당 경상 감영으로 돌려보내어 문초한 후에 장계狀啓를 올리라"고 했다.

과천을 떠나 조령鳥嶺(문경새재) 쪽으로 길을 정하여 문경 초곡草谷에 도착하니 도인 수백명이 주막에서 바라보는 가운데 어떤 도인은 횃불을 들고 일행의 뒤를 따르기도 하고 어떤 도인은 눈물을 글썽이며 바라보기도 하여 차마 어찌할 수 없는 그 정이 마치 어버이가 갓난아이를 생각하는 마음과도 같았다.

이달 29일(1863년 12월 29일) 유곡留谷(幽谷의 오기)에 이르러 새해(1864년 1월 1일)를 지내고 갑자년(1864) 1월 6일에 대구 감영에 이르러 감옥에 갇혔다. 경주부 감옥에 갇혀 있던 죄인들도 대구 감영의 감옥으로 옮겨와 갇혔다. 상주 목사 조영화趙永和로 명사관明査官을 삼았으며, 이때 경상감사는 서헌순徐憲淳[22]이었다. 이 무렵 비가 그치지 않아 문초하는 일을 잠시 멈추었는데 포졸들을 많이 보내서 도인들의 감옥 출입을 막았다.

이때 최경상이 밖에 있다가 선생이 엄격하고 철저하게 옥에 갇혔다는 소식을 듣고 서둘러 영덕 도인 유상호劉尙浩에게 돈 100여냥을 마련하도록 했다. 그 돈을 옥리獄吏에게 뇌물로 주고 옥바라지할 수 있는 길을 얻어 대구 감영으로 들어가 여러 방면으로 주선하고 있을 때 마침 현풍 사람 곽덕원郭德元을 만나 선생 옥바라지에 대한 이야기를 나누었다. 곽덕원은 선생의 밥상 차리는 일을 맡기로 하고 종으로 위장하여 밥상을 챙기기로 했다.

---

22 조선 후기의 문신. 1801년에 태어나 1868년에 죽었다. 1829년에 문과에 급제, 1854년에 전라 감사, 1863년에는 경상감사가 되었다. 당시 경주 등지에 동학이 위세를 떨치기 시작하자 조정에서는 선전관 정운구를 파견하여 수운을 비롯한 동학교도 20여명을 체포했다. 이들이 서울로 압송되던 도중 철종이 승하하여 이듬해 대구 감영으로 이송되었다. 서헌순은 대구 감영에서 이들을 문초하고 조정의 방침에 따라 처형 또는 처벌했는데, 그 자세한 내력이 『일성록』 고종 원년 갑자 2월 29일자 「서헌순장계」에 실려 있다.

1월 20일에 이르러 순찰사(감사 서헌순)가 선생을 감옥에서 불러내 심문하게 되어 선생이 목에 큰 칼을 쓰고 감영 안으로 들어왔다. 순찰사가 묻기를 "너는 어찌하여 무리를 모아 풍속을 어지럽히는가?" 하니, 선생이 대답했다. "사람을 가르쳐 주문을 외게 하면 약을 쓰지 않고도 저절로 병이 낫고, 어린아이들에게 권하여 글씨를 쓰게 하면 스스로 총명해지므로 그것으로 생업을 삼아 세월을 보내고 있는데 어찌 풍속을 어지럽힌다고 하십니까?" 순찰사는 더 묻지 않고 다시 가두게 했다. 이때 최경상은 다른 죄인의 입에서 자신의 이름이 거론되었다는 말을 듣고 그날로 즉시 김춘발金春發과 함께 대구 감영을 빠져나와 피신했다.

2월에 이르러 순찰사가 선생을 불러내 심문할 때 갑자기 벼락 치는 것 같은 소리가 나는지라 놀라 나졸에게 물었다. "어째서 곤장 아래에서 그렇게 큰 소리가 나는 것이냐?" 나졸이 고하기를 "죄인의 다리가 부러졌는데 부러지는 소리가 그렇게 크게 난 것 같습니다" 하니 즉시 형리刑吏를 시켜 감옥으로 보내도록 했다. 선생이 옥중에서 시를 지으니 "등불이 물 위를 밝게 비추니 의심할 틈이 없고, 기둥은 비록 낡았으나 아직 힘이 남아 있네〔燈明水上無嫌隙 柱似枯形力有餘〕"라 했다.

선생이 곽덕원에게 일렀다. "경상은 지금 대구 감영 안에 와 있느냐? 머지않아 관에서 잡으려 할 것이니 내 말을 전하여 '높이 날아서 멀리 뛰라〔高飛遠走, 잡히지 않도록 멀리 피신하라는 뜻〕'고 일러라. 만약에 잡히는 몸이 되면 도중道中(동학 교단) 일이 위태로워지게 되나니 내 말이 번거롭다 생각하지 말고 조심해서 전하도록 하라." 덕원이 고했다. "경상은 이미 피신했습니다."

순찰사가 드디어 임금에게 장계[23]를 올리고 3월 10일에 형장을 삼엄하게 차려 형을 집행하니 선생이 욕을 당하고 돌아가셨다. 선생이 세상을 떠

---

23   수운과 그 제자들을 문초한 후 그 처벌 내력을 기록한 경상감사 서헌순의 장계. 『일성록』 고
      종 원년 갑자 2월 29일자.

난 지 3일이 지난 뒤에 순찰사가 옥에 갇혀 있던 선생의 가족을 불러 즉시 석방하고 시신을 거두어 가도록 분부했다. 그때 염습을 한 사람은 김경숙金敬叔, 김경필金敬弼, 정용서鄭用瑞, 곽덕원郭德元, 임익서林益瑞, 상주 사람 김덕원金德元 등이었다.

선생 외에 다른 죄인들은 각기 각지로 귀양 보내졌으니 백사길白士吉, 강원보姜元甫, 이내겸李乃兼, 최병철崔秉哲, 이경화李景華, 성일구成一龜, 조상빈趙常彬 형제, 박명중朴命仲 숙질, 신녕 사람 정생丁生(이름은 미상) 등이다. 그 나머지 석방된 사람은 이민순李民淳·박춘화朴春華, 영해 사람 박생朴生(이름은 미상) 등이고 박명여朴明汝는 그때 옥사했다. 선생의 큰아들 세정이 김경필, 김경숙, 김덕원과 더불어 관을 모시고 경주로 운구하려는데 그 슬프고도 아픈 정경을 어찌 말로 다 표현할 수 있었겠는가.

대구를 떠나 자인현慈仁縣(현재의 경산시 자인면) 서쪽 뒤 연못가 주막에 이르니 날이 이미 저물고 있었다. 주막집 주인에게 물었다. "오늘 밤 숙박하려고 하는데 할 수 있을까요." 주인이 물었다. "어디에서 오시는 길입니까?" 세정이 말하기를 "대구에서 왔습니다"라고 하니 주인이 그 사실을 알고 한편으로는 기뻐하고 한편으로는 슬퍼하며 시신을 방 안으로 들이고 다른 손님은 받지 않았다.

시신에 아직 온기가 있어서 혹시 다시 살아나실까 하여 3일 동안 시신을 지키며 기다렸다. 이때 쌍무지개가 연못으로부터 일어나 하늘로 이어졌고 오색 영롱한 구름과 안개가 연못과 주막집을 둘러싸 사흘 동안이나 가리고 있었다. 선생이 상천上天하니 구름과 무지개가 걷히고 그뒤로는 시신에서 냄새가 나기 시작했다. 염습을 다시 해서 이튿날 길을 떠나 곧 용담에 이르렀다. 선생의 큰조카 맹륜이 쫓아나와 용담 서쪽 언덕에 무사히 안장했다.

2장
동경대전[1]

포덕문布德文[2]

저 아득한 옛날 우주가 처음 생겼을 때부터 봄과 가을이 번갈아 바뀌고 네 계절이 성했다가 쇠퇴하는 것이 규칙적이어서 옮기지도 아니하고 바뀌

---

1 『동경대전』 초판본은 수운 사후인 1880년에 수제자 해월 최시형 등에 의해 강원도 인제에서 처음 목활자(木活字)로 간행되었다. 이것은 경진년에 간행되었다고 하여 경진판(庚辰版)이라 하는데 최근까지 발견되지 않았다. 그런데 도올 김용옥은 그의 동경대전 주석서 『동경대전 1: 나는 코리안이다』(통나무 2021)에서 초판본 경진판이 발견되었다 하여 그 과정에 대한 설명과 함께 경진판 원문까지 소개하고 있다. 이에 대해 필자는 도올이 초판본이라 단정한 경진판에 간행 책임자 해월 최시형의 발문(跋文)이 없고 간기(刊記)도 없는 점, 1880년대 후반 동학교도들이 급격하게 증가하여 사사로이 『동경대전』과 『용담유사』를 간행한 사례가 있었다는 사실(1892년 1월 19일자 「통문」 참조), 현존하는 초판본으로 알려진 경진판을 2010년에 최초로 검토했던 윤석산 교수가 2021년 6월 3일에 원광대에서 진행된 『동경대전』 강독 모임에 참석하여 '현존 초판본이라 단정할 수 없다'고 언명한 점, 동학·천도교 교단 측에서 가장 널리 보급되어 읽히고 있는 판본은 계미년 중춘, 즉 1883년 음력 2월에 충청도 목천에서 최시형의 발문과 함께 간기까지 명확히 밝힌 계미중춘판(癸未仲春版)이라는 점 등을 종합하여 계미중춘판을 저본으로 삼아 번역했다.

2 포덕문이란 '덕을 펴는 글'이란 뜻이다. 수운은 1860년 음력 4월 5일에 경주 용담에서 '하늘님(天主)'과의 문답을 통해 '하늘의 도(天道)'를 받아 득도했다. 이후 그는 약 1년 동안 수

지도 아니하니, 이것 역시 하늘님〔天主〕이 우주 만물을 낳고 기르고 변화시키는 신비한 자취가 온 세상에 뚜렷하고 밝게 나타난 것이다. 어리석은 사람들은 하늘님의 조화로 이루어지는 비와 이슬의 혜택을 모르고 그저 저절로 이루어지는 것으로 알 뿐이다.

아득히 먼 옛날 중국에서 다섯 임금이 나온 뒤에 훌륭한 성인이 나시어 해와 달과 별 등 우주의 운행 법칙을 천문 역서曆書로 만들고 그것으로 변함이 없는 하늘의 도〔天道〕를 정하시어, 한번 움직이고 한번 정지하는 것과 어느 때는 성공하고 어느 때는 실패하는 것 등 모든 것을 오로지 하늘의 명령〔天命〕에 의지하니, 이것이 바로 하늘의 명령을 공경하고 하늘의 이치〔天理〕를 따르는 것이다.

그리하여 사람들은 군자가 되고 배워서 도와 덕을 이루니 그 도가 바로 하늘의 도〔天道〕요 그 덕이 바로 하늘의 덕〔天德〕이다. 하늘의 도를 밝히고 하늘의 덕을 닦기 때문에 군자도 되고 지극히 성스러운 경지에도 이르나니 이 어찌 감탄하지 않겠는가.

또한 근래에 이르러 온 세상들이 저마다 제멋대로 하면서 하늘의 이치를 따르지 않고 하늘의 명령을 돌아보지 않으므로 마음이 항상 두렵고 불안해서 어디로 갈지를 알지 못했다. 경신년(1860)이 되어 소문을 들으니 서양 사람들은 하늘님의 뜻이라 하여 부귀는 취하지 않으면서 천하를 공격해 취하고 교회당을 세워 서양의 도를 가르친다고 하므로 나 또한 '과연 그럴까, 왜 그럴까' 하는 의문이 있었다.

그런데 뜻하지 않게 경신년 4월에 마음이 섬뜩해지고 몸이 떨려 무슨 증세인지 잡을 수도 없고 말로도 표현하기도 어려운 때에 어디선가 문득

련을 거듭한 끝에 1861년 음력 6월에 「포덕문」을 짓고 본격적으로 동학의 가르침을 펴는 활동을 시작했다. 「포덕문」에는 '하늘의 명령〔天命〕'을 따르지 않는 혼란한 시대 상황, 경신년 (1860) 4월에 있었던 수운 자신의 '하늘님'을 체험하는 종교 체험 과정, 혼란한 시대를 극복할 보국안민(輔國安民)의 결연한 의지 등이 서술되어 있다. 모두 528자의 한자로 구성되어 있다.

신선의 말씀이 들려왔다. 깜짝 놀라 일어나 여쭈었더니 말씀하시기를 "두려워하지 말고 겁내지 말라. 세상 사람들이 나를 상제라고 부르는데 너는 상제도 모르느냐?" 하고, 이렇게 나타난 까닭을 다시 물으니 "나 역시 이 세상에 끼친 공이 없어 너를 세상에 내보내 사람들에게 이 법을 가르치도록 하려는 것이니 의심하고 의심하지 말지어다"라고 답했다. 다시 묻기를 "그러면 서양의 도(西道)로써 사람들을 가르치라는 것입니까" 하니, 상제가 대답했다. "그렇지 않다. 나에게 신령한 부적이 있으니 그 이름은 신선의 약(仙藥)이요 그 모양은 태극太極이며 또다른 모양은 궁궁弓弓이다. 나의 이 신령한 부적을 받아 사람들을 질병에서 건지고 나의 이 주문을 받아 사람들로 하여금 나를 지극히 위하도록 하면 너 또한 길이 살 뿐만 아니라 덕을 천하에 널리 펼 수 있을 것이니라."

나는 상제의 그 말씀에 감동해 그 신령한 부적을 받아 붓으로 한지에 쓴 다음 (불에 태워 그 재를 물에 타서) 마시니 곧바로 몸이 윤택해지고 병에 차도가 있어서 그것이 바로 신선의 약인 줄 알게 되었다.

그런데 사람들의 병에 사용해보았더니 어떤 사람에게는 차도가 있고 어떤 사람에게는 차도가 없어서 왜 그런지 단서를 알지 못했다. 그 까닭을 살펴보았더니 정성을 들이고 또 들여서 지극한 마음으로 하늘님을 위하는 사람은 매번 들어맞았고 하늘의 도와 하늘의 덕을 따르지 않는 자는 조금도 효험이 없었으니, 이 같은 차이는 곧 신령한 부적을 받는 사람의 태도 즉 정성을 들이고 공경하는 자세의 차이가 아니고 무엇이겠는가. 이런 까닭에 우리나라에는 나쁜 병이 가득하여 백성들이 사시사철 단 하루도 편안한 날이 없으니 이러한 현상 역시 다치고 해를 입을 운수이다.

서양의 각 나라는 싸우면 이기고 치면 빼앗아 성공하지 않는 일이 없으니 천하天下[3]가 다 멸망해버리면 역시 입술이 없어져 이가 시리게 되는 한

---

3 우리나라를 비롯한 동아시아가 근대에 들어와 세계자본주의 체제에 편입되기 전 중국을 중심으로 하던 중화체제(中華體制).

탄이 없지 않게 될 것이니 잘못되어가는 나라를 바로잡고 도탄에서 헤매는 백성들을 편안하게 만들 계책이 장차 어디에서 나올 수 있을 것인가.

아 슬프다. 오늘날 세상 사람들은 시대의 운수를 알지 못해 나의 말을 듣고 집에 들어가서는 마음속으로 틀렸다 하고, 집 밖으로 나와서는 저잣거리에서 수군거리면서 하늘의 도와 하늘의 덕을 따르지 않으니 참으로 두려운 일이다. 현명한 사람들도 내 말을 듣고는 그중 어떤 사람들은 옳다고 여기지 않으니, 내 말을 믿지 않는 이 세상을 어찌할 도리가 없음이 그저 개탄스러울 따름이다. 서둘러 간략하게 글을 지어 타이르고 가르치노니 공경하는 마음으로 이 글을 받아 길이 이 가르침을 흠모하도록 하라.

논학문論學文[4]

대개 하늘의 도는 형체가 없는 것 같지만 자취가 있고 땅의 이치〔地理〕는 넓고 크지만 방위가 있다. 하늘에는 아홉개의 별이 아홉개의 주州에 대응해 있고 땅에는 여덟개의 방위가 여덟개의 괘卦에 대응해 있으므로 꽉 차거나 텅 비는 것이 서로 바뀌는 경우는 있어도 움직이고 정지하는 것이 서로 변하거나 바뀌는 이치는 없다.

---

4 「논학문」은 '동학'이란 용어가 나오기 때문에 「동학론」이라고도 불린다. 「논학문」이란 '학(學) 즉 수운의 가르침인 동학에 대해 논한 글'이란 뜻이다. 신유년(1861) 음력 6월경부터 동학의 가르침을 펴기 시작한 수운은 불과 몇 달 만에 경주를 비롯하여 경상도 일대 유림으로부터 '서학'이라고 음해를 당하거나 '사도'로 배척당하고 탄압받기에 이른다. 그래서 수운은 1861년 음력 11월경 경주 용담을 떠나 전라도 남원 교룡산성 안에 있는 선국사(善國寺)의 부속암자인 은적암(隱蹟庵)으로 피신하여 이듬해 3월경까지 머물며 동학의 가르침을 체계화하는 저술 활동에 전념했다. 「논학문」은 은적암 시절에 자신의 가르침은 결코 서학이 아니라는 점을 체계화한 저술로서, 경신년 4월 자신이 체험한 하늘님과의 문답 과정에서 하늘님으로부터 받은 도가 서학이 아닌 동학이 될 수밖에 없는 필연적 이유, 동학의 핵심적 가르침을 담은 동시에 간결한 수행 방법이기도 한 21자 주문에 대하여 상세하게 해설하고 있다. 모두 1341자의 한자로 구성되어 있다.

음과 양이 서로 조화를 이루는 가운데 온 세상 만물이 비록 그 속에서 변화해 나왔지만 그 가운데에서도 홀로 오직 사람이 가장 뛰어난 존재이다. 그렇기에 (하늘과 땅과 사람) 삼재三才의 이치를 정하고 오행五行(금목수화토)의 수를 만들어냈으니 오행이란 과연 무엇인가? 하늘은 오행의 벼리가 되고 땅은 오행의 바탕이 되며 사람은 오행의 기운이 되나니 하늘과 땅과 사람 삼재의 수數를 여기에서 볼 수 있다.

봄 여름 가을 겨울 네 계절의 성하고 쇠퇴함과 비와 이슬과 서리와 눈 내리는 것이 그 때를 잃지 않고 그 순서가 변하지 않으니, 아침 이슬과도 같은 창생은 그 까닭을 알지 못한 채 어떤 사람은 하늘님의 은혜라 말하고 또 어떤 사람은 조화의 공덕의 자취라 말한다. 그러나 하늘님의 은혜라고 말할지라도 볼 수 없는 것이요, 조화의 공덕이라고 해도 역시 형상으로 말하기 어려울 따름이다. 어찌하여 그리되었는가 하니 옛날부터 오늘에 이르기까지 그 이치를 바로 알아맞힌 사람이 없기 때문이다.

지난 경신년 음력 4월에 천하가 어지러워 사람들의 마음이 혼란하고 야박해져서 어디로 향해야 하는 처지인지 알지 못할 때, 또한 괴상하고 이치에 맞지 않는 소문이 세간에 떠들썩하기를 "서양 사람은 도를 이루고 덕을 높이 세워 그 조화의 능력에 있어서는 이루지 못하는 일이 없고, 무기를 가지고 공격하고 싸우는 데에 이르러서는 그 앞에서 대적할 사람이 없다"고 하니, 만일 중국이 불타 없어지면 어찌 입술이 망하여 이가 시리는 근심이 없겠는가? 도무지 다른 까닭이 아니라 서양 사람들은 자신들의 도를 서양의 도(西道)라 부르고 자신들의 학문을 천주학이라 부르며, 자신들의 가르침을 성스러운 가르침(聖敎)이라 하니, 이것이 하늘의 때(天時)를 알고 하늘의 명령을 받은 것이 아니고 무엇이겠는가.

이러한 예를 하나하나 들어 말하기로 하면 끝이 없어, 나 역시 두려워서 다만 서양 사람보다 늦게 태어난 것을 한탄할 즈음에 몸이 몹시 떨렸다. 밖으로는 신령스러운 기운을 접하는 느낌이 있고 안으로는 무슨 가르침을 받는 느낌이 있으나 보려 해도 보이지 않고 들으려 해도 들리지가 않으니, 마음이 더욱 괴이하고 의아해지므로 마음을 바르게 하고 기운을 바르게 하여 물었다. "어찌하여 그렇습니까." (상제가) 대답하기를, "내 마음이 곧 너의 마음이니 다른 사람들이 어찌 그것을 알겠는가. 하늘과 땅(天地)은 알았으되 귀신은 모르니 귀신이 곧 나이니라. 너에게 무궁하고 무궁한 도를 줄 것이니 그것을 닦고 또 연마해 그 글을 지어서 사람들을 가르치고, 그 법을 바르게 하여 덕을 펴면 너로 하여금 길이 살게 하여 온 세상에 너의 덕이 밝고 뚜렷하게 할 것이니라."

나 또한 거의 1년이 다 가도록 닦고 또 헤아려보니 역시 스스로 그러한 이치가 없지 않으므로 한편으로는 주문을 짓고 다른 한편으로는 강령하는 법을 지었으며, 또 한편으로는 하늘님을 잊지 않는 글을 지으니 도와 법의 순서와 절차가 오로지 스물한자뿐이었다.

해가 바뀌어 신유년(1861)이 되어 사방에서 선비들이 나에게 와서 묻기를 "지금 하늘님이 선생님께 강림했다고 하는데 어찌하여 그렇게 되었습니까?" 하니, 대답하기를 "가되 돌아오지 아니함이 없는 이치를 받았느니라" 했다.

묻기를 "그렇다면 무슨 도라고 이름할까요?" 하니,

대답하기를 "하늘의 도(天道)이니라" 했다.

묻기를 "서양의 도(西道)와는 다른 것이 없습니까?" 하니,

대답하기를 "서양의 학문(西學)은 (내가 받은 하늘의 도와) 같은 것 같지만 다르며 주문도 (나의 주문과) 같지만 서학의 주문에는 결실이 없느니라. 시대의 운수를 타고난 것은 하나요 도도 같은 도이지만 이치는 다르니라" 했다.

묻기를 "어찌하여 그렇습니까?" 하니,

이에 대답했다. "나의 도는 억지로 하지 않아도 저절로 이루어지는 것이니, 그 마음을 지키고 그 기운을 바르게 하며 그 성품을 거느리고 그 가르침을 받으면 스스로 그러한 이치 속에서 화하여 나오게 된다. 그러나 서양

사람은 말에 순서가 없고 글에 옳고 그른 것에 대한 구분이 없어서 도무지 하늘님을 위하고자 하는 단서가 없고 다만 자기 한 몸만을 위하여 빌 뿐이다. 몸에는 하늘님 조화와 같은 신령함이 없고 학문에는 하늘님의 가르침이 없으니 형체는 있되 자취가 없고 하늘님을 생각하는 것 같지만 하늘님을 위하는 주문이 없으니, 서양의 도는 허무의 학설에 가깝고 그 학문은 하늘님을 위한 학문이 아니니 어찌 다름이 없다고 하겠는가?"

묻기를 "서양의 도와 도가 같다고 말씀하셨으니 그렇다면 선생님의 도를 서학이라 불러도 되겠습니까?" 하니,

대답하기를 "그렇지 않느니라. 나 또한 동쪽의 나라에서 태어나 동쪽에서 도를 받았으니 도는 비록 하늘의 도라 할 수 있지만 학문으로 말하면 동학이라 해야 맞느니라. 더욱이 땅은 동쪽과 서쪽으로 나뉘어 있으니 서쪽을 어찌 동쪽이라 할 수 있으며 동쪽을 서쪽이라 할 수 있겠느냐. 공자께서 노魯나라에서 태어나 추鄒나라에서 가르침을 편 까닭에 추로의 학풍[鄒魯之風]이 지금 세상에까지 전해져온 것처럼 나의 도 역시 이곳에서 받아 여기에서 펴고 있으니 서양의 학문이라고 부르면 어찌 되겠느냐?" 했다.

묻기를 "주문의 뜻은 무엇입니까?" 하니,

대답하기를 "하늘님을 지극히 위하는 글이므로 주문이라 했나니 지금 주문도 있고 옛날 주문도 있느니라" 했다.

묻기를 "강령의 글은 어찌하여 그렇습니까" 하니,

이에 대답했다. "지至란 더이상 위가 없음을 이름이요, 기氣란 비었으되 신령하고 창창해 우주 만물에 대해 간섭하지 않음이 없고 명령하지 않는 일이 없으며 형체가 있는 것 같지만 형용하기 어렵고 들리는 것 같지만 보기 어려우니 바로 혼원한 하나의 기운[渾元之一氣]인 것이다. 금지今至란 이 도에 입도하여 하늘님 기운에 접하게 되는 것을 알게 된다는 뜻이요, 원위願爲란 간청하면서 축원한다는 뜻이고, 대강大降이란 하늘님 조화인 기화氣化를 바라는 것이다. 모심[侍]이란 안으로 신령神靈함이 있고 밖으로 기

화기化가 있어서 온 세상 사람들이 각각 자기의 본성으로부터 옮기지 못할 것임을 안다는 뜻이다. 님〔主〕이라 함은 존칭하여 부모와 똑같이 섬긴다는 뜻이요, 조화造化란 억지로 하지 않아도 저절로 이루어지는 것〔無爲而化〕이며, 정定이란 하늘의 덕에 합일하여 하늘 같은 마음을 정한다는 뜻이다. 영세永世란 사람의 한평생이요 불망不忘이란 언제나 마음속에 간직하여 잊지 않는다는 뜻이며, 만사萬事란 수가 많다는 뜻이고 지知란 하늘의 도를 알아서 하늘의 지혜를 받는다는 뜻이다. 그러므로 밝고 밝은 그 덕(하늘의 덕)을 생각하고 또 생각해서 잊지 아니하면 지극한 기운〔至氣〕으로 지극히 화하여 지극한 성인의 경지에 이르게 되는 것이다."

묻기를 "하늘 마음이 곧 사람 마음〔天心卽人心〕이라면 어찌하여 선과 악이 있는 것입니까" 하니,

대답하기를 "하늘은 사람들에게 귀천이 서로 다르도록 명했고 사람들에게 고통과 즐거움이 있는 이치를 정했느니라. 그런데 군자의 덕은 기운이 바르고 마음이 안정되어 있으므로 천지의 덕에 합일하고, 소인의 덕은 기운이 바르지 못하고 마음이 흔들려서 이리저리 옮겨다니므로 천지의 명령을 어기게 되나니 이것이 바로 성쇠의 이치가 아니겠는가" 했다.

묻기를 "온 세상 사람들이 어찌하여 하늘님을 공경하지 않는 것입니까" 하니,

대답하기를 "죽을 때 하늘님을 부르는 것은 사람들의 공통된 심정이다. 그런데 사람의 목숨이 하늘에 달려 있고 하늘이 만백성을 낳으셨다〔天生萬民〕는 옛 성인의 말씀이 지금까지 전해내려오지만 그럴 것 같기도 하고 그렇지 않을 것 같기도 하여 사람들이 자세히 알지 못하기 때문이니라" 했다.

묻기를 "선생님의 도를 비방하는 사람은 어찌하여 그렇습니까" 하니,

대답하기를 "혹 그럴 수도 있느니라" 했다.

묻기를 "어찌하여 그럴 수 있습니까" 하니,

이에 대답했다. "나의 도는 오늘날에도 듣지 못했고 옛날에도 듣지 못한

일이요, 오늘날에도 비교할 수 없고 옛날에도 비교할 수 없는 법이기 때문이다. 이 도를 잘 닦는 사람은 처음에는 허망한 듯해도 마침내 실효가 있을 것이요 소문으로 전해 듣기만 하는 사람은 처음에는 실효가 있을 것 같아도 최후에는 허망할 것이다."

묻기를 "선생님의 도를 배반하고 떠나가는 사람은 어찌하여 그렇습니까" 하니,

대답하기를 "그런 사람은 거론할 가치가 없는 사람이니라" 했다.

묻기를 "어찌하여 거론할 가치가 없다는 것입니까" 하니,

대답하기를 "조심하되 멀리하라는 뜻이니라" 했다.

묻기를 "도를 배반하고 떠나가는 사람이 이 도에 들어올 때는 어떤 마음이고 나갈 때는 어떤 마음입니까" 하니,

대답하기를 "바람에 흔들리는 풀과 같은 것이니라" 했다.

묻기를 "그런데 왜 그런 사람에게도 하늘님은 강령하시는 것입니까" 하니,

대답하기를 "하늘님은 사람이 선하고 악한 것을 가리지 않기 때문이니라" 했다.

묻기를 "하늘님에게는 해로움이 되는 것도 덕이 되는 것도 없다는 말입니까" 하니,

이에 대답했다. "요堯 임금과 순舜 임금 시대는 백성들이 모두 요와 순이 되었느니라. 그런데 이 세상의 운수는 세상과 함께 돌아가는 것이니 해로움이 되든 덕이 되든 간에 그것은 하늘님에게 달려 있는 것이지(하늘님이 정하는 것이지) 내게 달려 있는 것이 아니니라. 마음으로 낱낱이 궁구해보니 해로움이 도를 배반하고 떠나가는 사람들에게 미친다는 것은 자세히 알 길이 없으나 그런 사람이 복을 누린다는 말은 다른 사람들이 듣게 해서도 안 되고 그대가 물어볼 바도 아니며 내가 관여할 바도 아니다."

아아! 감탄할 만한 일이로다. 그대들이 도에 관해 묻는 것이 이다지도 밝

고 밝단 말인가. 비록 나의 이 서투른 글이 도의 정밀한 뜻과 바른 원리에 미치지는 못하더라도 사람들을 바르게 하여 몸을 닦게 하며, 타고난 재주를 기르고 그 마음을 바르게 하는 데 어찌 이 길 외에 다른 길이 있을 수 있겠는가. 무릇 천지의 무궁한 수數와 도의 무한한 이치를 모두 여기에 실었으니 오직 여러분은 삼가 이 글을 받아서 성스러운 덕에 보탬이 되게 하라.

비유하자면 마치 단맛이 모든 다른 맛과 어울리고 흰색이 다른 모든 색깔을 잘 받아들이는 것과 같으니라. 내 이제 도를 즐김에 그 기쁨을 이기지 못하여 자세히 논하여 말하고 타이르고 또 타일러 이르노니 밝게 살펴서 현묘한 기틀〔玄機〕을 잃지 않도록 할지니라.

수덕문修德文[5]

원형이정元亨利貞은 하늘의 도가 언제나 변함없이 떳떳함을 드러내는 것이요, 오직 한결같이 중용의 도를 실천하는 것은 사람이 마땅히 살펴야 할 일이다. 그러므로 태어나면서부터 아는 것은 공자님 같은 성인의 본바탕이요, 배워서 아는 것은 옛 선비들이 전해온 바이다. 또한, 비록 힘들게 애써서 얻은 것이 소견이 얕고 지식이 깊지 못할지라도 그것은 모두 우리 스승님의 훌륭한 덕에서 비롯된 것이었으며 그 덕분에 선대의 임금들이 제정한 옛 예법을 잃지 않을 수 있었다.

나는 동방의 나라에서 태어나 하는 일 없이 나날을 보내며 겨우 가문의

---

5   수덕문이란 '덕을 닦는 글'이란 뜻이다. 1862년 6월경에 전라도 남원 교룡산성 안의 은적암에서 지었다. 「수덕문」은 크게 네 부분으로 구성되어 있다. 첫째 수운의 고향인 경주의 전통 문화와 부친의 학문에 대하여 논하고, 둘째 수운 자신의 생애와 함께 1860년 4월 5일의 득도와 그 이후 포덕에 이르게 된 경위를 말하고, 셋째 동학의 핵심 수련법인 수심정기(修心正氣)에 대해 설명하며, 마지막으로 선신후성(先信後誠, 먼저 믿음을 세우고 그뒤에 정성스럽게 닦음)의 수행 자세를 강조한다. 모두 1053자의 한자로 구성되어 있다.

이름이나 보존하는 보잘것없는 선비의 신세를 면하지 못했다. 그러나 선조의 충성스러운 의리와 절개는 경주 용산서원에 남아 있고,[6] 우리 임금님의 훌륭한 덕은 임진년과 병자년에 되돌아왔다.

이와 같이 조상의 음덕이 끊이지 않고 흘러내려와 아버님께서 태어나시니 그 명성이 경상도 전체를 뒤덮어 선비들 가운데 그 이름을 모르는 사람이 없었다. 조상의 덕이 여섯대에 걸쳐 이어졌으니 어찌 그 자손들의 경사가 아니겠는가.

아! 슬프도다. 아버님의 한평생은 흘러가는 봄 꿈과 같아서 나이 사십에 이르러 그간 공부한 것을 울타리 가에 버린 물건으로 아시고 벼슬길에 나가는 것을 마음으로 단념하셨다. 그리하여 한편으로는 도연명陶淵明처럼 시골로 돌아가겠다는 시를 짓고, 다른 한편으로는 지난날 벼슬하려던 마음을 단념하고 지금 현재 시골에 묻혀 사는 것이 옳다는 글귀를 지었다. 지팡이를 끌고 나막신을 신었으니 그 모습이 마치 은둔한 처사의 모습과 같았으며, 높은 산과 큰 강과도 같은 인품이 바로 우리 아버님의 풍모와 다름이 없었다.

경주 구미산龜尾山의 기이한 봉우리와 괴상한 돌들은 금오산金鰲山 북쪽에 자리하고 있고, 용추龍湫의 맑은 연못과 보배로운 시냇물은 옛 도읍지 경주 마룡동馬龍洞[7] 서쪽에 자리하고 있다. 정원에 피어 있는 복숭아꽃은 어부의 배가 발견할까 두려워하고, 집 앞 연못의 푸른 물결은 그 뜻이 강태공姜太公의 낚시에 있었더라. 정자의 난간은 연꽃 핀 연못에 가 닿으니 주렴계周濂溪의 뜻에 어긋남이 없고, 정자의 이름을 용담이라 지었으니 이 어찌 제갈량諸葛亮을 사모하는 마음이 아니겠는가.

6　수운의 7대조 정무공 최진립(崔震立, 1568~1636)은 정유재란 때 공을 세우고 벼슬이 공조참판, 삼도수군통제사에 이르렀으며, 병자호란 때 경기도 용인 험천(險川)에서 싸우다 전사했다. 사후에 병조판서에 추증되었다. 경주시 내남면 이조리에 있는 용산서원(龍山書院)은 바로 정무공 최진립을 배향하는 서원이다. 정순우 외『용산서원』, 집문당 2005 참조.

7　경상북도 경주시 현곡면 가정리에 있는 마을 이름이다.

세월이 강물처럼 흐르는 것을 막을 길이 없어 하루아침에 아버님께서 돌아가시는 슬픈 일을 당했으니 외로운 나의 한목숨은 그때 나이 겨우 열여섯이었다. 세상일 그 무엇을 알았겠는가, 그저 어린아이나 다름이 없었다. 아버님이 평생 일구신 재산은 화재로 타버려 흔적도 없어서 못난 자식의 여한은 세상에 대해 낙심만 할 따름이었다. 그러니 어찌 통탄하지 않을 수 있으며, 애석하지 않을 수 있겠는가.

마음은 집안을 다시 일으키려는 데 있었지만 농사짓는 법을 알지 못했고 글공부에도 독실함이 없었으니 벼슬할 마음도 없었다. 집안 살림은 점점 줄어들어 앞날이 장차 어떻게 될지 알 수 없었고 나이는 점점 들어서 장차 내 신세가 졸렬해질 것을 탄식했다.

타고난 팔자를 곰곰이 생각해보니 또한 추위에 떨고 굶주릴 염려마저 있었다. 나이 사십을 생각하니 마음 한구석에 무엇 하나 제대로 이루지 못한 탄식이 없을 수 없었다. 거처할 만한 곳을 정하지 못했는데 어찌 하늘과 땅이 넓고 크다고 말할 수 있을 것이며, 하는 일마다 어긋났으니 스스로 내 한 몸 둘 곳이 없음을 불쌍하게 여길 뿐이었다. 이후로 세상의 복잡하고 번거로운 일들을 모두 떨쳐버리고 가슴 속에 맺히고 맺힌 한도 스스로를 책망하면서 털어버렸다.

용담정 옛 서재는 아버님께서 학문과 덕망으로 여러 선비를 가르치던 자리요, 동방의 나라 신라의 서울이었던 경주는 바로 나의 고향이다. 울산에 있던 처자식을 거느리고 고향으로 돌아온 날이 기미년(1859) 음력 10월이었고, 시대의 운수를 타고 도를 받은 때는 바로 경신년(1860) 음력 4월이었다. 이 또한 꿈같은 일이었고 말로 형언하기 어려운 일이었다.

주역의 여러 괘 가운데 천지자연의 법칙을 상징하는 수인 대정수大定數를 살펴보고, 하夏나라와 은殷나라와 주周나라의 하늘을 공경하던 이치를 자세히 외워보니, 이에 비로소 옛 선비들이 하늘의 명령에 순종한 것을 알았고, 후래의 학자들은 하늘의 명령을 망각해버린 것을 스스로 탄식했다.

닦고 단련해보았더니 스스로 그러하지 아니함이 없었다. 깨닫고 보니 공자님의 도 또한 하늘의 명령을 공경하고 하늘의 이치에 순종하는 그 한 가지 이치를 정한 것으로, 내가 하늘님으로부터 받은 도와 공자님의 도를 비교해서 말한다면 대동소이하다고 할 수 있다. 의심하고 괴이하게 여기는 마음을 버리니 사리가 분명해지고 옛날과 오늘의 일을 살펴보니 사람이 마땅히 해야 할 바를 알겠더라. 하늘의 도와 덕을 펼 마음을 두지 않고 오직 정성드리는 일만 생각했다.

그렇게 미루어오다가 다시 신유년을 맞이하니 때는 마침 음력 6월이요 계절은 바로 여름이었다. 좋은 벗들이 자리를 가득 메웠으므로 먼저 도를 닦는 법을 정했다. 어진 선비들이 나에게 도에 대해 묻고 또 덕을 펼 것을 권했다.

가슴에는 죽지 않는 약을 지녔으니 그 모양이 궁을弓乙이요 입으로는 영원히 살 수 있는 주문을 외우니 '지기금지 원위대강 시천주조화정 영세불망만사지至氣今至 願爲大降 侍天主造化定 永世不忘萬事知' 스물한자 주문이 바로 그것이었다. 문을 열고 맞이하니 그 숫자가 그만저만했고, 자리를 펴고 법을 설하니 그 맛 또한 그럴 듯했다. 갓을 쓴 어른들이 나아가고 물러가는 모습이 마치 공자님의 3천 제자들의 반열과도 같았고, 어린아이들이 공손히 절하는 모습은 마치 공자님의 제자 증석曾晳이 육칠六七을 노래함과도 같았다. 나이 많은 제자가 있으니 그것은 마치 공자님을 받들어 모신 자공子貢의 예와 같고, 노래하고 춤을 추는 모습은 마치 저 옛날 공자님이 제자들을 거느리고 큰 나무 아래에서 춤추고 노래한 고사와 같은 것이 아니고 무엇이겠는가.

인의예지仁義禮智는 옛날 성인이신 공자님께서 가르치신 바요, 수심정기修心正氣는 오로지 내가 다시 정한 것이다. 입도할 때 한번 제사를 드리는 것은 하늘님을 길이 모시겠다고 굳게 맹세하는 것이고, 모든 의혹을 깨뜨려버리는 것은 정성으로 하늘님을 믿어야 하기 때문이다. 옷차림을 단정하게 하는 것은 군자답게 행동하는 것이며 길거리에서 음식을 먹거나 뒷짐을 지는 것은 천한 사람이 하는 짓이다.

우리 도를 따르는 도인의 집에서 먹지 말아야 할 것은 네발 달린 짐승의 나쁜 고기이고, 찬물에 급히 들어가는 것은 따뜻한 몸에 해로운 일이 된다. 남편이 있는 여자를 취하는 것은 나라의 법인 『경국대전經國大典』에서 금지하고 있으며, 누워서 큰 소리로 주문을 외우는 행동은 나의 참된 도를 태만하게 하는 짓이다. 그래서 위와 같이 정했으니 이것으로써 규칙을 삼도록 하라. 아름답도다. 이 도를 행함이여! 붓을 들어 글씨를 쓰니 사람들이 왕희지의 솜씨인가 의심하고, 입을 열어 운자를 불러 시를 지으니 누군들 나무꾼처럼 초라한 사람일지라도 머리를 숙이지 않겠는가. 허물을 뉘우친 사람은 석숭石崇의 재산에 마음이 가지 않고 정성이 지극한 어린아이는 사광師曠의 총명을 부러워하지 않는 법이다. 용모가 크게 바뀌었으니 선풍도골仙風道骨처럼 아름다운 얼굴이 되었고 오랜 병이 저절로 나았으니 노나라 의사 편작扁鵲 같은 명의의 이름마저 잊게 만들었다.

비록 그러하나 도를 이루고 덕을 세우는 것은 정성 여하와 사람 됨됨이에 달린 법이다. 어떤 사람은 떠도는 말을 듣고 닦으며 또 어떤 사람은 떠도는 주문을 들어서 외우니 어찌 잘못이 아니며 어찌 민망하지 않으리오. 안타깝고 안타까운 나의 마음은 날로 간절하지 아니함이 없나니 빛나고 빛나는 성스러운 덕이 혹시라도 잘못되지 않을까 두려워하노라. 이런 걱정 역시 서로 직접 만나지 못한 데서 비롯된 것이요 도인의 숫자가 너무나 많은 탓이다. 멀리 떨어진 곳에서도 마음은 서로 비추고 응하지만 그리워하는 회포는 감당할 수가 없어서, 가까이 모여 정을 나누고 싶어도 지목받을 염려가 없지 않다.

그러므로 이 글을 지어 널리 펴 보이는 바이니 현명한 그대들은 삼가 나의 말을 잘 듣도록 하라. 무릇 이 도는 마음에 확고한 믿음이 서야만 정성이 나온다. 믿을 신信 자를 풀어보면 '사람〔人〕의 말〔言〕'이라는 뜻이 된다. 사람의 말 가운데는 옳고 그른 말이 있으니 옳은 말은 취하고 그른 말은 버리되 다시 생각해보고 또 생각해보아 마음을 정하도록 하라. 마음을 한번 정한 후에는 다른 말을 믿지 않는 것을 일러서 믿음(信)이라 하는 것이니라. 이렇게 정한 다음에 닦으면 마침내 내가 말하는 정성을 이룰 수 있을 것이다.

정성과 믿음. 그것을 이루는 방법은 멀리 있는 것이 아니다. 사람의 말로 이루는 것이니 먼저 믿고 그다음에 정성을 다하도록 하라. 내 지금 분명하게 가르쳤으니 어찌 믿을 만한 말이 아니겠는가. 공경과 정성을 다하여 내 말을 어기지 않도록 하라.

불연기연不然其然[8]

어떤 노래에서 이르기를 "아득한 옛날부터 모든 만물은 제각기 이름이 있고 형상이 있다"고 했다. 얼핏 본 대로 말하면 그렇고 그럴 듯하지만 어디에서 유래했는가를 깊이 헤아려본다면 멀고도 멀 뿐만 아니라 또한 아득한 옛일이어서 헤아리기 어려운 말이다.

내가 나를 생각해보면 부모가 여기에 계시고 후세를 가늠해보면 자손이 저기에 있다. 다가오는 세상을 견주어보니 그 이치가 내가 나를 생각하는 이치와 다름이 없으나 지나간 세상에서 찾으려 하니 사람이 어떻게 해서 사람이 되었는가를 분간하여 알기가 어렵다.

아! 이와 같이 헤아림이여! 그러한 이치(其然)로 보면 그렇고 그렇지만 그렇지 아니한 이치(不然)로 찾아보면 그렇지 않고 또 그렇지 않도다.

---

8 불연기연이란 '그렇지 않기도 하고 그렇기도 하다'라는 뜻이다. 「불연기연」은 1863년 11월경에 지었다. 수운의 가르침의 핵심은 『동경대전』 속에 있는 네편의 저작, 즉 「포덕문」 「논학문」 「수덕문」 「불연기연」 속에 압축적으로 드러나 있다. 수운은 「불연기연」을 통해서 우주 만물의 현상을 둘러싼 문제를 '불연(不然)' 즉 사람의 경험과 이성으로 이해할 수 없는 세계와 '기연(其然)' 즉 사람의 경험과 이성으로 이해 가능한 세계로 나누어 설명하고 있다.

어찌된 일일까? 아득한 옛날 천황씨는 어떻게 사람이 되었으며 어떻게 임금이 되었을까? 이 사람에게는 근원이 없나니 어찌 그렇지 않다고 말하지 않을 수 있겠는가? 세상에 부모 없는 사람이 누가 있을까마는 그 선조를 거슬러올라가 살펴보면 그러하고 그러하고 또 그러한 까닭이다.

세상이 처음 만들어지면서 임금이 나오고 스승도 나와서 임금은 법으로 백성을 다스리고 스승은 예의로써 사람을 가르치게 되었다. 그런데 최초의 임금은 임금의 자리를 전해준 임금이 없었는데 법의 강령은 어디에서 받았으며, 최초의 스승은 가르침을 받은 스승이 없었는데 예의를 누구로부터 본받았을까? 알지 못하고 알지 못하겠노라. 태어나면서부터 알게 되어 그렇게 되었을까. 아니면 저절로 그리되었을까. 태어나면서부터 알게 되었다고 말해도 마음은 캄캄하여 풀리지 않고 저절로 그리되었다고 해도 아득해서 그 이치를 알 수 없다. 무릇 이와 같아서 그렇지 아니한 까닭을 알지 못하기 때문에 그렇지 않다고 말하지 못하는 것이며, 그러한 까닭은 알기 때문에 그러하다고 믿게 되는 것이다. 이에 그 끝을 헤아리고 그 근본을 탐구해보니 만물이 만물 되고 이치가 이치 되는 큰일이 얼마나 멀고도 먼 일인가.

하물며 이 세상 사람들이여! 어찌 알지 못하고 알지 못하는가.

천지의 운수가 정해진 지 몇 년이나 되었던가. 시대의 운이 스스로 와서 회복하도다.

(하늘의 도가) 옛날이나 지금이나 변하지 아니함이여! 어찌하여 시대의 운이라 하고 어찌하여 회복한다 하는가.

만물의 그렇지 아니함(不然)이여! 헤아려 밝히고 기록해서 거울삼게 하노라. 봄 여름 가을 겨울 네 계절의 질서정연함이여! 어찌하여 그리되고 어찌하여 그리되었는가.

산 위에 물이 있음이여(山上之有水)! 그리하고 그리해야 할 것이다.

어린아이의 어리고 어림이여! 말은 못 해도 제 부모는 알아보나니 어찌 알지 못하고 알지 못한다 하겠는가.

이 세상 사람들이여! 어찌 알지 못한단 말인가.

성인이 이 세상에 태어나심이여! 황하가 천년에 한번 맑아지는 것과 같도다. 시대의 운수가 스스로 와서 회복된 것인가 아니면 물이 저절로 알아서 변한 것인가.

밭을 가는 소가 사람의 말을 알아들음이여! 마음이 있는 듯도 하고 아는 것이 있는 듯도 하도다.

힘으로써 충분히 할 수 있음이여! 어찌하여 고생을 하며 어찌하여 죽는 것인가.

새끼 까마귀가 어미에게 먹이를 물어다 줌이여! 새들도 효도하고 공경함을 아는도다.

제비가 제 주인을 알아봄이여! 주인이 가난해도 돌아오고 가난해도 다시 돌아오는구나.

이러한 이유 때문에 단정하기 어려운 것이 그렇지 아니함이요, 쉽게 단정할 수 있는 것이 바로 그러함이다. 근원을 탐구해 견주어보면 그렇지 않고 그렇지 아니하며 또 그렇지 아니한 일이 있고, 만물을 만든 존재에 의지하여 보면 그렇고 또 그러한 이치가 있도다.

축문祝文[9]

아무개는 우리나라 조선에서 태어나 인륜 속에서 살면서 하늘이 덮어주

---

9   축문이란 '축원하는 글'이란 뜻이다. 수운은 동학을 펼 당시에 초하루와 보름을 기하여 산에 올라 천제(天祭)를 지내며 「축문」을 읽었으며, 동학에 처음 입도한 사람이 입도 후에 수련을 위한 제사 즉 치제(致祭)를 거행할 때도 읽었다. 「축문」은 수운이 동학 포덕을 시작한 1861년 6월 이전에 지은 것으로 보인다.

시고 땅이 실어주시는 은혜와 해와 달이 비춰주시는 덕을 입었으나 참된 진리로 돌아가는 길을 깨닫지 못하여 오랫동안 고통의 바다에 빠져 마음에 잊고 잃어버린 것이 많았나이다.

이제 이 성스러운 세상에 선생님의 도를 깨달아 지난날의 잘못을 참회하고 모든 선행을 따를 것을 영원토록 잊지 않기로 맹세하고 이 도에서 가르치는 심학(心學)으로 수련하기에 이르렀나이다.

이에 좋은 날을 골라 도량을 깨끗이 하고 삼가 맑은 술과 여러가지 제물을 갖추어 받들어 간청하오니 흠향하시옵소서.

주문呪文[10]

선생주문先生呪文

강령주문降靈呪文　　지극한 기운이 지금 여기에 이르러 사월이 돌아와 至氣今至四月來

본주문本呪文　　하늘님을 모셨으니 길이 살아 세상 모든 이치를 알겠노라 侍天主令我長生 無窮無窮萬事知

10　동학의 핵심 수련 방법이자 포교의 가장 중요한 수단인 주문은 '하늘님을 지극히 위하는 글'이라는 뜻을 지녔다. 수운은 1860년 음력 4월 5일에 하늘님으로부터 도를 받고 나서 약 1년 동안 수련을 거듭하는 가운데, 1861년 4월경에 「주문」을 짓고, 음력 6월부터 정식으로 '포덕' 즉 동학의 가르침을 널리 펴기 시작했다. 포덕의 주된 방법이 바로 '21자 주문'으로 사람들을 가르치고 영부로 사람들의 질병을 치료하는 것이었다. 「포덕문」 및 「정운구서계」 참조. 「주문」은 '선생주문'과 '제자주문'으로 나뉘며, 선생주문은 다시 '강령주문'과 '본주문', 제자주문은 '초학주문'과 '강령주문' 및 '본주문'으로 이루어진다. 이 가운데 제자주문 속의 강령주문 8자(至氣今至願爲大降)와 '본주문'(侍天主造化定 永世不忘萬事知) 13자를 합하여 '21자 주문'이라 하며, 이 21자 주문이야말로 동학의 가르침의 핵심이 응축된 것이다. 21자 주문에 대한 상세한 해설은 「논학문」에 들어 있다. 「주문」은 본래 번역하지 않고 원문대로 암송하는 것이 관례이다.

제자주문弟子呪文

초학주문初學呪文   하늘님을 지극히 위하오니 제 사정을 굽어보시고
영원히 잊지 않겠사오니 모든 일이 여의하게 하
소서 爲天主顧我情 永世不忘萬事宜

강령주문降靈呪文   지극한 기운이 지금 여기에 크게 내리기를 원하
옵니다 至氣今至 願爲大降

본주문本呪文   하늘님을 모셔 조화가 이루어지게 하시고
영원히 잊지 않게 하여 모든 이치를 알게 하소서
侍天主造化定 永世不忘萬事知

입춘시立春詩[11]

도의 기운을 길이 보존하면 삿된 기운이 침범하지 못할지니
세상 사람들이 가는 길로는 함께 돌아가지 않으리라

절구絶句[12]

황하가 맑아지고 봉황이 우는 뜻을 누가 알 것이며

---

[11]   수운은 1859년 음력 10월에 처가살이를 마치고 울산에서 경주 용담 본가로 돌아온다. 이때 수운은 "하는 일마다 어긋났으니(所業交違) 스스로 내 한 몸 둘 곳이 없음을 불쌍하게 여길(自憐一身之難藏)" 정도로 절박한 처지였다. 빈털터리 신세로 고향에 돌아온 수운은 이 「입춘시」를 지어 세상 사람들과 다른 길을 가고자 다짐하고 있다.

[12]   1860년 10월에서 11월 사이에 지은 시이다. 그해 4월 5일 득도하고 하늘님으로부터 도를 받았다는 자부심을 반영하고 있다.

시대의 운이 어디로부터 오는지를 알지 못했노라
평생에 천년 이어질 운수의 천명을 이미 받았으니
성덕의 우리 가문 백세를 이어갈 가업을 계승했네
용담의 물이 흐르고 흘러 네 바다의 근원을 이루고
구미산에 봄 돌아오니 온 세상 꽃으로 가득하네

항시降詩[13]

스물한자 주문을 지어내니 세상의 마구니 모두 항복하네圖來三七字 降盡
世間魔

좌잠座箴[14]

우리 도는 넓고 크고 간명해서 많은 말과 뜻이 필요없도다
다른 도리가 따로 있지 않으니 정성과 공경과 믿음 석자로써
열심히 공부하여 투철한 뒤라야 알 수 있느니라
잡념이 일어나는 것을 염려 말고 오로지 깨달음이 더딘 것을 걱정할지

---

13 1861년 11월경에 지었다. '21자 주문' 즉 동학의 핵심 가르침으로 세상을 다스린다는 뜻이다.

14 1863년 4월에 경상도 영덕 직천(直川)에 사는 강수(姜洙, 후일 강시원姜時元으로 개명함)가
경주 용담으로 수운을 찾아와 수도 절차를 묻자 친히 내려준 좌우명이다. 강수는 수운 사후
해월 최시형을 도와 동학을 재건하는 데 이바지했다. 마지막 구절 "잡념이 일어나는 것을 염
려 말고 오로지 깨달음이 더딘 것을 걱정할지니라(不怕塵念起 惟恐覺來知)"는 불교 대장경
속에 들어 있는 『종경록』과 보조국사 지눌의 『수심결』에 나오는 "생각이 일어나는 것을 두려
워 말고 오직 깨침이 더딤을 두려워하라(不怕念起 惟恐覺知)"에서 유래한 것으로 짐작되며,
수운이 득도 전후에 불교 경전도 두루 열람했을 가능성을 보여주는 사례이다. 졸고 「동학과
한말 불교계의 교섭」, 『개벽의 꿈, 동아시아를 깨우다』, 모시는사람들 2011, 104면 참조.

니라

화결시 和訣詩[15]

이 고을 저 고을 이 골짜기 저 골짜기 두루 가보니

이 강 저 강 이 산 저 산 저마다 모두 알아차리고

소나무와 잣나무 저마다 푸르게 서 있는데

이 가지 저 잎사귀 만 가지에 만 마디로다

늙은 학이 새끼를 낳아 온 세상에 퍼뜨리니

어미 새끼 날아들며 사모함이 극진하기 그지없네

운이여! 운이여! 얻었는가 얻지 못했는가

다만 때가 이르러 말하기를 깨달았다 하네

봉황이여! 봉황이여! 어진 사람이여

하염없이 흐르는 저 황하는 성인을 기다리네

봄 궁궐에 핀 복숭아 오얏 꽃의 곱디고운 모습이여

지혜로운 선비와 씩씩한 사내들은 즐겁고 즐겁도다

일만 골짜기 천 봉우리 높고도 높음이여

오르고 또 오르며 나직이 읊조리네

밝고 밝은 그 운수를 저마다 밝혀내니

---

15 「화결시」는 1862년 11월 중순에 경상도 흥해 매곡(梅谷)에 살던 손봉조의 집에서 지은 것으로 크게 두 부분으로 나뉜다. "이 고을 저 고을 이 골짜기 저 골짜기 두루 가보니(方方谷谷行行盡)"로부터 "책은 비록 만권을 읽지 않았어도 뜻은 능히 클 수 있다네(書非萬卷志能大)"까지가 한편이고, "꽃이 이리저리 흩날림이여 붉고도 붉도다(片片飛飛兮 紅花之紅耶)"로부터 "서쪽 봉우리들은 어찌하여 길을 막으려 하는가(西峰何事遮路)"까지가 또다른 한편이다. 동학·천도교계에서는 "꽃이 이리저리 흩날림이여(片片飛飛兮)"로부터 "모두 옛날과 지금의 한가로운 이야기라네(盡是閑談古今)"까지만 따로 떼어 1860년 11월경에 지은 「처사가(處士歌)」라고 보는 견해도 있다.

같고도 같은 배움의 맛이 저마다 같아지네

만년 나무에 한 떨기 고운 꽃이 피니

네 바다 구름 속에 달 하나가 빛나네

누각에 오른 저 사람은 학을 탄 신선과도 같고

물 위에 뜬 배 안의 말은 승천하는 용 같도다

사람 사람이 공자는 아니라도 그 뜻은 오직 한가지

책은 비록 만권을 읽지 않았어도 뜻은 능히 클 수 있다네

꽃이 이리저리 흩날림이여 붉고도 붉도다

나뭇가지가 여기저기 돋아남이여 푸르고 푸르도다

펄펄 휘날리는 하얀 눈이여 희고도 또 희도다

넓고 넓은 맑은 강물이여 맑고도 맑도다

계수나무 노를 저어 두둥실 떠나가니

물결은 일지 않고 모래만 십리에 뻗어 있네

길 위에서 한가로이 노닐며 담소하니

동쪽 산 위에 달 떠 있고 북쪽에서 바람 불어오네

태산이 높고 높음이여 공자께서 오르신 것이 그 언제던가

맑은 바람 솔솔 부니 도연명은 지난날 벼슬한 것이 잘못임을 깨닫고

맑은 강이 넓고도 넓으니 소동파가 나그네들과 함께 풍류를 즐기네

연꽃 핀 연못이 깊고도 깊으니 주렴계가 즐기던 바요

푸른 대나무 푸르고 푸른 것은 군자의 탈속함이요

푸른 소나무가 푸르고 푸른 것은 귀를 씻은 처사 허유許由를 벗 삼은 것
이다

밝고 밝은 저 달은 이태백이 끌어안던 달이요

귀에 닿으면 소리가 되고 눈에 닿으면 색깔이 된다는 말은

모두 옛날과 지금의 한가로운 이야기라네

온 세상에 펄펄 휘날리는 하얀 눈 속에

산으로 날아드는 새들의 자취마저 끊어졌도다

밝고 밝은 동쪽 산으로 오르려 하매

서쪽 봉우리들은 어찌하여 길을 막으려 하는가

탄도유심급歎道儒心急[16]

산하의 큰 운수가 모두 이 도로 돌아오니 그 근원이 매우 깊고 그 이치가 대단히 멀도다. 나의 마음을 굳건히 해야 비로소 도의 맛을 알게 되고 순일한 한 생각이 여기에 있어야만 만사가 뜻과 같이 이루어질 것이다.

탁한 기운을 없애고 맑은 기운을 기르는 것은 마음이 지극해야 할 뿐만 아니라 오직 마음을 바르게 하는 데에 달려 있느니라. 그리하면 은은한 총명이 자연스럽게 화하여 나오고 마주하는 온갖 일들은 모두 하나의 이치로 돌아가리라. 다른 사람의 작은 허물을 내 마음에 두지 말고 나의 보잘 것 없는 지혜라도 남에게 베풀도록 하라.

이와 같이 크고 큰 도를 하찮은 일을 위하여 정성 들이지 말 것이며 공훈에 임해서는 정성을 다하면 저절로 도움이 있을 것이니라. 풍운을 타서 큰일을 하고 못 하는 것은 그 사람의 그릇과 역량에 따르는 법이니라. 현묘한 기틀이 아직 드러나지 않았으니 마음을 조급하게 갖지 않도록 하라. 훗

---

16 탄도유심급이란 '도유(道儒, 동학도인)들의 조급해하는 마음을 탄식하다'라는 뜻이다. 수운이 1861년 6월부터 포덕을 시작하자마자 사람들이 다투어 용담으로 찾아와 가르침을 받았다. 소춘 「대신사 수양녀인 팔십 노인과의 문답」, 『신인간』 16, 1927년 9월호, 16~17면; 강시원 「최선생문집도원기서」, 『동학사상자료집 1』, 아세아문화사 1979, 170~71면. 그들 가운데는 수운이 가르치는 새 세상 즉 '다시 개벽'의 세상이 당장 눈앞에서 실현되기를 기다리는 이들이 많았다. 이에 수운은 그들의 조급해하는 마음을 경계하며 수도에 전념할 것을 권유하고자 이 글을 지었다. 시대의 운수가 모두 동학으로 돌아오고 있으니 조급하게 굴지 말고 마음을 닦아 덕을 밝힐 것을 강조하는 내용이다.

날 공을 이루어 신선의 인연을 좋게 맺을 수 있을 것이니라.

　마음이란 본래 텅 빈 것이어서 만물에 응하여도 자취가 없느니라. 마음을 닦아야 하늘의 덕을 알게 되고 덕이 밝아지는 것. 그것이 바로 하늘의 도이니라. 하늘의 도는 사람에 있지 아니하고 덕에 있으며, 공부에 있지 아니하고 믿음에 있으며, 먼 데 있지 아니하고 가까운 데에 있으며, 구하려는 마음에 있지 아니하고 정성에 달려 있느니라. 그렇지 않은 것 같지만 그러하고 먼 것 같으나 멀지 않으니라.

간신히 한가닥 길을 얻어서 험한 길을 넘고 또 넘어가니

산 밖에 다시 산이 보이고 강 바깥에서 다시 강을 보네

다행히 물 밖의 물을 건너고 산 밖의 산을 겨우 넘으니

가까스로 너른 들판에 이르러 비로소 큰길을 찾아냈노라

간절히 봄소식 기다렸건만 봄빛은 마침내 오지 않았으니

봄빛 좋은 시절 없지 않건만 다만 때 아니어서 오지 않았을 뿐

마침내 그 시절 도래할 때는 기다리지 않아도 저절로 오리라

봄바람 한바탕 불어온 뒤에 모든 나무 일시에 봄소식 알지니

하루에 한송이 꽃이 피고 이틀에 두송이 꽃이 피어

일년 삼백육십일에 삼백육십송이 꽃이 피면

한 몸이 모두 꽃밭이요 한 집안이 모두 봄이리라

병 속에 신선의 술이 있으니 만백성 모두 살릴 수 있으리라

천년 전에 이 술 빚어서 장차 크게 쓰고자 간직했나니

부질없이 뚜껑을 한번 열면 냄새와 맛 모두 변하리라

이 도를 닦는 그대들이여 입 지키기를 병뚜껑 지키듯이 하라

결訣[17]

도를 물으니 오늘 알게 된 바가 무엇인가
뜻은 계해년 새 아침에 가 있네
성공하는 때는 언제인가 다시 그때를 만드니
그렇게 이루어지는 것을 늦었다 한탄 말라
이루어지는 때가 있으니 한탄한들 어이하랴
새 아침에 시를 지으며 좋은 소식 기다리노라
지난해 서북에서 신령한 벗을 찾았나니
내 집에서 이날을 기약할 것을 뒤에야 알았노라
봄이 오는 소식을 마땅히 알 수 있고
지상신선地上神仙이 가까이 오는 소리를 듣는구나
이날 이때 신령한 벗 모두 모였으니
알지 못하겠네 큰 도의 그 가운데를

우음偶吟 1[18]

남쪽 별자리 원만해야 북쪽 은하수 돌아오고
하늘같이 큰 도는 큰 재앙으로부터 벗어나 있다네
거울이 만리를 비추니 눈동자가 먼저 깨닫고
야반삼경에 달 떠오르니 뜻이 홀연히 열리네
누가 비를 얻어 사람을 살릴 수 있으리오

17 　이 시는 1863년 정월 초하루에 경상도 흥해 매곡 손봉조의 집에서 지은 것이다. 수운이 제자
　　들과 함께 계해년 새해를 맞이하면서 동학의 장래에 대해 읊은 시이다.
18 　우음이란 '우연히 떠오른 시상을 읊은 시'라는 뜻이다. 이 「우음」은 1863년 4월경에 지었다.

이 세상 바람 따라 오고 감을 자유로 하네
100겹으로 쌓이고 쌓인 티끌 깨끗이 하고
표연히 학을 타고서 선경을 향하노라
날 맑고 달 밝음에 다른 생각 전혀 없어
웃음과 좋은 말은 예로부터 풍속이라
사람으로 태어나서 그 무엇을 얻었는가
오늘 도를 물으며 받기도 하고 주기도 하네
하늘의 이치 아직도 깨닫지 못했으나
어진 스승에 뜻을 둔 이는 필히 나와 같으리니
하늘이 백성을 낳고 또다시 도를 내시니
제각기 기상이 있음을 나는 알지 못했네
폐부를 관통하여 뜻에 어긋남 없으면
크고 작은 일 사이에 의심 둘 일 하나 없으리
말 위에서 맞는 한식寒食 고향이 아니어서
집으로 돌아가 옛일을 벗고 싶도다
의로움과 믿음 그리고 예의와 지혜는
나와 그대의 한번 만남 속에서 만들어지고
오고 가는 사람은 또 그때가 언제인가
원컨대 재주 있는 그대와 한담 나누고 싶네
세상 소식을 나 또한 잘 알지 못하거니
그러한지 그렇지 아니한지 먼저 듣고자 하네
구름 걷힌 서산에 여러 벗이 모였으니
처신을 잘못하면 이름이 빼어나지 못하리라
어인 일로 우리 여기 반갑게 만났는가
도담과 글 속에 담긴 뜻은 더욱 깊었더라
마음이 떠나서 오래 있지 않은 것은 아니라오

또다른 고을에서 어진 벗을 만나고자 함이로다

사슴 잃은 진나라 뜰에서 어찌 무리를 이루리요

봉황이 우는 주周 왕실을 그대는 알지니라

천하는 보지 못하고 그저 구주九州라는 말만 듣고도

대장부 공연히 마음만 설레는구나

흐르는 물소리에 동정호洞庭湖 아님을 깨닫고

책상 앞에 앉은 채로 악양루岳陽樓라 착각하네

내 마음 지극히 묘연한 사이를 생각하니

태양을 따라 흐르는 그림자인가 의심하노라

팔절八節[19]

전팔절前八節

밝음〔明〕이 어디에 있는지 알지 못하겠거든 멀리서 구하지 말고 나부터 닦으라

덕德이 어디에 있는지 알지 못하겠거든 내 몸이 어디서 왔는지 생각해 보라

명命이 어디에 있는지 알지 못하겠거든 내 마음이 밝고 밝은가를 돌아 보라

도道가 어디에 있는지 알지 못하겠거든 내 믿음이 한결같은가를 생각해 보라

정성〔誠〕이 이루는 바를 알지 못하겠거든 내 마음을 잃지 않았는가 생각

---

19 1863년 11월에 「불연기연」을 짓고 나서 지었다. 전(前)팔절과 후(後)팔절로 이루어져 있으며, 명(明), 덕(德), 명(命), 도(道), 성(誠), 경(敬), 외(畏), 심(心) 여덟 자를 풀이한 글이다.

해보라

공경해야〔敬〕 할 바를 알지 못하겠거든 잠시라도 우러러 사모함을 늦추지 말라

삼가서 두려워함〔畏〕이 무엇인지 알지 못하겠거든 지극히 공변되어 사심이 없는 것을 생각하라

마음〔心〕을 얻고 잃음을 알지 못하겠거든 마음 쓰는 곳에서 공과 사를 살피도록 하라

후팔절後八節

밝음이 어디에 있는지 알지 못하겠거든 내 마음을 그곳으로 보내도록 하라

덕이 어디에 있는지 알지 못하는 것은 말하고자 하나 너무 커서 말하기 어렵기 때문이다

명이 어디에 있는지 알지 못하는 것은 주고받는 가운데 이치가 묘연하기 때문이다

도가 어디에 있는지 알지 못하는 것은 내가 나를 위하고 남을 위하지 않기 때문이다

정성이 이루는 바를 알지 못하는 것은 스스로 알면서도 스스로 게으르기 때문이다

공경해야 할 바를 알지 못하겠거든 내 마음의 깨침과 깨치지 못함을 두려워하라

두려워해야 할 바를 알지 못하겠거든 죄 없는 곳에서 죄지은 듯이 하라

마음의 얻고 잃음을 알지 못하겠거든 오늘에 처하여 어제의 잘못을 생각하라

제서題書²⁰

얻기도 어렵고 구하기도 어렵다 하지만
사실은 어려울 것이 하나도 없나니라
마음도 화평, 기운도 화평하게 하여
봄날같이 화평해지기를 기다리노라

영소詠宵²¹

항아姮娥²²가 잘못을 부끄러워하여 일생을 광한전廣寒殿에 살아서 그 이름이 높더니

그 마음을 맑은 바람이 알고 구름을 보내어 옥 같은 얼굴을 가리는구나

연꽃이 물속에 비치니 물고기는 나비 되고 달빛이 바다를 비추니 구름 또한 땅이 되네

두견화 활짝 피니 두견새 울고 봉황대 높은 곳에 봉황이 노네

백로는 그림자 타고 강 너머로 날아가고 흰 달은 구름을 채찍질하여 서둘러 가네

물고기가 변해서 용이 되는데 그 물고기 연못에 있고

---

20 1863년 11월경 경주를 포함한 경주 북쪽 지방에서는 천연두와 유사한 풍습이라는 전염병이 유행하여 수운도 감염되고 동학 도인들도 다수 감염되었다. 이에 영해 접주 박하선이 찾아와 어려움을 호소하자 수운은 이 시를 써서 주었다. 풍습 예방을 위한 일종의 처방전이라 하겠다.

21 영소란 '밤에 떠오른 시상을 읊은 것'을 말한다. 이 「영소」는 1863년 8월경에 지은 것으로 알려져 있다. 천도교 상주선도사를 역임한 표영삼(1925~2008)은 『동경대전』에 수록된 영소에는 서로 다른 글 네편이 모아져 있다는 견해를 밝혔다. 표영삼, 『동학』 1, 245~49면.

22 중국 신화에 나오는 달의 여신으로 달의 궁전에서 지낸다 하여 월궁항아(月宮姮娥)라고도 한다.

바람이 숲속 호랑이를 이끄니 호랑이가 그뒤를 따르네

바람 불 때 있던 자취 가고 나면 흔적 없고 달 앞에서 뒤를 보면 언제나 달 앞이라네

길 막는 자욱한 연기 밝아도 자취 없고 산봉우리 달 걸렸으나 산은 그냥 그 높이라네

산에 사람 많다 하여 신선이라 하지 않고 열 사람 장정 있다 하여 군인이라 하지 않네

달밤의 계곡 돌들을 지나는 구름이 헤아리고 바람에 흔들리는 꽃가지에 나비가 날아드네

사람이 방으로 드니 바람은 밖으로 나오고 배가 부두를 향하니 산이 바다로 오네

꽃 문이 스스로 열리니 봄바람 절로 불고 대나무 울타리에 빛이 성글면 가을 달이 진다네

그림자는 푸른 강물에 잠겨도 젖지 않고 거울 속 마주하는 미인과는 말을 할 수 없다네

물 수水요, 탈 승乘이요, 미리 용龍에 문 문門이요 범 호虎요 나무 수樹로다

반쯤 뜬 달은 산머리를 빗는 빗과 같고 기울어진 연꽃은 물 위를 부채질하는 부채와 같고

연못 속 버드나무는 연기처럼 잠겨 있고 바다 위에서는 낚싯배들이 하나둘 등불을 켠다

등불이 물 위를 밝게 비추니 의심할 틈이 없고

기둥은 비록 낡았으나 아직도 힘이 남아 있네

필법筆法[23]

닦아서 필법을 이루었으니 그 이치는 오로지 일심에 있다.

우리나라는 오행五行 목국木局을 상징하나니 세번 운수가 끊겨도 잃지 아니하리라.

이 나라에서 태어나 이 나라에서 얻었으니 그러므로 동방의 이 나라가 먼저 될 것이다.

사람 마음이 똑같지 아니함을 사랑하고 글을 지음에 안팎이 없게 할지니라.

마음을 편하게 하고 기운을 바르게 하여

비로소 글씨의 획을 그으니 모든 법이 한 점에 있도다.

먼저 붓끝을 부드럽게 하고 먹은 여러 말을 갈아놓는 것이 좋으리라.

두터운 종이를 골라 쓰되 글씨의 크고 작음에 따라 필법이 다르나니라.

먼저 위엄으로 시작하여 바르게 하기를 주로 하고 형상은 태산 같고 충암절벽 같도록 하라.

유고음流高吟[24]

높은 산봉우리 우뚝 솟은 모습은 모든 산을 거느릴 만한 기상이요

흐르는 물이 그치지 않는 모양은 모든 냇물을 모으려는 뜻이라네

밝은 달이 차고 기우는 모양은 절부를 나눴다 합하는 것과 같고

시커먼 구름이 하늘로 오르는 모습은 군사들의 엄숙한 대오와 같도다

23　1863년 3월경에 지었다. 글씨 쓰는 법에 빗대어 도인들의 공부하는 자세를 훈계하고 있다.

24　수운이 전라도 남원 교룡산성 안의 은적암에 머물던 시기 즉 1861년 11월에서 이듬해 6월 사이에 지은 것으로 보인다. 은적암에서 바라본 지리산의 웅장함을 읊은 시이다.

땅은 거름을 받아들여야 오곡이 풍성해지고
사람은 도덕을 닦아야 매사에 자유자재하게 되나니라

우음 2[25]

비바람 지나간 나뭇가지에
비바람 눈 서리 다시 내리네
비바람 눈 서리 지나간 뒤에
한 나무에 꽃이 피니 온 세상 봄이로세

통문通文[26]

다음과 같은 글로 통유하노라.

당초 사람들을 가르치고자 했던 뜻은 병든 사람에게 약을 쓰지 않아도
저절로 낫게 하고, 어린아이가 필력을 얻고 총명해지도록 하며, 그런 가운
데 잘 화하도록 하는 것이었으니 이 어찌 세상의 아름다운 일이 아니겠는
가. 가르침을 펴기 시작한 지 이미 몇 년이 지나 나에게 화근이 생길 만한
혐의가 없었는데 뜻밖에 도적을 다스리는 자 밑에서 욕을 당했으니 이 무

---

25 우연히 떠오른 시상을 읊은 시이다. 하단부의 "비바람 눈 서리 지나간 뒤에 한 나무에 꽃이
피니 온 세상 봄이로세(風雨霜雪過去後 一樹花發萬世春)"라는 구절이 원불교 교조 소태
산 박중빈(1891~1943) 대종사의 언행록을 경전으로 편찬한 『대종경』 전망품 2장(문학동네
2015, 337면)에 수용되어 있다. 동학의 교리가 원불교에도 영향을 끼쳤다는 사실을 예증하
는 한가지 사례라 하겠다.

26 수운은 1862년 9월에 윤 선달이란 자의 모함으로 경주 영장에게 체포되었다가 10월 초에 석
방되었다. 이 일이 있은 직후에 "도를 버려서더라도(盡爲棄道)" 관의 지목을 받지 말 것을 촉
구하는 통문을 보냈다. 이 「통문」이 바로 그것이다.

슨 액운이란 말인가.[27]

이렇게 된 것은 이른바 나쁜 말은 금하기 어렵고 선행은 실행하기 어려운 법 때문이어서 만약 이런 일이 그치지 아니하면 근거 없는 소문이 날이 갈수록 심해져 나중에 그 화가 어느 지경에 이를지 알 수 없을 것이니라. 더욱이 이 좋은 도를 서양 오랑캐의 학學과 같은 것이라고 몰아가니 진실로 수치스러운 일이 아니고 무엇이겠는가. 어찌 예와 의리의 고을에 참여할 수 있으며, 어찌 우리 가문의 전통에 참여할 수 있겠는가.

지금부터 이후로는 비록 가까운 친척이 병에 걸렸더라도 이 도를 가르치지 말며, 이미 전도한 사람에게는 그윽이 조사하고 극력 찾아가서 이러한 뜻을 알려 모두 도를 버려서라도 다시는 욕을 당하는 일이 없도록 할지니라. 이에 몇 줄 글을 밝히고 펴서 보이는 바이니 참으로 다행한 일이로다.

통유 通諭[28]

첫째 통유할 일이 없었으나 둘째 그렇지 아니한 단서가 있어서 셋째 그러므로 부득이한 행동을 해야 하므로 넷째 차마 어쩔 수 없어서 글을 쓰노니 깊이 헤아려 단 하나라도 잊어버리지 말고 실행하는 것이 어떻겠는가.

지난해(1861) 음력 11월에 경주에서 전라도 남원으로 길을 떠난 것은 본래 강가의 맑은 바람과 산속의 밝은 달을 즐기고자 한 것이 아니고 상도常道를 벗어난 세상을 살피기 위함이었으며, 무극한 큰 도를 닦아 덕을 펴고자 하는 마음이 지목당하는 것을 애석하게 여겼기 때문이었는데 벌써 해가

---

27   1862년 9월 29일에 경주 영장에게 체포되어 수감되었던 일을 말한다.
28   경상도 일대 유림들의 동학 배척운동과 관의 지목을 피해 1861년 11월에 전라도 남원 은적암으로 피신했던 수운이 이듬해 5월경에 경주를 비롯한 경상도 일대 도인들 앞으로 보낸 통문이다. 지난번에 경주를 떠나온 경위를 설명하고 곧 경주로 돌아갈 계획임을 밝히는 내용이다.

바뀌고 달이 지나기를 거의 다섯달에 이르렀다.

처음 이곳(은적암)에 들어올 때의 뜻은 깊은 산속 나그네가 되어 어디에 있는지 알지 못하게 하여 동자가 약초 캐러 갔다고 손가락으로 가리키도록(아무도 모르게 숨어 지내고자 했다는 뜻) 하려는 것이었다. 한편으로는 제자들의 해이해지는 공부를 돕고 다른 한편으로는 집안의 안부를 물어 시름을 달래고자 하는 마음도 있었다.

오늘의 광경은 자취가 세 갈래로 드러나는데도 이름은 오히려 세상에서 숨겨야 하니 사람들이 나의 본의를 알지 못하기 때문이요 당초에 처신을 잘못했기 때문이다.

각 지역 사람들이 어떤 이는 볼일이 있어 찾아오고 어떤 이는 일이 없어도 따라오니 소문을 듣고 오는 사람이 절반이요 배우고 토론하기 위해 머무는 이들이 절반이었다. 찾아오는 사람은 저 한 사람인 줄 알지만 주인은 헤아릴 수 없이 많은 손님을 만나야 하니 장차 이 일을 어찌할 것인가. 이처럼 궁벽하고 가난한 산골에서 손님을 맞이할 방도라곤 불과 한두 서너 집이 있을 뿐이었다. 집이라도 여러 채 있으면 혹시 손님을 맞이할 방도가 있을 수 있고 재산이라도 넉넉하면 굴속에서라도 즐거움이 있을 것이다.

그런데 하물며 이런 형편에서도 노인은 시詩로써 마음을 움직이고 소년은 예禮로써 이끈다 했으니 이것이 무슨 일인가. 시로써 마음을 움직이는 것은 도무지 마음을 움직이는 것이 아니라 다만 노인을 공경하는 마음을 권장하는 것을 배울 따름이었고, 예로써 이끈다는 것도 참으로 이끄는 것이 아니라 충정을 다하려는 정을 참기 어려웠기 때문이다.

주인에게 어찌 자공子貢의 마음(자공의 예처럼 스승을 위하는 간절한 마음)이 없었겠으며 오는 손님들 역시 맹상군孟嘗君 같은 예(맹상군이 그러했듯이 손님 응접을 잘하는 것을 이름)로 응접해주기를 기대했으나 이 어찌 한탄스럽지 아니하며 이 어찌 애석하지 않을 수 있겠는가.

비록 배도裵度의 재물(부자들의 재물이라는 뜻)이 있어도 나는 내일을 감당하지 못했을 것이요, 비록 백결百結의 근심(집안의 가난을 걱정하는 것을 뜻함)이 있었더라도 사람들은 그 일을 잊어버렸을 것이다. 만약 이런 일이 그치지 않으면 그 결과가 어느 지경에 이를지 알 수 없었기에 바로 길을 떠났으니 이 어찌 민망한 일이 아니겠는가.

비가 많은 계절을 당해 바람 불고 비가 뿌려 길게 자란 풀이 옷 적시는 것은 족히 걱정할 것이 못 되니 마침내 멀리 떨어져 있는 벗들을 돌아보며 공부를 그치지 않기를 바라는 마음에서 몇 줄 글을 써서 위로하고 타이르나니 용서하고 이해함이 어떠한가.

남원에서 경주로 돌아갈 날짜는 초겨울이 될 듯하니 너무 기다리지 말고 극진히 수도하여 좋은 시절에 웃는 얼굴로 만날 수 있기를 간절히 바라노라.

3장
용담유사[1]

교훈가|敎訓歌[2]

왈이자질曰爾子姪[3] 아이들아

너희도 이 세상에

경수차서敬受此書[4] 하여라

오행五行으로 생겨나서

---

1 『용담유사』는 수운이 지은 한글 가사 8편을 담은 것으로 초판은 1881년에 충청도 단양 천동
(泉洞, 샘골) 여규덕가(呂圭德家)에서 목활자본으로 간행되었으나 현존하지 않는다. 여규덕
(1846~1902)은 몽양 여운형(呂運亨, 1886~1947)의 작은할아버지로, 여운형의 할아버지 여
규신(呂圭信, 1839~1903)의 동생이다. 동학 기록에는 여규신도 동학에 입도한 것으로 나온
다. 姜德相『呂運亨評伝』1, 日本 東京, 新幹社 2002, 18면. 『용담유사』는 계미중추판(癸未仲
秋版) 즉 1883년 음력 8월에 '북접(北接)' 이름으로 간행된 판본이 최고(最古) 현존본이다.
여기서는 계미중추판을 저본으로 삼아 현대 한글로 바꾸었다. 또한 수운이 체포되어 순교하
게 되는 빌미를 제공했던 「검결」(劍訣, 劍歌라고도 한다)도 여러 이본을 종합적으로 검토하
여 함께 소개한다. 다만 사투리나 고어체의 경우 알기 쉬운 현대어 표현으로 고쳐 수록했다.
2 1861년 11월 하순에서 12월 초순 사이 경상도 경주에서 전라도 남원으로 피신하는 과정에
서 지은 것으로 추측된다. 1860(경신)년 4월 5일 득도 이전의 구도 과정을 비롯하여 득도 후
포덕 과정에서 일어난 문중의 비난과 경상도 유림들의 배척과 음해에 대하여 안타까운 심정
을 토로하는 내용이다.
3 너희들 아들과 조카에게 말하노니.
4 공경하는 마음으로 이 글을 받음.

116

삼강三綱을 법을 삼고
스무해 자라나니
병수病瘦[5] 없는 너의 거동
소업所業 없이 길러내니

오륜五倫에 참예參詣해서
성문고족盛門高族 이내 집안
보고 나니 경사로다
일희일비一喜一悲 아닐런가

내 역시 이 세상에
역력히 생각하니
행行코 나니 그뿐이요
그중에 한가지도
흉중胸中에 품은 회포
이내 신명身命 돌아보니
세상 풍속 돌아보니
아서라 이내 신명
구미 용담龜尾龍潭 찾아들어
부처夫妻가 마주 앉아
대장부 사십 평생
이제야 할 길 없네
불출산외不出山外 맹세하니

자아시自兒時[6] 지낸 일을
대저 인간 백천만사百千萬事
겪고 나니 고생일세
소업 성공 바이없어
일소일파一笑一罷[7] 하온 후에
나이 이미 사십이요
여차여차 우여차又如此[8]라
이밖에 다시없다
중한 맹세 다시 하고
탄식하고 하는 말이
하염없이 지내나니
자호字號 이름 다시 지어
기의심장其意深長[9] 아닐런가

슬프다 이내 신명
윤산潤産은 고사하고
근력기중勤力其中[10] 했으면

이리 될 줄 알았으면
부모님께 받은 세업世業
악의악식惡衣惡食 면치마는

---

5   병이 들어 수척해짐.
6   어렸을 때부터 지금까지.
7   한번 웃고 털어버림.
8   이러하고도 또 이러함.
9   그 뜻이 깊고도 깊음.

경륜經綸이나 있는듯이
혼자 앉아 탄식하고
탕패산업蕩敗産業 되었으니
한탄도 쓸데없네
자네 역시 자아시로
일시도 아니 말면[12]
강보의 어린 자식
그 말 저 말 다 던지고
천생만민天生萬民 했으니
명내재천命乃在天 했으니
하늘님이 사람 낼 때
우리라 무슨 팔자
부富하고 귀貴한 사람
빈하고 천한 사람
천운天運이 순환하사
그러나 이내 집의
자전자시自前自是 고연固然[16]이라
세세유전 착한 마음
안빈낙도 하온 후에
아무리 세상 사람

효박淆薄[11]한 이 세상에
그럭저럭 하다 가서
원망도 쓸데없고
여필종부女必從夫 아닐런가
호의호식好衣好食 하던 말을
부화부순夫和婦順 무엇이며
불인지사不忍之事 아닐런가
차차차차 지내보세
필수지직必授之職[13] 할 것이요
죽을 염려 왜 있으며
녹祿 없이는 아니 내네
그다지 기험崎險[14]할꼬
이전 시절 빈천貧賤이요
오는 시절 부귀로세
무왕불복無往不復[15] 하시나니
적선적덕積善積德 하는 공은
여경餘慶인들 없을쏘냐
잃지 말고 지켜내서
수신제가 하여보세
비방하고 원망한 말

---

10 그 가운데서 부지런히 힘써 일함.
11 인정이나 풍속이 어지럽고 경박함.
12 한때라도 아니함이 없으면.
13 반드시 먹고살 만한 직업을 줌.
14 순탄하지 못하고 탈이 많음.
15 가서 다시 돌아오지 아니함이 없음.
16 이전부터 스스로 이러하고 본디부터 그러함.

청이불문聽而不聞 하여두고
시지불견視之不見 하여두고
매매사사 교훈하여
가정지업 지켜내면

불의지사不義之事 흉한 빛을
어린 자식 효유해서
어진 일을 본을 받아
그 아니 낙일런가

이러그러 안심해서
꿈일런가 잠일런가
정심수신正心修身 하온 후에
우리 집안 여경인가
어찌 이리 망극한고
역력히 생각해도
대저 생령生靈 많은 사람
유도 불도 누천년에
윤회輪廻같이 둘린 운수
억조창생 많은 사람
일세상一世上 없는 사람
아마도 이내 일은
꿈꾸다가 받았던가
사람을 가렸으면
재질을 가렸으면
만단의아萬端疑訝[18] 두지마는
무가내無可奈라 할 길 없네
어디 가서 사양하며
어디 가서 문의하며

칠팔삭七八朔 지내나니
무극대도無極大道 받아내어
다시 앉아 생각하니
순환지리循環之理 회복인가
전만고前萬古 후만고後萬古를
글도 없고 말도 없네
사람 없어 이러한가[17]
운이 역시 다했던가
내가 어찌 받았으며
내가 어찌 높았으며
내가 어찌 있었던고
잠자다가 얻었던가
측량치 못할 너라
나만 못한 사람이며
나만 못한 재질이며
하늘님이 정하시니
사양지심 있지마는
문의지심問議之心 있지마는
편언척자片言隻字[19] 없는 법을

---

17   세상의 많은 사람 가운데 수운 자신이 '무극대도'를 받은 것을 비유한 말.
18   여러 가지 의심.

어디 가서 본을 볼꼬
고친 자호 방불彷彿하고
고친 이름 분명하다

그럭저럭 할 길 없어
없는 정신 가다듬어
하늘님 하신 말씀
무엇을 알았으며
동귀일체同歸一體 하는 줄을
우습다 자네 사람
무슨 뜻에 그러하며
자호 이름 고칠 때는
소위 입춘 비는 말은
무슨 경륜 포부 있어
의심 없이 지어내어
세상 사람 구경할 때
그런 비위 어디 두고
받아놓고 자랑하니
세상 사람 돌아보고
사람 재질 가려내어
세상 사람 저러하여
남만 못한 사람인 줄

묵묵부답黙黙不答 생각하니
어린듯이 앉았으니

하늘님께 아뢰오니
너도 역시 사람이라
억조창생 많은 사람
사십 평생 알았더냐
백천만사 행할 때는
입산한 그날부터
무슨 뜻에 그러한고
복록은 아니 빌고
세간중인부동귀世間衆人不同歸라[20]
완연히 부쳐두니
자네 마음 어떠한고
만고 없는 무극대도
그 아니 개제愷悌[21]한가
많고 많은 그 사람에
총명노둔 무엇이며
의아 탄식 무엇인고
네가 어찌 알았으며

---

19   몇 마디 말과 몇 개의 글자.
20   '세상 사람들과는 같은 길을 가지 않겠다'라는 뜻으로, 1859년 2월 입춘에 지은 시의 한 구
         절. 진리를 각득하겠다는 굳은 의지가 담겨 있다.
21   용모와 기상이 화평하고 단아함.

남만 못한 재질인 줄

그런 소리 말았어라

착한 운수 둘러놓고

자아시 자라날 때

격세만물格世萬物[23] 하는 법과

조화 중에 시켰으니

비비유지比比有之[24] 아닐런가

지각없는 세상 사람

아무는 이 세상에

세전산업世傳産業 탕패하고

불출산외 하는 뜻은

가난한 저 세정에

아유구용阿諛苟容[25] 한다 해도

가정지업 지켜내어

가소절창可笑絶唱[26] 아닐런가

내가 알지 네가 알까

정심수도 하여라

차차차차 가르치면

포덕천하布德天下 할 것이니

법을 정정定코 글을 지어

네가 어찌 알았느냐

낙지이후落地以後[22] 첨이로다

포태지수胞胎之數 정해내어

어느 일을 내 모르며

백천만사 행하기를

출등인물出等人物 하는 이는

원원願願한듯이 하는 말이

재승박덕才勝薄德 아닐런가

구미 용담 일정각에

알다가도 모를러라

세상 사람 한데 섞여

처자보명妻子保命 모르고서

안빈낙도 한단 말은

이 말 저 말 붕등崩騰[27]해도

그런 생각 두지 말고

시킨 대로 시행해서

무궁조화 다 던지고

차제도법次第道法[28] 그뿐일세

입도한 세상 사람

---

22 태어난 이후.

23 세상 만물의 이치를 캐고 밝히는 것. 격치만물(格致萬物)과 같은 뜻이다.

24 비교할 만한 것이 있음.

25 남에게 아첨하여 구차스럽게 구는 모양.

26 우습기 짝이 없음.

27 산이 무너지고 물이 끓듯이 소란함.

28 도를 닦고 수행하는 순서와 방법.

그날부터 군자 되어
지상신선地上神仙 네 아니냐

이 말씀 들은 후에
그제야 이날부터
이 말 저 말 다한 후에
이제는 자네 듣소
자소시自少時 하던 장난
내 역시 하던 말이
남아 역시 출세 후에
헛말인들 아니할까
노처老妻의 거동 보소
무릎 안고 입 다시며
근근이 끌어내어
꿈일런가 잠일런가
다 같이 세상 사람
하늘님도 하늘님도
어찌 앞날 지낸 고생[31]
오늘사 참말인지
간 곳마다 따라가서
눌로[32] 대해 그 말이며
장담壯談 같이 하는 말이

무위이화無爲而化 될 것이니

심독희자부心獨喜自負[29]로다
부처가 마주 앉아
희희낙담喜喜樂談 그뿐일세
이내 몸이 이리 되니
여광여취如狂如醉[30] 아닐런가
헛말이 옳게 되니
장난도 할 것이요
자네 마음 어떠한고
묻는 말은 대답잖고
세상 소리 서너마디
천장만 살피면서
허허 세상 허허 세상
우리 복이 이러할까
이리 될 우리 신명
그다지 시키신고
여광여취 저 양반을
지질한 그 고생을
그중에 집에 들면
그 사람도 그 사람도

---

29 마음속으로 홀로 기뻐하며 마음을 당당하게 가짐.
30 미친 것도 같고 취한 것도 같은 모양.
31 '어찌 지난날 겪은 고생'이라는 뜻.
32 누구로.

고생이 무엇인고

희락喜樂은 벗을 삼고

잔말 말고 따라가세

내 역시 어척(어처구니) 없어

중심에 한숨지어

다름이 아니로다

세상 사람 아닌 듯고

인애지정仁愛之情 지극하니

좋은 운수 회복할 줄

일소일파 하온 후에

그럭저럭 지내다가

오는 사람 가르치니

현인군자 모여들어

성운성덕盛運盛德 분명하다

그 모르는 세상 사람

무근설화無根說話 지어내어

보지 못한 그 소리를

향인설화鄕人說話 분분한고

내 운수 좋자 하니

네가 어찌 알겠느냐

무인지경 분명하다

이내 팔자 좋을진대

고생은 희락이라

공로空老[33]할 내 아니라

얼굴을 뻔히 보며

이적지 지낸 일은

인물대접人物待接 하는 거동

처자에게 하는 거동

천은天恩이 있게 되면

나도 또한 알았습네

불승기양不勝其揚[34] 되었더라

통개중문通開中門 하여두고

불승감당不勝勘當[35] 되었더라

명명기덕明明其德 하여내니

승기자勝己者[36] 싫어할 줄

듣지 못한 그 말이며

어찌 그리 지어내서

슬프다 세상 사람

네 운수 가련할 줄

가련하다 경주향중慶州鄕中

어진 사람 있게 되면

---

33 아무 일도 못하고 헛되이 늙음.

34 기쁘고 즐거운 마음을 이길 수가 없음.

35 능히 감당할 수 없음.

36 재주나 자질이 자기보다 뛰어난 사람.

이런 말이 왜 있으며
이내 문운門運 가련하다
남보다가 배倍나 하며
원수怨讐 같이 대접하며
어찌 그리 원수런고
그중에 싸잡혀서
조걸위학助桀爲虐37 아닐런가

아무리 그러해도
죄 없으면 그뿐일세
나도 세상 사람으로
모함 중에 들단 말가
무죄한들 면할쏘냐
과문지취科門之取38 아닐런가
운수도 믿지마는
남의 이목 살펴두고
세상을 능멸한 듯
무가내라 할 길 없네

무극한 이내 도는
내 아니 가르쳐도
차차차차 받아다가
나 없어도 다행일세
수천리를 경영하니

향중풍속 다 던지고
알지도 못한 흉언괴설
육친이 무슨 일로
살부지수殺父之讐 있었던가
은원恩怨 없이 지낸 사람
또 역시 원수 되니

아무리 그러하나
무단히 사죄死罪 없이
이 운수 아니려면
하물며 이내 집은
아서라 이내 신명
감당도 어려우되
이같이 아니 말면
관장官長을 능멸한 듯

운수 있는 그 사람은
차차차차 가르치니
행장行裝을 차려내어
수도하는 사람마다

---

37 못된 사람을 부추겨 악한 일을 하게 함.
38 과거에 급제한 사람이 있는 집안.

성지우성誠之又誠[39] 하지마는
어찌 하고 가겠느냐
만단효유 하지마는
역지사지 했어라
일조분리一朝分離 되었더라

모우미성毛羽未成[40] 너희들을
잊을 도리 전혀 없어
차마 못한 이내 회포
그러나 할 길 없어

멀고 먼 가는 길에
객지에 외로(홀로) 앉아
너희 수도하는 거동
눈에도 삼삼하며
일사위법一事違法 하는 빛이
귀에도 들리는 듯
일사위법 분명하다
원한다고 이러하며
아서라 너희 거동
부자유친 있지마는
형제일신 있지마는
너희 역시 사람이면
응당히 보지마는
지각없는 이것들아
성지우성 공경해서
아무리 그리해도
은덕이야 있지마는
한가지는 정성이요

생각나니 너희로다
어떤 때는 생각나서
귀에도 쟁쟁하며
어떤 때는 생각나서
눈에도 거슬리며
아마도 너희 거동
명명한 이 운수는
바란다고 이러할까
아니 봐도 보는 듯다
운수조차 유친이며
운수조차 일신일까
남의 수도하는 법을
어찌 그리 매몰昧沒한고
남의 수도 본을 받아
정심수신正心修身 하여라
이내 몸이 이리 되니
도성입덕道成立德 하는 법은
한가지는 사람이라

---

39   정성을 다하고 정성을 다함.
40   어린 새가 깃털이 다 자라지 아니함. 사람이 아직 어림을 비유한 말.

부모의 가르침을
금수禽獸에 가직하고(가깝고)
우습다 너희 사람
부자형제 그 가운데
대저 세상 사람 중에
어진 사람 분명하니
정성공경 없단 말가
출등한 현인賢人들은
사람의 아래 되고
자작지얼自作之孽[42]이라도
운수야 좋거니와
너희라 무슨 팔자
하염없는 이것들아
나는 도시 믿지 말고
네 몸에 모셨으니
내 역시 바라기는
해몽解蒙[43] 못한 너희들은
수도하기 힘쓰기는
문장이고 도덕이고
열세자 지극하면
심학心學이라 했으니
현인군자 될 것이니

아니 듣고 낭유浪遊[41]하면
자행자지自行自止 아닐런가
나는 도시(도무지) 모를러라
도성입덕 각각이라
정성 있는 그 사람은
작심作心으로 본을 보고
애달하다 너희들은
바랄 줄 아니로되
도덕에 못 미치면
나는 또한 한이로다
닦아야 도덕이라
불로자득不勞自得 되단 말가
날로 믿고 그러하냐
하늘님을 믿었어라
사근취원捨近取遠하단 말가
하늘님만 전혀 믿고
서책書冊은 아주 폐廢코
그도 또한 도덕이라
귀어허사歸於虛事 될까보다
만권시서萬卷詩書 무엇하며
불망기의不忘其意[44] 했어라
도성입덕 못 미칠까

---

41   주색낭유(酒色浪遊)의 줄임말로 쓸데없는 일로 허송세월함을 뜻한다.

42   자기 스스로 만든 재앙.

43   어리석음에서 깨어남.

44   그 뜻을 잊지 아니함.

이같이 쉬운 도를
애달하다 너희 사람
탄식하기 괴롭도다
불초자식不肖子息 두었으니
우선에 보는 도리
금禁차 하니 난감이요
강작強作히 지은 문자
방탕지심 두지 말고
서로 만날 그 시절에
즐겁기는 고사하고
이 글 보고 개과하여
부디부디 이 글 보고
너희 역시 그렇다가
날로 보고 원망할까
효험 없이 되게 되면
이내 말 헛말 되면
너희 역시 사람이면

자포자기自暴自棄하단 말가
어찌 그리 매몰한고
요순 같은 성현들도
한할 것이 없다마는
울울鬱鬱한 이내 회포
두자 하니 애달해서
구구자자句句字字 살펴내어
이내 경계警戒 받아내어
괄목상대刮目相對하게 되면
이내 집안 큰 운수라
날 본 듯이 수도하라
남과 같이 하여라
말래지사未來之事 불민不憫하면[45]
내 역시 이 글 전해
네 신수 가련하고
그 역시 수치로다
생각코 생각할까

안심가安心歌[46]

현숙한 내 집 부녀　　　　　　이 글 보고 안심하소

45 　나중에 일어날 일에 대해 민첩하지 못함.

46 　1861년 8월경 지었다. 6월에 포덕을 시작하자마자 문중과 유림들이 서학이라며 비난하고 배척하자 수운은 자신의 가르침은 결코 서학이 아니며, "십이제국 괴질운수 다시 개벽 아닐런가"라고 하여 자신의 가르침이야말로 '다시 개벽'의 길을 밝히는 것이라고 역설하고 있다. 이 「안심가」와 「몽중노소문답가」에서 비로소 동학의 핵심 개념인 '다시 개벽'이란 표현

대저 생령 초목군생

하물며 만물지간萬物之間

나도 또한 하늘님께

자아시 지낸 일을

첩첩이 험한 일을

이도 역시 천정天定이라

그 모르는 처자들은

흠선欽羨[49]해서 하는 말이

일천지하一天之下 생긴 몸이

앙천탄식仰天歎息 하는 말을

듣고 나니 눈물이라

비감회심悲感悔心 두지 말고

호천금궐昊天金闕[50] 상제님도

자自 조정朝廷 공경公卿 이하

부귀자는 공경이요

우리 또한 빈천자로

유의유식 귀공자는

복록은 다 버리고

졸부귀불상猝富貴不祥[51]이라

공부자孔夫子 하신 말씀

우리라 무슨 팔자

사생재천死生在天 아닐런가

유인唯人이 최령最靈일새[47]

명복命福 받아 출세하니

역력히 헤아리니

당當코 나니 고생이네

무가내라 할 길 없다

유의유식遊衣遊食[48] 귀공자를

신선인가 사람인가

어찌 저리 같잖은고

보고 나니 한숨이요

내 역시 하는 말이

내 말 잠깐 들었어라

불택선악不擇善惡 하신다네

하늘님께 명복 받아

빈천자는 백성이라

초야에 자라나서

앙망불급仰望不及 아닐런가

구설앙화口舌殃禍 무섭더라

만고유전萬古遺傳 아닐런가

안빈낙도 아니었나

고진감래 없을쏘냐

이 등장한다.

47 오직 사람이 가장 신령함.

48 하는 일도 없이 놀고 입고 놀고 먹음.

49 흠모하여 부러워함.

50 하늘에 있는 훌륭한 궁궐.

51 갑자기 부자가 되거나 귀하게 되는 것은 상서롭지 못함.

홍진비래 무섭더라
이러 그러 지내나니
사십 평생 이뿐인가
가련하다 우리 부친
날 주려고 지었던가
천불생무록지인天不生無祿之人이라[52]
곰곰이 생각하니
하늘님이 정하시니
무정세월여류파無情歲月如流波라
사월이라 초오일에
천지가 아득해서
공중에서 외는(외치는) 소리
집안 사람 거동 보소
애고 애고 내 팔자야
애고 애고 사람들아
침침칠야沈沈漆夜 저문 밤에
경황실색 우는 자식
댁의 거동 볼작시면
엎어지며 자빠지며
공중에서 외는 소리
호천금궐 상제님을
초야에 묻힌 인생

한탄 말고 지내보세
거연遽然 사십 되었더라
무가내라 할 길 없네
구미산정龜尾山亭 지을 때에
할 길 없어 무가내라
이 말이 그 말인가
이도 역시 천정일네
반수기앙反受其殃[53] 무섭더라
칠팔삭 지내나니
꿈일런가 잠일런가
정신수습 못 할러라
천지가 진동할 때
경황실색驚惶失色 하는 말이
무슨 일로 이러한고
약藥도 사 못해볼까[54]
눌로 대해 이 말 할꼬
구석마다 끼어 있고
자방머리 행주치마
종종걸음 한창 할 때
물구물공勿懼勿恐[55] 했어라
네가 어찌 알까보냐
이리 될 줄 알았던가

---

52 '하늘은 녹이 없는 사람을 낳지 않는다'라는 뜻으로, 누구나 먹고살 만한 것을 갖고 태어난다는 뜻.

53 도리어 그 앙화를 받음.

54 약으로도 치료하지 못한다는 뜻.

55 두려워 말고 두려워 말라는 뜻.

개벽시開闢時[56] 국초일國初日에
십이제국十二帝國[58] 다 버리고
그럭저럭 창황실색
그럭저럭 장등달야長燈達夜[59]
창황실색 할 길 없어
생전 못 본 물형부勿形符[60]가

만지장서滿紙長書[57] 내리시고
아국운수我國運數 먼저 하네
정신수습 되었더라
백지 펴라 분부하네
백지 펴고 붓을 드니
종이 위에 완연터라

내 역시 정신없어
이 웬일고 이 웬일고
자식이 하는 말이
정신수습 하옵소서
물형부 있단 말씀
애고 애고 어머님아
아버님 거동 보소
모자母子가 마주 앉아
하늘님 하신 말씀
삼신산三神山[62] 불사약을
미련한 이 인생아
그릇 안에 살라두고
일장탄복一張呑服[63] 하여라

처자 불러 묻는 말이
저런 부符 더러 본가
아버님 이 웬일고
백지 펴고 붓을 드니
그도 또한 혼미로다
우리 신명 이 웬일고
저런 말씀 어디 있노
수파통곡手把痛哭[61] 한참 할 때
지각없는 인생들아
사람마다 볼까 보냐
네가 다시 그려내서
냉수 일배一杯 떠다 가서
이 말씀 들은 후에

---

56 천지가 처음 생겼을 때.
57 사연을 많이 담은 긴 편지글.
58 이 세상의 모든 나라.
59 밤새도록 불을 켜놓고 날을 지세움.
60 어떤 모양이나 형체가 없는 부적.
61 서로 손을 마주 잡고 통곡함.
62 동쪽바다 한가운데에 신선이 산다는 전설 속 봉래, 방장, 영주의 세 산.
63 부적 한장을 불에 태워 그 가루를 물에 타서 마심.

바삐 한장 그려내어
무성무취無聲無臭 다시 없고
그럭저럭 먹은 부가
칠팔삭 지내나니
검던 낯이 희어지네
선풍도골仙風道骨[65] 내 아닌가
이내 신명 좋을시고
만승천자 진시황도
한무제 승로반承露盤[67]도
좋을시고 좋을시고
영세무궁하단 말가
금을 준들 바꿀쏘냐
진시황 한무제가
내가 그때 났었다면
조롱만상嘲弄萬狀 하올 것을
좋을시고 좋을시고

그 모르는 세상 사람
비틀비틀 하는 말이
칙칙한 세상 사람
어찌 그리 알았던고

물에 타서 먹어보니
무자미지특심無滋味之特甚[64]이라
수백장이 되었더라
가는 몸이 굵어지고
어화 세상 사람들아
좋을시고 좋을시고
불로불사하단 말가
여산驪山[66]에 누워 있고
웃음 바탕 되었더라
이내 신명 좋을시고
좋을시고 좋을시고
은을 준들 바꿀쏘냐
무엇 없어 죽었던고
불사약을 손에 들고
늦게 나니 한이로다
이내 신명 좋을시고

한장 다고 두장 다고
저리 되면 신선인가
승기자 싫어할 줄
답답해도 할 길 없다

나도 또한 하늘님께

금수 같은 너희 몸에

가소롭다 가소롭다

신무소범身無所犯[68] 나뿐이다

애달하다 애달하다

우리야 저럴진대

괴질怪疾 바랄 정이 없다

요악妖惡한 그 인물이

서학西學이라 이름하고

사망邪妄한 저 인물이

그 모르는 세상 사람

추켜들고 하는 말이

범도 되고 용도 되고

종종걸음 치는 말을

거룩한 내 집 부녀

소위 서학 하는 사람

서학이라 이름하고

초야에 묻힌 사람

하늘님께 받은 재주

이내 몸 발천되면

주시기만 줄 짝시면

분부 받아 그린 부를

불사약이 미칠쏘냐

너희 음해 가소롭다

면무참색面無慚色[69] 네가 알까

너희 음해 애달하다

머잖은 세월에도

뛰고 보고 먹고 보세

할 말이 바이없어

온 동리 외는 말이

서학에나 싸잡힐까[70]

그거로사 말이라고

용담에는 명인 나서

서학에는 용터라고

역력히 못 할러라

이 글 보고 안심하소

암만 봐도 명인 없데

내 몸 발천發闡[71] 하렸던가

나도 또한 원이로다

만병회춘 되지마는

하늘님이 주실런가

편작扁鵲[72]이 다시 와도

68　나쁜 일을 한 적이 없음.
69　얼굴에 부끄러워하는 기색이 없음.
70　'서학에 물들었다'는 것을 비유한 말.
71　앞길이 열려 세상에 드러남.
72　중국 춘추시대의 명의.

이내 선약 당할쏘냐

가련하다 가련하다

전세 임진前世壬辰 몇 해런고

십이제국 괴질운수

요순성세 다시 와서

기험崎險하다 기험하다

개 같은 왜적 놈아

너희 역시 하륙下陸[74]해서

전세 임진 그때라도

옥새 보전 누가 할꼬

나도 또한 하늘님께

무병지란無兵之亂[76] 지낸 후에

하늘님께 복록 정해

내 나라 무슨 운수

거룩한 내 집 부녀

개 같은 왜적 놈이

술 싼 일 못 했다고[77]

세상 사람 누가 알까

만고충신 김덕령이

이런 일이 왜 있을꼬

만세명인 나뿐이다

아국운수 가련하다

이백사십 아닐런가[73]

다시 개벽開闢 아닐런가

국태민안 되지마는

아국운수 기험하다

너희 신명 돌아보라

무슨 은덕 있었던고

오성한음鰲城漢陰[75] 없었으면

아국명현 다시없다

옥새 보전 봉명하네

살아나는 인생들은

수명일랑 내게 비네

그다지도 기험할꼬

자세仔細 보고 안심하소

전세 임진 왔다 가서

쇠술로 안 먹는 줄[78]

그 역시 원수로다

그때 벌써 살았으면

소인참소小人讒訴 기험하다

---

73 '전세 임진'이란 앞의 임진년 즉 1832년의 임진년으로부터 240년을 거슬러올라가 임진왜란
이 일어나던 임진년을 말함.

74 임진년(1592)에 왜군이 상륙하여 조선을 침략한 것을 이름.

75 오성 이항복(1556~1618)과 한음 이덕형(1561~1613).

76 무기와 군대 없이 겪은 난리.

77 일본이 임진왜란 때 우리나라를 침략하여 못된 짓을 많이 저질렀기 때문에 벌을 받아 숟가
락 쓰는 문명을 내려주지 않았다는 뜻.

78 쇠숟가락으로 밥을 먹지 아니함.

불과 삼삭 마칠 것을
나도 또한 신선으로
나도 또한 하늘님께
이런 고생 다시 없다
기장奇壯[79]하다 기장하다
내가 또한 신선되어
개 같은 왜적 놈을
일야一夜에 멸하고서
대보단大報壇[80]에 맹서하고
중수한 한이비각汗夷碑閣[82]
붓고 나니 박산薄散일세[83]
요악한 세상 사람
우리 선조 험천險川[84] 땅에
만고유전 하여보세
금석으로 세울 줄을
애달하다 저 인물이
요악한 저 인물이
하늘님이 내 몸 내서
그 말 저 말 듣지 말고
근심 말고 안심하소
춘삼월 호시절에

팔년지체八年遲滯 뭔 일인고
이런 풍진 뭔 일인고
신선이라 봉명해도
세상 음해 다 하더라
내 집 부녀 기장하다
비상천飛上天 한다 해도
하늘님께 조화 받아
전지무궁傳之無窮 하여놓고
한이汗夷[81] 원수 갚아보세
헐고 나니 초개草芥 같고
이런 걱정 모르고서
눌로 대해 이 말하노
공덕비를 높이 세워
송백 같은 이내 절개
세상 사람 누가 알고
눌로 대해 음해하노
눌로 대해 저 말하노
아국운수 보전하네
거룩한 내 집 부녀
이 가사歌詞 외워내서
태평가 불러보세

---

79 기상이 늠름하고 장대함.
80 명나라의 태조와 신종, 의종 등을 제사지내던 사당으로 창덕궁 안에 있음.
81 오랑캐 즉 청나라를 가리킴.
82 병자호란 때 삼전도에서 청나라에 항복한 후 세워진 전승기념비.
83 부수고 나니 산산이 깨어짐.
84 최제우의 7대조 정무공 최진립(1568~1636)이 병자호란 때 전사한 경기도 용인에 있는 지명.

용담가龍潭歌 [85]

국호는 조선이요 읍호邑號는 경주로다

성호城號는 월성이요 수명水名은 문수로다

기자箕子 때 왕도로서 일천년 아닐런가

동도東都(경주)는 고국故國이요 한양은 신부新府로다

아동방我東方 생긴 후에 이런 왕도 또 있는가

수세水勢도 좋거니와 산기山氣도 좋을시고

금오金鰲는 남산이요 구미龜尾는 서산이라

봉황대 높은 봉은 봉거대공鳳去臺空 [86] 하여 있고

첨성대 높은 탑은 월성을 지켜 있고

청옥적靑玉笛 황옥적은 자웅으로 지켜 있고

일천년 신라국은 소리를 지켜내네

어화 세상 사람들아 이런 승지 구경하소

동읍삼산東邑三山 [87] 볼작시면 신선 없기 괴이하다

서읍주산西邑主山 [88] 있었으니 추로지풍鄒魯之風 없을쏘냐

어화 세상 사람들아 고도강산 구경하소

인걸은 지령地靈이라 명현달사 아니 날까

하물며 구미산은 동도지주산東都之主山일세

---

85 1860년 4월 5일 득도 직후에 지었다. 수운은 「용담가」에서 먼저 오랜 역사와 문화를 자랑하는 경주에 대한 자부심을 피력하고, 다음으로 자기 집안이 '위국충신'의 가문이었음을 밝히고 있으며, 그다음으로 험난했던 구도 과정을 회고한 뒤, 맨 마지막으로 경신년 4월 5일의 특별한 종교체험(천도교에서는 '천사문답'이라고 한다)의 과정을 실감나게 묘사하고 있다. 「용담가」에서 '하늘님'이란 명칭이 처음으로 등장한다.

86 봉황은 날아가고 대(臺)만 비어 있음.

87 경주 동쪽에 위치한 세개의 산.

88 경주 서쪽에 있는 제일 높은 산, 즉 수운의 생가와 득도지인 용담정이 자리하고 있는 구미산을 말함.

곤륜산 일지맥一支脈은 　중화中華로 벌려 있고
아동방 구미산은 　소중화小中華 생겼구나
어화 세상 사람들아 　나도 또한 출세 후에
고도강산 지켜내어 　세세유전 아닐런가
기장하다 기장하다 　구미산기龜尾山氣 기장하다
거룩한 가암佳岩 최씨89 　복덕산 아닐런가
구미산 생긴 후에 　우리 선조 나셨구나
산음山陰인가 수음水陰인가 　위국충신 기장하다
가련하다 가련하다 　우리 부친 가련하다
구미용담 좋은 승지 　도덕 문장 닦아내어
산음 수음 알지마는 　입신양명 못 하시고
구미산하 일정각을 　용담이라 이름하고
산림처사 일포의一布衣90로 　후세에 전傳탄 말가
가련하다 가련하다 　이내 가운 가련하다
나도 또한 출세 후로 　득죄부모得罪父母 아닐런가
불효불효 못 면하니 　적세원울積世怨鬱91 아닐런가
불우시지不遇時之 남아로서 　허송세월했구나
인간만사 행하다가 　거연 사십 되었더라
사십 평생 이뿐인가 　무가내라 할 길 없다
구미용담 찾아오니 　흐르나니 물소리요
높으나니 산이로세 　좌우산천 둘러보니
산수는 의구하고 　초목은 함정含情92하니

89　경주시 내남면 이조리 가암마을에 터 잡고 사는 경주 최씨의 한 지파.
90　벼슬하지 못한 한 사람의 선비.
91　오랜 세월 쌓이고 쌓인 원망과 울적함.
92　애틋한 감정을 머금음.

불효한 이내 마음

오작은 날아들어

송백은 울울하여

불효한 이내 마음

가련하다 이내 부친

처자 불러 효유하고

천은이 망극하여

글로 어찌 기록하며

만고 없는 무극대도

기장하다 기장하다

하늘님 하신 말씀

네가 또한 첨(처음)이로다

노이무공勞而無功[94] 하다 가서

나도 성공 너도 득의得意

이 말씀 들은 후에

어화 세상 사람들아

너희 어찌 알까보냐

이내 운수 기장하다

무극대도 닦아내니

만세일지萬世一之 장부로서

이내 신명 좋을시고

물형物形으로 생겼다가

지지엽엽 좋은 풍경

그 아니 슬플쏘냐

조롱을 하는 듯고

청절淸節을 지켜내니

비감회심 절로 난다

여경인들 없을쏘냐

이러 그러 지내나니

경신庚申 사월 초오일[93]에

말로 어찌 성언할까

여몽여각如夢如覺 득도로다

이내 운수 기장하다

개벽 후 오만년에

나도 또한 개벽 이후

너를 만나 성공하니

너희 집안 운수로다

심독희자부心獨喜自負로다

무극지운 닥친 줄을

기장하다 기장하다

구미산수 좋은 승지

오만년지운수五萬年之運數[95]로다

좋을시고 좋을시고

구미산수 좋은 풍경

이내 운수 마쳤도다

군자낙지君子樂地 아닐런가

93　1860년 음력 4월 5일.

94　수고로움을 다했으나 이룬 공이 없음.

95　오만년에 한번 있을까 말까 한 운수.

일천지하一天之下 명승지로

산마다 이러하며

사람마다 이러할까

이내 신명 좋을시고

아무리 좋다 해도

내 아니면 이런 산수

나도 또한 신선이라

이내 선경 구미용담

천만년 지내온들

무심한 구미용담

만학천봉萬壑千峰[96] 기암괴석

억조창생 많은 사람

좋을시고 좋을시고

구미산수 좋은 풍경

내 아니면 이러하며

아동방 있을쏘냐

비상천 한다 해도

다시 보기 어렵도다

아니 잊자 맹세해도

평지 되기 애달하다

몽중노소문답가 夢中老少問答歌[97]

곤륜산 일지맥에

기암괴석 좋은 경치

팔도명산 다 던지고

삼각산 한양 도읍

하원갑下元甲[98] 이 세상에

산제불공山祭佛供 하다 가서

조선국 금강산이

일만이천 아닐런가

천하승지 아닐런가

사백년 지낸 후에

남녀 간 자식 없어

두 늙은이 마주 앉아

---

96 많고 많으며 깊고 큰 골짜기와 산봉우리.

97 남원에서 경주로 돌아오기 직전인 1862년 6월경에 지었다. 그 내용은 풍수지리설과 『정감록』 유의 비기도참 사상을 원용하여 '다시 개벽'의 시대 즉 새로운 시대가 도래하고 있음을 알리는 데 역점을 두고 있다. 수운 사상의 핵심 개념인 '다시 개벽'이란 용어는 이 「몽중노소문답가」와 「안심가」에만 나온다.

98 음양가의 용어로 60갑자를 9궁에 배정하면 180년 만에 제 갑자로 돌아오게 되는데, 180년을 삼등분하여 상기 60년을 상원갑, 중기 60년을 중원갑, 하기 60년을 하원갑이라고 한다. 쇠운이 들어서 망해가는 시대를 의미한다.

탄식하고 하는 말이

명명한 천지운수

기구한 이내 팔자

우리 사후 고사하고

아서라 자고급금自古及今

후사를 이은 사람

우리도 이 세상에

탕진가산 하여내어

팔도불전八道佛前 시주하고

백배축원百拜祝願 앙천하며

지성감천 아닐런가

그러나 자고급금

인걸은 지령이라

명기明氣는 필유명산하必有名山下⁹⁹라

금강산 찾아들어

수간초옥 한 협곡에

그러그러 지내나니

십삭이 이미 되매

운무가 자욱하며

두세번 진동할 때

아들 아기 탄생하니

얼굴은 관옥冠玉이요

우리도 이 세상에

남과 같이 타고 나서

일점혈육 없단 말가

득죄부모 아닐런가

공덕으로 자식 빌어

말로 듣고 눈으로 보니

공덕이나 닦아보세

일심정기一心正氣 다시 먹고

지성으로 산제山祭해서

주소晝宵로 비는 말이

공덕이나 닦아보세

전해오는 세상 말이

승지에 살아보세

팔도강산 다 던지고

용세좌향龍勢坐向¹⁰⁰ 가려내어

구목위소構木爲巢¹⁰¹ 아닐런가

윤신포태潤身胞胎¹⁰² 되었더라

일일一日은 집 가운데

내금강 외금강이

홀연히 산기産氣¹⁰³ 있어

기남자 아닐런가

풍채는 두목지杜牧之¹⁰⁴라

---

99 맑고 밝은 기운은 반드시 이름난 산 아래에 있음.

100 풍수지리설에서 말하는 산맥의 형세.

101 나무를 얽어 살 곳을 만듦.

102 몸이 윤택해지고 태기가 있음.

103 아이를 낳을 기미.

그러그러 지내나니

팔세에 입학入學해서

무불통지 하여내니

십세를 지내나니

재국才局이 비범하고

평생에 하는 근심

군불군 신불신君不君 臣不臣과

주소로 탄식하니

흉중에 가득하되

처자 산업 다 버리고

인심풍속 살펴보니

우습다 세상 사람

괴이한 동국참서東國讖書[107]

이거임진己去壬辰[108] 왜란 때는

가산정주서적嘉山定州西賊[110] 때는

어화 세상 사람들아

생활지계生活之計 하여보세

망진자亡秦者는 호야胡也라고

오류세 되었더라

허다한 만권시서

생이지지生而知之 방불하다

총명은 사광師曠[105]이요

재기과인才氣過人[106] 하니

효박한 이 세상에

부불부 자부자父不父 子不子를

울울한 그 회포는

아는 사람 전혀 없어

팔도강산 다 밟아서

무가내라 할 길 없네

불고천명不顧天命 아닐런가

추켜들고 하는 말이

이재송송利在松松[109] 하여 있고

이재가가利在家家 했더니

이런 일을 본받아서

진나라 녹도서錄圖書[111]는

허축방호虛築防胡 했다가[112]

---

104 당나라 때 수려한 풍채를 지녔던 시인.

105 춘추시대 진(晉)나라의 악사(樂師)로 음률을 잘 아는 것으로 유명함.

106 재주와 기운이 남보다 뛰어남.

107 『정감록(鄭鑑錄)』을 말함. 좁은 의미의 『정감록』은 정감(鄭鑑)과 이심(李沁)의 문답 형식으로 쓰인 「감결(鑑訣)」을 가리키며, 넓은 의미의 『정감록』은 감결을 포함한 여러 비기서를 총칭한다. 신일철 「정감록」, 『한국의 명저』, 현암사 1969, 443~44면. 여기서는 좁은 의미의 「감결」을 가리킨다.

108 이미 지나간 임진년, 즉 1592년을 말함.

109 이로움이 소나무에 있다는 뜻으로 산속으로 피하면 산다는 뜻이다. 「감결」에 나온다.

110 1811년에 평안도 정주와 가산 등지에서 군대를 일으켰다가 패배한 '홍경래난'을 가리킨다.

111 진나라 때의 참서(讖書).

이세망국二世亡國[113] 하온 후에

우리도 이 세상에

매관매작 세도자도

전곡 쌓인 부첨지도

유리걸식 패가자도

풍편에 뜨인 자도

혹은 만첩산중 들어가고

각자위심各自爲心 하는 말이

시비분분 하는 말이

아섰어라 아섰어라

고향이나 돌아가서

내 나이 사십세라[116]

아서라 이 세상은

공맹지덕孔孟之德이라도 부족언
　　不足言이라

일시에 타파하고

금강산 상상봉에

홀연히 잠이 드니

세상 사람 알았으니

이재궁궁利在弓弓[114] 했다네

일심一心은 궁궁이요

일심은 궁궁이요

일심은 궁궁이라

혹은 궁궁촌[115] 찾아가고

혹은 서학에 입도해서

내 옳고 네 그르지

일일시시日日時時 그뿐일세

팔도구경 다 던지고

백가시서 외워보세

전정前程이 만리로다

요순지치堯舜之治라도 부족시不足
　　施요

흉중에 품은 회포

허위허위 오다가서

잠깐 앉아 쉬오다가

몽夢에 우의편천羽衣扁穳[117] 한 도

112　진나라를 망하게 하는 것은 북쪽 오랑캐라고 하여 오랑캐를 막기 위해 만리장성을 쌓았는데 그것이 헛된 일이 됨.

113　진나라가 북쪽 오랑캐에 의해서가 아니라 2대(代) 만에 망한 일.

114　이로움이 궁궁에 있음. 수운에 따르면, 궁궁은 태극을 달리 표현한 것이다. 그러나 『정감록』에서는 전란이 일어났을 때 죽음을 피할 수 있는 땅, 즉 십승지(十勝地)를 가리킨다.

115　전쟁이나 재난으로부터 안전하여 목숨을 건질 수 있는 마을.

116　원문에는 '십사세'라고 표기되어 있으나, '사십세'의 오기가 분명하므로 '사십세'로 바로잡음.

117　날개가 붙어 있는 신선의 좋은 옷으로 춤을 춤. 꿈에 신선 복장을 한 도사가 나타났다는 뜻.

효유해서 하는 말이

인적이 적적한데

수신제가 아니하고

효박한 세상 사람

가련한 세상 사람이

웃을 것이 무엇이며

세상 구경 했어라

이재궁궁 어찌 알꼬

근심 말고 돌아가서

십이제국 괴질운수

태평성세 다시 정해

개탄지심 두지 말고

하원갑 지내거든

만고 없는 무극대도

너는 또한 연천年淺 해서

태평곡 격양가를

이 세상 무극대도

천의인심天意人心 네가 알까

금수 같은 세상 사람

나는 또한 신선이라

너는 또한 선분仙分[119] 있어

잠에서 깨 살펴보니

사가

만학천봉 첩첩하고

잠자기는 무슨 일고

편답강산遍踏江山[118] 하단 말가

깔볼 것이 무엇이며

이재궁궁 찾는 말을

불우시지不遇時之 한탄 말고

송송가가松松家家 알았으되

천운이 둘렀으니

윤회시운 구경하소

다시 개벽 아닐런가

국태민안 할 것이니

차차차차 지내거라

상원갑上元甲 호시절에

이 세상에 날 것이니

억조창생 많은 백성

불구에 볼 것이니

전지무궁傳之無窮 아닐런가

하늘님이 뜻을 두면

얼풋이(어렴풋이) 알아내네

이제 보고 언제 볼꼬

아니 잊고 찾아올까

불견기처不見其處[120] 되었더라

---

118 강산을 두루 돌아다님.

119 신선을 만날 수 있는 좋은 연분.

120 그곳이 보이지 않음.

도수사道修詞[121]

광대한 이 천지에
울울한 이내 회포
청려靑藜[122]를 벗을 삼아
전전반측 하다 가서
나도 또한 이 세상에
만고 없는 무극대도
구미용담 좋은 풍경
불과 일년 지낸 후에
풍운같이 모여드니
이내 좁은 소견으로
불과 일년 지낸 후에
불일발정不日發程[124] 하자 하니
편언척자 바이없고
양협量狹한 이내 소견
이제야 깨닫고서
천리 고향 전해주니
매몰한 이내 사람

정처 없이 발정發程하니
붙일 곳이 바이없어
여창에 몸을 비켜
홀연히 생각하니
천은이 망극하여
여몽여각 받아내어
안빈낙도 하다 가서
원처 근처 어진 선비
낙중우락樂中又樂 아닐런가
교법 교도敎法 敎道 하다 가서
망창茫蒼[123]한 이내 걸음
각처에 모든 벗은
세쇄사정細瑣事情 못 미치니
수천리 밖에 앉아
말을 하며 글을 지어
어질고 어진 벗은
부디부디 갈지(바꾸지) 말고

---

121 경주에서 남원으로 피신한 뒤인 1862년 1월경에 지었다. 멀리 떨어져 있는 경주 일대의 도인들에게 안심하고 마음을 바르게 갖고 수도에 전념할 것을 권유하는 내용이다.

122 명아주대로 만든 지팡이. 명아주는 나무도 아니고 여러해살이 풀도 아닌 한해살이 풀인데도 불구하고 줄기와 뿌리가 견고하다. 그래서 뿌리째 뽑아 다듬어 몇 시간을 삶아 껍질을 벗긴 뒤 손잡이로 쓸 뿌리 부분을 제외하고 부목에 구부러지지 않게 묶어 곧게 말려 사포질과 기름먹이기와 옻칠 등 나무처럼 가공하면 단단하고 가벼운 지팡이가 된다. 이를 청려장(靑藜杖)이라 한다.

123 큰일을 당해 아무 계획이 서지 않아 앞이 아득함.

124 며칠 사이에 길을 떠남.

성경이자誠敬二字 지켜내어

무극대도 아닐런가

도성입덕 아닐런가

어질다 모든 벗은

잊지 말고 생각하소

연원도통淵源道統 알지마는

받는 것이 연원이요

신통육예神通六藝[126] 도통일세

일관一貫[127]으로 이름해도

신통육예 몇몇인고

전천추前千秋 후천추에

일천년 못 지내서

난법난도亂法亂道[129] 했으니

어질다 이내 벗은

순리순수順理順數[130] 했어라

십년을 공부해서

속성이라 하지마는

삼년불성三年不成 하게 되면

급급急急한 제군들은

차차차차 닦아내면

시호시호時乎時乎 그때 오면

우매한 이내 사람

성경현전聖經賢傳 살폈으니

사장師匠[125] 사장 서로 전해

그중에 가장 높아

공부자 어진 도덕

삼천 제자 그 가운데

칠십이인 도통해서

일관으로 전傳차 해도

전자방 단간목田子方 段干木[128]이

그 아니 슬플쏘냐

자고급금 본을 받아

도성입덕 하게 되면

무극한 이내 도는

그 아니 헛말인가

인사는 아니 닦고

---

125 스승이 될 만한 자격이 있는 사람.

126 고대(古代)의 여섯가지 교육인 예·악·사·어·서·수(禮樂射御書數)에 통달함.

127 『논어』「이인편(里仁篇)」 15장의 '오도일이관지(吾道一以貫之)'에서 유래함. 처음부터 끝까지 한결같다는 의미이다.

128 중국 전국시대 위(魏)나라의 학자들. 전자방은 공자의 제자 자하(子夏)의 제자로 위나라 문후(文侯)는 그를 어진 사람이라 하여 높이 받들었다. 단간목 역시 자하의 제자로 위 문후가 그의 훌륭함을 알고 벼슬을 주려고 친히 찾아갔는데 담을 넘어 달아났다고 한다.

129 법과 도를 문란하게 함.

130 하늘의 이치와 하늘의 운수에 순순히 따름.

천명을 바라오니

만고유전 아닐런가

자세히도 알지마는

사람 재질 가려내어

양협한 이내 소견

세상을 탄식해서

의심 없이 나타내니

몰몰沒沒[132]한 지각자知覺者는

입으로 배워 주문 일러

나도 득도 너도 득도

불사不似한[133] 저 사람은

어질다 모든 벗은

위가 미덥지 못하면

위가 공경치 못하면

이런 일을 본다 해도

이는 역시 그러해도

도성입덕 무엇이며

현인군자 무엇이며

부인婦人에게 관계하니

이런 빛이 왜 있으며

저도 역시 괴이하니

유시부유시처有是夫 有是妻[135]라

졸부귀불상猝富貴不祥이라

수인사 대천명修人事待天命은

어찌 그리 급급한고

상중하재上中下才 있지마는

활달한 현인군자

심망의촉心忙意促[131] 하는 빛을

입도한 그 가운데

말로 듣고 입도해서

도성입덕 무엇인지

효박한 이 세상에

어찌 저리 불사한고

자세仔細 보고 안심하소

아래가 의심하며

아래가 거만하니

책재원수責在元帥[134] 아닐런가

수신제가 아니하고

삼강오륜 다 버리고

가도화순家道和順 하는 법은

가장이 엄숙하면

부인 경계警戒 다 버리고

절통切痛코 애달하다

하는 도리 없다마는

---

131 마음과 뜻이 조급함.

132 몰인정함.

133 사람답지 아니한.

134 책임이 윗사람에게 있음.

135 이러한 지아비가 있으니 이러한 지어미가 있다는 뜻으로, 남편이 그 모양이니 아내도 그 모

현숙한 모든 벗은
안심안도安心安堵 하여주소
재방在傍[136]한 자네들은
관기동정觀其動靜[137] 하지 말고
이내 수치 씻어주면
남의 사장師匠 되는 법은
가르치기 위주爲主하니
남의 제자되는 법은
공경히 받은 문자
출등한 제군자諸君子는
작지사 작지제作之師作之弟[139]라
자고 성현 문도들은
연원도통 지켜내서
가장 더욱 밝혀내어
그 아니 기쁠쏘냐
무극대도 닦아내어
삼칠자三七字[140] 전해주니
우매한 세상 사람
자시지벽自恃之癖[142] 뭔 일인고
혼자 앉아 지어내니

차차차차 경계해서
내가 역시 수치羞恥하면
불미지사不美之事 아닐런가
진선진미 효유해서
그 아니 성덕盛德인가
내자불거來者不拒[138] 아닐런가
그 밖에 무엇이며
백년결의 하온 후에
호말毫末인들 변할쏘냐
비비유지比比有之한다 해도
사문성덕斯門盛德 아닐런가
백가시서 외워내어
공부자 어진 도덕
천추에 전해오니
내 역시 이 세상에
오는 사람 효유해서
무위이화無爲而化[141] 아닐런가
자존지심 다 던지고
사문斯門에 없는 법을
천추에 없는 법을

양이라는 의미.
136 곁에 있음.
137 그저 구경만 하는 것.
138 찾아오는 이를 거절하지 아니함.
139 스승이 되고 제자가 됨.
140 '지기금지원위대강 시천주조화정 영세불망만사지'의 21자 주문.
141 억지로 하지 않아도 저절로 변하여 잘 이루어짐.
142 무슨 일을 저 혼자 스스로 그러려니 믿어버리는 버릇.

어디 가서 본을 보며

어찌 그리 속성인고

애달하다 저 사람은

다 같이 밝지마는

어떤 사람 저러한고

망창한 저 소견에

역력히 기록해서

자세 보고 안심해서

남의 이목 살펴내어

남과 같이 수도하소

믿을 신자 주장일세

신信 없으면 어디 내며

예 없으면 어디 내며

염치 중에 있었으니

자포자기 모르고서

이는 역시 난도자亂道者요

저 혼자 알았으니

난법난도 하는 사람

이같이 아니 말면

이내 도 더럽히니

이밖에 다시없다

내성군자乃成君子[145] 아닐런가

정심수도 하여두면

입도한 지 사오삭四五朔에

명명明明한 이 운수는

어떤 사람 군자 되고

인의예지신仁義禮智信인 줄을

무엇을 알겠느냐

거울같이 전해주니

불사不似한 그른 거동

정심수신 하온 후에

대저 세상 인도人道 중에

대장부 의기범절義氣凡節[143]

삼강오륜 밝은 법은

대장부 지혜범절

우습다 저 사람은

모몰염치冒沒廉恥[144] 작란作亂하니

사장師匠도 못한 차제도법次第道法

이는 역시 난법자亂法者라

날 볼 낯이 무엇인고

제 신수 가련하고

주소로 하는 걱정

작심으로 불변하면

구구자자句句字字 살펴내어

춘삼월 호시절에

143　의로운 마음으로 행하는 모든 일.

144　염치없는 줄을 알면서도 그것을 무릅쓰고 함.

145　군자가 됨.

또다시 만나볼까

권학가勸學歌[146]

노류한담무사객路柳閑談無事客[147]이

전라도 은적암隱跡庵[148]에

무정한 이 세월에

호호망망浩浩茫茫 너른 천지

일신으로 비켜서서

무사한 이내 회포

말로 하며 글을 지어

무정한 이 세월이

어화 세상 사람들아

만고유전 아닐런가

역력히 헤아리니

부유蜉蝣(하루살이) 같은 저 인생을

드물 희稀자 전했던가

어화 세상 사람들아

노래 한장章 지어보세

팔도강산 다 밟아서

환세換歲 차로 소일하니

놀고 보고 먹고 보세

청려를 벗을 삼아

격세만물 하여보니

붙일 곳이 바이없어

송구영신送舊迎新 하여보세

어찌 이리 무정한고

인간칠십고래희人間七十古來稀[149]는

무정한 이 세월을

광음光陰[150] 같은 이 세상에

칠십 평생 칭찬하여

만고풍상 겪은 손(손님)이

만고풍상 겪은 일을

---

146 「도수사」와 함께 1862년 1월경에 남원에서 지었다. 무너져가는 조선왕조 지배체제의 혼란한 사회상을 지적하는 한편, 서구열강의 동점 현상을 지적하면서 자신이 제시한 동학의 가르침이야말로 새 시대를 열 '무극대도(無極大道)'임을 강조하고 있다.

147 길가 버드나무 아래에서 한가롭게 이야기나 나누는 나그네.

148 전북 남원시 교룡산성 안에 있던 작은 암자. 본래 이름은 덕밀암(德密庵)이었으나 수운이 스스로 은적암이라 했다.

149 옛날에는 사람이 칠십세까지 살기가 어려운 데서 유래한 말.

150 빛과 그늘이란 뜻으로 시간이나 세월을 뜻함.

산수山水 만나 소창消暢[151]하고

노래 지어 소창하니

숙독상미熟讀嘗味[152] 하여라

사람마다 이러하며

노래마다 이러할까

역력히 외워내서

놀고 보고 먹고 보세

강산 구경 다 던지고

부자유친 군신유의

붕우유신 있지마는

세상 구경 못한 인생

생장한 이내 곳에

불고가산不顧家産 발정하여

매매사사 살펴보니

사람마다 낯이 설고

매매사사 눈에 걸쳐

이내 좁은 소견으로

어진 친구 좋은 벗을

산수풍경 다 던지고

촌촌전진村村前進하다 가서

어화 세상 사람들아

내 곳 풍속 살펴보소

어린 자식 고향 생각

이 글 보고 웃지 말고

억조창생 많은 사람

허다한 언문가사諺文歌辭[153]

구구자자 살펴내어

춘삼월 호시절에

인심풍속 살펴보니

부부유별 장유유서

인심풍속 괴이하다

출생 이후 첨이로다

인심풍속 한탄해서

방방곡곡 찾아와서

허다한 남녀 사람

인심풍속 하는 거동

타도타관他道他官[154] 아닐런가

호풍호속好風好俗[155] 보랴 하고

일조이별一朝離別 하겠느냐

동지섣달 설한풍에

일소일파 하여보세

세상 풍속 모르거든

이도 역시 시운이라

---

151 답답한 마음을 시원하게 풀어줌.
152 열심히 읽어 그 뜻을 이해함.
153 한글로 된 여러 가사.
154 다른 도와 다른 고을.
155 좋은 풍습.

무가내라 할 길 없네

인심풍속 이런 줄을

대저 인간 백천만사

자고급금 촌탁忖度하니

일천지하 많은 사람

윤회같이 둘린 운수

아무리 이 세상도

진토塵土 중에 묻힌 옥석

안빈낙도 하지마는

시운을 의논해도

쇠운衰運이 지극하면

현숙한 모든 군자

어렵도다 어렵도다

방방곡곡 찾아들어

흉중에 품은 회포

수문수답隨問隨答159 하온 후에

온 세상 저 인물이

함지사지陷之死地161 출생들아

대저 인간 초목군생

불시풍우不時風雨 원망해도

편답강산 아니하면

아니 보고 어찌 알꼬

보고 나니 한恨이 없네

요순성세堯舜盛世 그때라도

사람마다 요순일세

수원수구誰怨誰咎156 아닐런가

현인군자 있지마는

뉘라서 분간하며

뉘라서 지도할꼬

일성일쇠一盛一衰157 아닐런가

성운盛運이 오지마는

동귀일체同歸一體158 했던가

만나기도 어렵도다

만나기만 만날진대

다른 할 말 바이없고

당당정리堂堂正理160 밝혀내어

도탄중塗炭中 아닐런가

보국안민輔國安民162 어찌할꼬

사생재천死生在天 아닐런가

임사호천臨死呼天 아닐런가

---

156 누구를 원망하며 누구를 허물하랴. 남을 원망하거나 책망할 것이 없다는 뜻.

157 한번은 번성하고 한번은 쇠퇴함.

158 모두가 하나같이 바른 도로 돌아감.

159 묻는 대로 대답함.

160 떳떳하고 바른 도리.

161 죽을 지경에 빠짐.

162 잘못되어가는 나라를 바로잡아 백성들을 편안하게 함. 나라를 보호하고 지킨다는 '보국(保國)' 또는 나라에 보답한다는 '보국(報國)'과는 그 의미가 전혀 다르다.

삼황오제三皇五帝 성현들도

효박한 이 세상에

장평갱졸長平坑卒[163] 많은 사람

조화 중에 생겼으니

근본조차 잊을쏘냐

각자위심하겠느냐

효박한 이 세상에

임금에게 공경하면

부모님께 공경하면

슬프다 세상 사람

나도 또한 출세 후에

정성공경 없었으니

나도 또한 충렬손忠烈孫[164]이

군신유의 몰랐으니

허송세월 지내나니

사십 평생 이뿐인가

하원갑 경신년에

요망한 서양적西洋賊이

천주당 높이 세워

천하에 편만하니

증전曾前(일찍)에 들은 말을

아동방 어린 사람[165]

경천순천敬天順天 아닐런가

불고천명不顧天命 하겠느냐

하늘님을 우러러서

은덕은 고사하고

가련한 세상 사람

경천순천 하여라

불망기본不忘其本 하여라

충신열사 아닐런가

효자효부 아닐런가

자세仔細 보고 공경하소

조실부모 아닐런가

득죄부모 아닐런가

초야에 자라나서

득죄군왕 아닐런가

거연 사십 되었더라

무가내라 할 길 없네

전해오는 세상 말이

중국을 침범해서

저 소위 하는 도를

가소절창 아닐런가

곰곰이 생각하니

예의오륜 다 버리고

---

163 중국 전국시대에 진나라 장수 백기(白起)가 조나라 군사 40만명을 사로잡아 장평이란 곳에
      파묻어 죽인 고사에서 유래한 것으로 사람이 많은 것을 지칭함.
164 임진·병자 양란 때 무공을 세운 정무공 최진립의 후손.
165 어리석은 사람.

남녀노소 아동주졸兒童走卒[166]
허송세월 한단 말을
무단히[167] 하늘님께
삼십삼천 옥경대玉京臺[168]에
우습다 저 사람은
신神도 없다 이름하고
오륜에 벗어나서
부모 없는 혼령 혼백
상천上天하고 무엇하고
그 말 저 말 다 던지고
아동방 삼년 괴질
허무한 너희 풍속
보고 나니 개탄일세

성군취당成群聚黨 극성 중에
보는 듯이 들어보니
주소로 비는 말이
나 죽거든 가게 하소
저의 부모 죽은 후에
제사조차 안 지내며
유원속사惟願速死[169] 뭔 일인고
저는 어찌 유독 있어
어린(어리석은) 소리 말았어라
하늘님을 공경하면
죽을 염려 있을쏘냐
듣고 나니 절창絶唱[170]이요

내 역시 사십 평생
이제야 이 세상에
시운이 둘렀던가
이 세상에 창건하니
일일시시 먹는 음식
하늘님을 공경하면
물약자효勿藥自效[171] 아닐런가

하염없이 지내나니
홀연히 생각하니
만고 없는 무극대도
이도 역시 시운이라
성경이자 지켜내어
자아시 있던 신병
가중차제家中次第[172] 우환 없어

---

166 철모르는 어린이와 어리석은 사람들.
167 까닭없이.
168 도교에서 하늘 위에 옥황상제가 살고 있다는 가상적인 궁전 누대. 금강산(金剛山)에 있는
     옥경대(玉鏡臺)가 아니다.
169 오로지 빨리 죽기를 소원함.
170 가소절창(可笑絶唱)의 줄임말. 우습기 짝이 없다는 뜻.

일년 삼백육십일을
천우신조 아닐런가

일조一朝같이 지내가니

차차차차 증험하니
어화 세상 사람들아
세세 명찰하온 후에
성지우성 공경해서
처자 불러 효유하고
아동방 연년괴질
나도 또한 이 세상에
어진 사람 만나거든
백년신세 말하거든
붕우유신 하여보세
잊지 말고 생각하소
필유일득必有一得175 하게 되면
운수 관계 하는 일을
졸필졸문 지어내어
이 글 보고 웃지 말고

윤회시운 분명하다
이내 경계 하는 말씀
잊지 말고 지켜내어
하늘님만 생각하소
영세불망 하여라
인물상해人物傷害173 아닐런가
편답주유 하다 가서
시운시변 의논하고
이 글 주고 결의해서
우매한 이내 말씀
우자천려愚者千慮174 그 가운데
그 아니 덕일런가
고금에 없는 고로
모몰염치 전해주니
흠재훈사欽哉訓辭176 하여라

---

171   약을 쓰지 않고도 병이 저절로 나음.
172   집안에서 일어나는 모든 절차, 즉 일상생활.
173   사람과 만물이 다치고 해를 입음.
174   어리석은 사람이 골똘히 생각하고 생각함.
175   반드시 한번은 얻게 됨.
176   가르치는 말을 공경하고 존중함.

도덕가道德歌[177]

천지음양 시판始判[178] 후에

백천만물 화해 내서

지우자금수至愚者禽獸[179]요

최령자最靈者[180] 사람이라

전해오는 세상 말이

천의인심天意人心 같다 하고

대정수大定數 주역괘에

난측자 귀신이요

대학大學에 이른 도는

명명기덕明明其德 하여내어

지어지선止於至善[181] 아닐런가

중용中庸에 이른 말은

천명지위성天命之謂性이요

솔성지위도率性之謂道요

수도지위교修道之謂教[182]라 하여

성경이자 밝혀두고

아동방 현인달사賢人達士[183]

도덕군자 이름하나

무지한 세상 사람

아는 바 천지라도

경외지심 없었으니

아는 것이 무엇이며

천상에 상제님이

옥경대 계시다고

보는 듯이 말을 하니

음양 이치 고사하고

허무지설 아닐런가

한漢나라 무고사武故事[184]가

---

177 1863년 7월 23일 파접(罷接) 즉 정기 수련회를 마친 직후에 지었다. 이 「도덕가」에서는 "경외지심(敬畏之心)" "성경이자(誠敬二字) 지켜내어" 등을 통해 바른 수행 자세를 강조하는 동시에, "천지 역시 귀신이요 귀신 역시 음양이라" "사람의 수족 동정 이는 역시 귀신이요" 라 하며 동학 고유의 귀신관을 드러내고 있다.

178 시작되어 갈라짐. '조판(肇判)'이라고도 함.

179 가장 우둔한 것이 날짐승과 길짐승이라는 뜻.

180 가장 신령한 것.

181 지극한 선에 머무른다는 뜻으로, 『대학』의 3강령 중 하나이다.

182 『중용』 제1장에 나오는 내용으로, "하늘이 명하는 것, 그것을 일컬어 성(性)이라 하고, 성을 따르는 것, 그것을 일컬어 도(道)라 하며, 도를 닦는 것, 그것을 일컬어 교(教)라 한다"는 뜻 이다.

183 어질고 총명하여 성인의 다음가는 사람과 이치에 밝아서 사물에 얽매여 지내지 않는 선비.

184 중국 전한(前漢)의 제7대 황제인 한무제(漢武帝, 재위 기원전 141~기원전 87)에 관한 고사. 54년간 재위하면서 동중서(董仲舒)의 건의에 따라 오경박사(五經博士)를 두어 유학에 중점

아동방 전해와서
명색마다 귀신鬼神일세
천지 역시 귀신이요
이같이 몰랐으니
도와 덕을 몰랐으니

집집이 위한 것이
이런 지각 구경하소
귀신 역시 음양인 줄
경전 살펴 무엇하며
현인군자 어찌 알리

금세는 이러하나
대인은 여천지합기덕如天地合其德
여귀신합기길흉如鬼神合其吉凶[185]이라
영세무궁 전했으니
옹총망총[186] 하는 말이
영험도사靈驗道士 없거니와
어진 사람 궁박窮迫타고
약간 어찌 수신하면
추세해서 하는 말이
문필이 유여하니
모몰염치 추존하니
지벌이 무어라고
문필이 무어라고

자고성현 하신 말씀
여일월합기명如日月合其明
이같이 밝혀내어
몰몰한 지각자는
지금은 노천老天[187]이라
몹쓸 사람 부귀하고
하는 말이 이뿐이요
지벌 보고 가세 보아
아무는 지벌도 좋거니와
도덕군자 분명타고
우습다 저 사람은
군자에 비유하며
도덕을 의논할까

아서라 너희 사람

보자 하니 욕이 되고

을 두고 중앙집권화를 마무리했다.

185 『주역』의 상경(上經) 건괘(乾卦)에 나오는 내용으로, "대인은 천지로 더불어 그 덕을 합하
며, 해와 달로 더불어 그 밝음을 합하며, 사시(四時)로 더불어 그 차례로 합하며, 귀신으로
더불어 그 길하고 흉함을 합한다"라는 뜻이다.

186 함부로.

187 하늘이 흐릿함.

말하자니 번거하되
양의사상兩儀四象[188] 품기稟氣[189]해서
근보가성僅保家聲[190] 사십 평생
천리야 모를쏘냐
이는 역시 귀신이요
이는 역시 기운이요
이는 역시 조화로세
지공무사至公無私하신 마음
효박한 이 세상을

나도 또한 이 세상에
신체발부身體髮膚 받아내어
포의한사布衣寒士[191]뿐이라도
사람의 수족동정
선악 간 마음 용사用事
말하고 웃는 것은
그러나 하늘님은
불택선악 하시나니
동귀일체 하겠느냐

요순 지세에도
하물며 이 세상에
공자의 시대에도
우리 역시 이 세상에
수심정기 하여내어
군자 말씀 본받아서
선왕고례 안 잃으니
세간오륜 밝은 법은
잃지 말자 맹서하니
성현의 가르침이
목불시악색目不視惡色이라

도척盜跖[192]이 있었거든
악인음해 없겠느냐
환퇴桓魋[193]가 있었으니
악인지설 피할쏘냐
인의예지 지켜두고
성경이자 지켜내어
그 어찌 혐의되며
인성지강人性之綱으로서
그 어찌 혐의될꼬
이불청음성耳不聽淫聲 하며
어질다 제군들은

---

188 양의(兩儀)는 음과 양 또는 하늘과 땅, 사상(四象)은 일월성신(日月星辰).
189 하늘로부터 기운을 받음.
190 가까스로 가문의 이름을 보전함.
191 가난하여 보잘것없는 선비.
192 중국 춘추시대의 큰 도적.
193 중국 춘추시대 송나라의 대부로 공자를 탄압한 인물.

이런 말씀 본을 받아
일심으로 지켜내면
번복지심 두게 되면
물욕 교폐하게 되면
헛말로 유인하면
안으로 불량하고
이는 역시 기천자欺天者[197]라
이같이 아니 말면
경천순리 하겠느냐
물약자효 되었으니
이 세상 인심으로
개과천선 되었으니
일일이 못 본 사람
두어구 언문가사
정심수도 하온 후에

아니 잊자 맹서해서
도성입덕 되려니와
이는 역시 역리자逆理者[194]요
이는 역시 비루자鄙陋者[195]요
이는 역시 혹세자惑世者[196]요
겉으로 꾸며내면
뉘라서 분간하리
경외지심 고사하고
허다한 세상 악질惡疾
기이奇異코 두려우며
물욕 제거하여내어
성경이자 못 지킬까
상사지회 없을쏘냐
들은 듯이 외워내어
잊지 말고 생각하소

흥비가興比歌[198]

시운詩云 벌가벌가伐柯伐柯하니   기칙불원其則不遠[199]이라

---

194 천리(天理)를 거스르는 사람.
195 행동이나 성질이 너절하고 더러운 사람.
196 세상을 어지럽게 하는 사람.
197 하늘님을 속이는 사람.
198 1863년 8월에 지었다. 비흥법(比興法) 즉 여러 가지 비유를 들어가며 도인들 가운데 '불미지사(不美之事)'를 꾸미는 행위를 경계하는 내용이 중심을 이루고 있다.
199 『시경(詩經)』 「빈풍편(豳風篇)」에 나오는 문장으로 도는 멀리 있는 것이 아니라 가까운 데 있다는 의미.

내 앞에 보는 것을

이는 도시 사람이요

목전지사目前之事 쉬이 알고

말래지사 같잖으면

이러므로 세상 일이

이지이난易知而難²⁰²인 줄을

명명한 이 운수는

어떤 사람 저러하고

이리 촌탁 저리 촌탁

의아 있는 그 사람은

궁사멱득窮思覓得²⁰⁴ 하여내어

생각나니 이뿐이요

일변一邊은 교사狡詐하고

하늘님이 높으시나

말은 비록 아니하나

이 운수가 어떠할지

모든 친구 유인하여

아서라 저 사람은

하늘님도 모르실까

조석지우朝夕之憂²⁰⁷ 있지마는

어길 바 없지마는

부재어근不在於近²⁰⁰이로다

심량 없이 하다 가서

그 아니 내 한인가

난지이유이難知而有易²⁰¹ 하고

깨닫고 깨달을까

다 같이 밝지마는

어떤 사람 이러한지

각각 명운 분명하다

천고청비天高聽卑²⁰³ 그 문자를

제 소위 추리推理라고

그런 고로 평생 소위

일변은 가소롭다

청비문자聽卑文字²⁰⁵ 겁을 내서

심사를 속여내어

탁명托名²⁰⁶이나 하여보자

흔연대접하는 듯다

네가 비록 암사暗詐하나

그중에 몰각자沒覺者는

없는 것 구해가며

---

200   가까운 데에 있지 아니함.

201   알기는 어렵지만 쉬운 일.

202   알기는 쉽지만 어려운 일.

203   하늘은 높은 데 있지만 오히려 낮은 곳의 소리를 잘 들음.

204   애써서 생각하고 찾아서 깨달음.

205   청비는 ‘천고청비(天高聽卑)’의 줄임말로, 하늘은 높은 데 있지만 낮은 곳의 소리를 잘 듣는
      다는 문자.

206   이름을 의탁하다. 동학에 들어오면 무슨 좋은 일이 있을까 하여 이름을 걸어놓는 것.

온포지공溫飽之供[208] 착실하여

성운성덕 우리 도유

심지상통心志相通 아니할까

청請치 않은 그 소리를

그 모양 오죽할까

좋은 듯이 듣고 앉아

내 복인가 내 복인가

어찌 이리 좋은 운수

영험하고 좋은 말은

그중에 불미지사

흉중에 가득하면

삼복 염증三伏炎蒸 저문 날에

귀에 와서 하는 거동

이 세상 풍속 됨이

통기하고 오자 하니

말초에 해가 미처

이 웬 일고 이 웬 일고

해아지심害我之心 두게 되면

이 웬 일고 이 웬 일고

죽은 듯 기다리니

지각없다 지각없다

소위 통정하는 말이

여사애당如斯愛黨[209] 하거니와

묻지 않는 그 말이며

툭툭 털어 다 하자니

교사한 저 사람은

중심에 하는 말이

열석자가 내 복인가

그때부터 없었던고

귀 밖으로 다 버리고

달게 듣고 모아내어

마지못해 떠나가니

소리하고 오는 짐승

정분情分도 있는 듯고

음해가 주장이라

의심 없이 앉았다가

막지기단莫知其端[210] 아닐런가

먼저 우는 그 짐승은

소리하기 뜻밖이요[211]

아무려나 살펴보자

그 놈 자취 분명하다

이내 사람 지각없다

---

207 아침에 저녁 걱정하고 저녁에 아침 걱정하는 가난한 생활.

208 따뜻하게 입히고 배불리 먹이는 것.

209 이처럼 무리를 좋아함.

210 그 실마리가 되는 까닭을 알지 못함.

211 나를 해치려는 마음을 가진 사람은 모기가 소리를 내며 와서 사람을 무는 것처럼 뜻밖에 소리를 낸다는 뜻.

저 건너 저 배나무에
만단의아 둘 즈음에
즉시파혹 했더니
이내 사람 지각없다
자세히도 들었더니
이내 사람 지각없다
문장군蚊將軍²¹⁴이 네 아니냐
내 말 잠깐 들어보소
무위이화 알지마는
사사상수師師相授²¹⁵ 한다 해도
일일이 거울삼아
범연泛然 간과하지 말고
칠팔세 글을 배워
청운교 낙수교에
사람마다 있지마는
진심갈력 지은 글을
천수天數²¹⁹만 바라다가
몇몇이 참예해서

배가 어찌 떨어져서
까마귀 날아가서
지각없다 지각없다
백주대적白晝大賊²¹² 있단 말을
지각없다 지각없다
포식양거飽食攘去²¹³ 되었으니
그중에 현인달사
합기덕合其德 알았으니
그러나 자고급금
자재연원自在淵源²¹⁶ 아닐런가
비야흥야比也興也²¹⁷ 했으니
숙독상미 하여라
심장적구尋章摘句²¹⁸ 하여내어
입신양명할 마음은
깊고 깊은 저 웅덩에
넣고 나니 허무하다
많고 많은 그 사람에
장악원 대풍류로

---

212 대낮에 무리를 지어 날뛰는 도적.
213 배부르게 먹고 물러남.
214 '윙' 하고 소리를 내며 와서 피를 빨고 달아날 때도 소리를 내는 모기를 의인화한 표현.
215 스승이 다음 스승에게로 차례로 물려줌. '사자상수(師資相授)'라고도 함.
216 도의 근원이 자기 자신에게 있음. 스승에게 직접 가르침을 받지 않았어도 도법만 바르게 깨달으면 도의 연원이 끊어지지 아니하고 스스로 이어지는 것을 말함.
217 '비흥(比興)'은 어떤 사물을 다른 사물에 비유하여 재미있게 표현하는 수사법이다. '비(比)'는 꽃 같은 것을 보고 다른 사물과 비교하여 나타내는 시의 비유법을 말하고, '흥(興)'은 어떤 뜻을 암시하여 사람을 깨우치는 것을 말한다.
218 옛 사람의 글귀를 따서 글을 짓는 일.
219 하늘이 주는 운수. '천운(天運)'이라고도 함.

삼일유가三日遊街[220] 기장하다

허무하기 다시 없어

내 운수 내가 몰라

이내 마음 마칠진대

원처에 일이 있어

아니 가면 해害가 되어

중로에 생각하니

집은 종종 생각나서

배회노상 생각하니

이 걸음을 가지마는

도로 회정했더니

글 네자[221] 밝혀내어

아홉 길 조산造山할 때

당초에 먹은 생각

먹고 먹고 다시 먹고

보고 나니 재미있고

어서 하자 바삐 하자

이번이나 저번이나

조조躁躁[223]해서 자주 보고

다른 날 다시 보니

여한 없이 이룰 공을

이런 일을 본다 해도

이 일 저 일 볼작시면

아니 가자 맹서해도

종종히 다니다가

그 아니 운수런가

가게 되면 이利가 있고

불일발정 하여 가서

길은 점점 멀어지고

금치 못할 만단의아

정녕丁寧히 알작시면

어떨런고 어떨런고

저 사람 용렬하고

만고사적 소연하다

그 마음 오죽할까

과불급 될까 해서

오인육인五仞六仞[222] 모을 때는

하고 나니 성공이라

그러그러 다해갈 때

차차차차 풀린 마음

지질해서 그쳤더니

한 소쿠리 더했으면

어찌 이리 불급한고

운수는 길어지고

---

220 과거에 급제한 사람이 3일간 선배, 친척 등을 방문하고 인사하는 일.

221 '수심정기(守心正氣)' 네 글자.

222 다섯 길 여섯 길. 처음에 품었던 한 생각을 어떤 어려움이 있어도 놓지 않고 계속하는 것을 비유한 표현.

223 몹시 초조하게 굴다.

조갈燥渴[224]은 잠시로다 　생각고 생각하소
연포連抱[225]한 좋은 나무 　두어자 썩었던들
양공良工은 불기不棄[226]라도 　그 말이 민망하다
장인匠人이 불급하여 　아니 보면 어찌 하리
그 말 저 말 다하자니 　말도 많고 글도 많아
약간 약간 기록하니 　여차여차 우여차라
이 글 보고 저 글 보고 　무궁한 그 이치를
불연기연不然其然 살펴내 　부야흥야賦也興也 비해보면
글도 역시 무궁이고 　말도 역시 무궁이라
무궁히 살펴내어 　무궁히 알았으면
무궁한 이 울 속에 　무궁한 내 아닌가

검가劍歌[227]

시호시호時乎時乎 이내 시호 　부재래지不再來之 시호로다

---

224 몹시 목이 마름.

225 아름드리.

226 재주가 훌륭한 목수는 굽은 나무라고 버리지 않고 적재적소에 잘 씀.

227 동학교단 초기 기록에는 1861년 3~4월경에 「검결」을 지었다고 했고(『최선생문집도원기서』), 관변 기록인 「서헌순장계」에는 수운이 「검가(劍歌)」 즉 칼노래를 부르며 몰래 무리를 모아 난을 일으키려 했기 때문에 체포했다고 했는데(『일성록』 고종 갑자 2월 29일자), 동학교단 초기 기록에 보이는 「검결」과 관변 기록에 보이는 「검가」는 그 내용이 거의 동일하다. 따라서 「검결」과 「검가」는 같은 작품이라 판단된다. 그런데 「검가」로 인해 수운이 체포되어 수난을 당했기 때문에 1881년에 간행된 『용담유사』를 비롯하여 그후에 간행된 모든 『용담유사』에는 「검결」을 싣지 않았다. 여기서는 「서헌순장계」에 실린 것, 규장각 소장 「동학서(東學書)」에 실린 것, 신해년(1911) 필사본 『동경대전』과 『용담유사』에 실린 것 등을 서로 비교하고 대조하여 필자가 복원했다. 졸고 「동학의 칼노래와 칼춤에 나타난 반침략적 성격」, 『사료로 보는 동학과 동학농민혁명』, 모시는사람들 2009 참조. 참고로, 「검가」가 실려 있는 신해년 필사본 『동경대전』과 『용담유사』는 필자가 전라북도 진안 용담면에서 발굴하

만세일지萬世一之 장부로서　오만년지五萬年之 시호로다[228]

용천검龍泉劍 드는 칼을　아니 쓰고 무엇하리

무수장삼舞袖長衫 떨쳐입고　이 칼 저 칼 넌짓 들어

호호망망浩浩茫茫 너른 천지　일신으로 비켜 서서

칼 노래 한 곡조를　시호시호 불러내니

용천검 날랜 칼은　일월을 희롱하고

게으른 무수장삼　우주에 덮여 있네

만고명장萬古名將 어디 있나　장부당전丈夫當前 무장사無壯士라[229]

좋을시고 좋을시고　이내 신명 좋을시고

여 대한민국역사박물관에 기증했다.『2017~2020 기증자료집: 기증, 역사의 조각을 맞추다』,
대한민국역사박물관 2021, 126면.

228　이 구절의 뜻은 다음과 같다. '때가 왔도다 때가 왔도다. 두번 다시 오지 않을 때가 왔도다.
만대에 한 사람 나올 정도로 드물게 나온 대장부에게 5만년 만에 때가 왔도다.'

229　대장부 앞에 대적할 장사가 없다는 뜻.

핵심저작

최시형

최시형(1827~1898) 초상

1장
해월선생문집[1]

선생의 성은 최崔 씨요, 이름은 경慶 자 상상翔 자이며 자는 경오敬悟이며 본관은 경주慶州이다. 아버지는 종수宗秀요 어머니는 월성 배씨月城 裵氏이며 부인은 월성 손씨月城 孫氏이다. 정해년(1827) 3월 21일에 출생하여 경주 검악劍岳에서 살았는데 일찍 부모를 여의어 가업이 다 기울어져 일정한 재산이 없었기 때문에 항상 세월을 허송하는 것과 신세가 장차 좋지 않을 것을 한탄했다.

35세 되던 신유년(1861)에 용담 최선생(최제우)이 '무극無極의 도'로써 후생들을 가르쳐 이끌고 있다는 소문을 전해 듣고 예물을 갖추어 가지고 가서 배우면서 매월 여러 차례 용담으로 가서 뵈었다. 8월 초10일경에 이기理氣의 마음에 대해 깨닫고 가업을 돌아보지 아니하고 문밖을 나가지 않으

---

1   해월 최시형의 전기(傳記)로서 가장 이른 시기인 1906년에 성립된 것이다. 이것은 원래 해월 최시형의 제자였던 용암 김낙철(龍庵 金洛喆, 1858~1917) 계열에서 세운 전라북도 부안군 상서면 감교리에 소재한 천도교 호암수도원(壺岩修道院)에 소장되어 있었다. 1994년에 필자가 발굴하여 『전북일보』를 통해 처음으로 소개했고, 1996년에 한국정신문화연구원(현 한국학중앙연구원)에서 간행한 『한국학자료총서 9: 동학농민운동 편』에 수록되었다. 여기서는 해월이 출생하는 1827년부터 1880년대 초반까지의 일대기를 번역하여 소개한다.

면서 밤낮을 가리지 않고 지극한 정성으로 주문 외우기를 3~4개월이 지났다. 일찍이 듣기를, 다른 사람들은 독공篤工을 할 때마다 하늘님 말씀을 듣는다고 하는데 지금 나에게는 아무런 움직임이 없으니 이것은 곧 정성이 부족한 까닭이라고 생각하고, 때마침 한겨울이었으니 밤이 깊어 사람의 발자취가 조용해질 때 문 바깥의 연못으로 나가서 얼음을 깨고 매일 밤 목욕하는 일을 두달이나 계속했다. 처음에는 살갗을 에는 듯했으나 나중에는 얼음과 물이 다 같이 따뜻해지는 것 같았다.

본래 가난한 형편인지라 달리 땔나무도 해 오는 사람이 없어서 떨어진 창문과 부서진 벽 사이로 찬바람이 화살처럼 들어오는데 허물어진 부뚜막이나 방앗간의 얼음 위에서 머리를 빗으면서 또 열흘을 지낼 즈음 공중에서 간곡하게 "찬물에 갑작스레 들어가는 것은 몸에 해롭나니라"고 타이르는 말이 들려오므로 마음속으로 매우 이상하게 여기면서 이내 얼음 위에서 하는 목욕을 중지했다. 이와 같이 7개월을 지내면서 항시 '큰선생님大先生'(최제우)을 뵙고 싶은 마음이 간절했지만 한번 전라도 은적암에 행차하신 뒤로는 어느 곳에 머물고 계신지 자세히 알 수 없었기 때문에 뜻은 있어도 이루지 못했다.

다음 해 임술년(1862) 정월에 여러 달 동안 계속해서 밤새도록 등잔불을 켜두어도 기름이 반 종지 그대로 남아 있었고 다시 21일이 흘러 밤이 되어도 조금도 줄지 않았다. 이때 영덕에 사는 이경중李敬仲이 한 종지의 기름을 가지고 와서 그날밤 등잔불을 켜면서 보니 기름이 이미 다 말라 있었으므로 마음속으로 스스로 그러한 이치라는 것을 알았다.

3월 초순에 이르러 경주 서쪽 산천리山川里에 사는 좌수座首 백사길白士吉이 최중희崔仲羲를 시켜서 큰선생님의 의복과 편지를 가지고 용담으로 들어가는 것이 완연하기에, 꿩 두마리를 사가지고 가정리에 있는 큰선생님의 조카 맹륜孟倫의 집으로 가서 큰선생님께서 돌아오셨는지 물으니 모른다고 대답했다. 꿩 한마리를 드리고 본읍本邑(경주) 이무중李武中의 집에

가서 물어도 역시 소식이 아득하므로 다시 북어 한꿰미를 사가지고 백사
길의 집에 가서 물어도 또한 군이 물리쳤다. 마음이 편안하지 못해 길을 가
면서 가만히 생각해보니 틀림없이 박대여朴大汝의 집에 좌정해 계시는 듯
했다. 박대여의 집으로 가려고 겨우 몇 리를 갔는데 백사길이 급히 오면서
손을 흔들며 불러 말하기를 "지금 어디로 가십니까" 하기에 "큰선생께서
박대여의 집에 계시므로 지금 그 집으로 가고 있다"고 대답하니, 백사길이
"누구에게 소식을 들었습니까" 했다. "마음속으로 느껴서 저절로 안 것이
다" 하고 대답하니, 백사길은 "그러면 제가 먼저 가보겠습니다"라고 했으
나 선생은 "앞에 먼저 가고 뒤에 갈 필요가 따로 없다" 하면서 박대여의 집
문 앞에 천천히 이르니 큰선생께서 주문을 염송하시는 소리가 뒤뜰 방 가
운데서 흘러나왔으므로 기쁨을 이기지 못하여 빠른 걸음으로 들어가 뵈었
다. 큰선생께서 묻기를 "경오는 어떻게 찾아왔으며 누구에게 물어보고 왔
는가" 하니, 선생은 손을 마주 잡고 삼가 아뢰기를 "저의 마음속에 자연히
느낌이 있어 찾아온 것입니다" 하고 문안을 드린 후 얼음 위에서 들은 말
과 21일 동안 등잔 기름이 마르지 않았던 일들을 아뢰었다.

큰선생께서 크게 기뻐하시며 말씀하기를 "그것은 하늘 이치가 스스로
그러한 것이니라. 그대는 큰 조화를 받은 것이니 마음속으로 홀로 기뻐하
고 자부심을 가져라" 하셨다. 며칠 동안 곁에서 모신 뒤 돌아가려고 했을
때 특별히 「도수사」와 「권학가」 두 권을 주었으므로 공경히 받아서 가지고
돌아왔다. 그뒤로 자주 가서 뵈었는데 사방의 어진 선비들이 점점 더 많이
모여들었다.

임술년 6월이 되어 큰선생께서 「수덕문」, 「몽중가」(몽중노소문답가) 두 권
을 지으셨는데 이때 김이서金伊瑞가 찾아와서 인사를 나눈 뒤에 선생이 벼
100석을 요청하니 김이서는 허락하고 돌아가서 벼 120석을 보내왔다. 이
때부터 포덕하려는 뜻을 가지게 되었고, 비로소 상주의 전문여全文汝, 흥해
의 박춘언朴春彦, 예천의 황성백黃聖伯, 청도의 김경화金敬和, 영덕의 오명

철오明哲·유성운劉聖云·박춘서朴春瑞, 울진의 김생원金生員 등 유생들에게 도를 전하기 시작했다. 여기서 '검등골포덕〔劍洞谷布德〕'이라는 말이 비로소 나타나게 되었다.

갑자년(1864) 3월 초에 옥중으로부터 멀리 도망가라는 지시가 있었다. 하늘을 우러러 호소하고 땅을 치며 한탄했으나 사정으로 보아 어찌할 수가 없어서 여장을 꾸려 길을 떠나니 구름도 참담하게 수심에 잠겼고 해와 달도 빛을 잃은 듯하여 길에서 방황하면서 어디로 갈지를 몰랐다. 여러 날 동안 갈팡질팡하면서 강원도 태백산[2] 속에 도착하여 큰선생께서 처형을 당했다는 소식을 전해 들었으니 하늘의 뜻인가 운수의 탓인가 벽을 두드려 통곡해도 푸른 하늘만 유유할 뿐이었다.

감히 옥중에서 내리신 지시를 받들어 체포될 것을 염려하여 낮에는 숨고 밤에는 길을 걸어 동분서주하면서 문득 을축년(1865) 정월에 이르러서야 처자를 거느리고 사모님을 모셔 울진 죽병리竹屛里[3]로 옮겨서 근근이 몇 해를 지냈다.

정묘년(1867) 2월에는 예천 수산水山으로 옮겼으며 사모님은 상주 동관음東觀音[4]에 모셔놓고 따로 살림을 했다.

무진년(1868) 3월에 영양 일월산 속 죽현竹峴(대치)으로 옮겨 근근이 3년 동안 보전했고, 신미년(1871) 8월에는 다시 관의 지목을 받아 처자가 각각 흩어져서 어디로 가야 할지 갈 곳이 없었는데 우연히 소백산의 썩은 나무다리에 도착하니 한개의 바위가 높이 서 있고 그 아래로 몇 사람이 들어갈 만하여 강사원姜士元[5]과 함께 그 바위 아래에 은신했다. 13일째가 되니 전

---

2   『최선생문집도원기서』에 따르면, 스승 수운의 지시에 따라 1864년 3월 초에 대구 감영을 빠져나온 해월은 안동, 영덕, 영해, 평해 등을 거쳐 1865년 초에 강원도 태백산이 아니라 경상도 영양 일월산 아래 용화동에 정착하기에 이른다.

3   죽병(竹屛)은 죽변(竹邊)의 오기이다. 표영삼 「성지탐방 해월신사의 발자취 19: 일월산 대치」, 『신인간』 378, 1980년 6월호, 16~18면.

4   현재의 경상북도 상주시 화남면 동관리.

대 속에 식량은 떨어지고 다만 흰 소금 한홉이 남았는지라 곤드레잎을 따다가 소금에 절여 씹으면서 까무러치려는 기운을 보전할 뿐이었다. 이때 큰 호랑이가 밤마다 와서 호위하기에 선생이 그 호랑이에게 말하기를 "너는 산중의 왕으로서 무슨 뜻이 있기에 밤마다 와서 보호하느냐? 네가 비록 아는 것이 있다 하더라도 내가 어찌 겁을 내겠느냐?" 하니 호랑이가 머리를 숙여 '흥흥' 했으니 그때가 9월 보름 전후였다. 선생이 사원에게 말하기를 "우리 신세가 이 지경에 이르렀으니 사는 것이 죽는 것만 못하다. 함께 바위 아래로 떨어지자" 하니, 사원이 말하기를, "깊고 깊은 산골짜기라 남들이 보지 않는 곳이니 갑자기 남은 목숨을 끊는 것은 결코 영웅다운 일이 아닙니다. 옛말에 이르기를, 하늘이 무너져도 솟아날 구멍이 있다 했으니 죽든 살든 간에 다만 하늘의 명을 기다리는 것이 옳겠습니다" 하니 선생은 웃으며 대답이 없었다.

이때는 찬바람이 서늘했고 굶주림이 심하여 목숨을 보전하기 어려울 즈음이었는데, 한 소년이 망태기(산중에서는 주루막이라고 부른다)를 지고 와서 "어디 사시는 분들이며 여기서 무엇을 하십니까" 하고 묻기에 선생은 "우리는 원래 영남 사람들인데 태백산과 소백산을 구경 왔다가 길을 잃어 위태로운 지경에 처해 있다" 하니, 소년이 그 말을 듣고 망태기 속에서 새로 지은 조밥 한덩이를 꺼내주었다. 두 사람은 그것으로 주림을 면할 수 있었으니 이 일은 실로 하늘이 내린 것이라 하겠다. 선생이 소년더러 이르기를, "남의 위급함을 구하고 남의 어려움을 건졌으니 이것은 곧 좋은 응보를 가져오게 할 큰 은혜이다. 며칠 동안 구제해줄 수 있겠는가" 하니, 소년이 허락하고 돌아갔는데 이튿날도 과연 조밥과 반찬을 갖추어가지고 와서 두

---

5   동학교단 초기에 도주(道主) 최시형 휘하에서 도차주(道次主)를 지냈다. 출생연도는 미상, 제2차 동학농민혁명 당시인 1894년 가을의 '청주성 전투' 때 전사했다. 본관은 진주. 경상북도 영덕 출신. 본명은 수(洙) 또는 사원(士元), 방준(方俊), 시원(時元). 이 가운데 시원은 1875년 10월에 최시형과 함께 개명한 이름이다.

사람을 먹였다. 선생이 다시 묻기를 "그대는 어디에 살며 성명은 무엇인가" 하니, 그 소년은 "영월 직곡리寧越 直谷里[6]에 살며 성명은 박용걸朴龍傑입니다"라고 대답했다. "여기서 거리가 얼마나 되며 택호는 무엇인가" 하고 물으니, "10리쯤 되고 해주댁이라 합니다" 했다. "그렇다면 며칠 뒤에 방문할 것이니 허락해주겠는가" 하니, 소년은 "삼가 가르침을 받들겠습니다"라고 했다.

며칠 뒤에 산에서 내려가 그 집을 찾아가니 밤 2경인데 용걸은 밖에 나가서 없고 늙은 주인이 맞이해주어 방으로 들어갔다. 인사를 나눈 후 갑자기 저녁밥을 내오는데 정결하여 먹음직했다. 주인이 밖으로 났다가 조금 뒤 다시 들어와서 부인의 말을 인용해 말하기를, "제 아내가 이르기를 조금 전에 창밖에서 잠시 엿보았는데 손님은 포인包人(布人의 오기)[7]이 아닙니까? 이는 곧 시대를 만나지 못한 군자입니다. 시아버님께서 임종 때 유언하기를, '내가 죽은 몇 해 뒤에 포객包客(布客의 오기)이 찾아올 것이니 진심으로 구제하면 반드시 자손들을 보전할 것이다'라고 하셨는데, 어찌 잊을 수가 있으며 어찌 소홀히 대접할 수가 있겠습니까. 제가 아내의 말을 듣고 비로소 아버지의 교훈을 깨닫고 보니 감히 이렇게 오셔서 청하시는 것이 어찌 하늘의 도움이 아니겠습니까. 원컨대 형제의 의를 맺어 고락을 함께 하는 것이 어떻겠습니까"라고 했다. 이날 밤에 선생은 감격해 마지않으면서 청수 한그릇으로 정성 들여 하늘님께 고하고 형제의 의를 맺었다. 이튿날 아침 일찍 의형義兄(최시형)이 아우를 데리고 들어가 49재를 베푸니 어언간에 해가 바뀌어 임신년(1872) 정월이 되었다.

---

6   지금의 강원도 영월군 중동면 직동리 직동(稷洞)마을. 1990년 10월 22일 필자가 답사를 갔을 때, 직동2리에 사는 박재규(朴在珪, 당시 47세) 씨의 증언에 의하면 직동은 흔히 '피골'이라 하며, '피골' 안의 상막동과 하막동에 밀양박씨(密陽朴氏)들이 세거했으나 단양이나 영춘으로 이사를 갔다고 했다. 졸고 「강원도지방의 동학 비밀포교지 연구」, 『개벽의 꿈, 동아시아를 깨우다』, 모시는사람들 2011, 161면.

7   '포의한사(布衣寒士)' 즉 벼슬하지 못한 선비라는 뜻이다. '포객(布客)'도 같은 뜻이다.

영월 읍내 포청의 우두머리로 박가 성을 가진 사람이 감히 불측한 마음을 품고 말하기를 "작년 8월에 최경상, 강사원 두 죄인이 남면 직곡리 박씨 집에 숨어 있다는 조정의 지시가 있었으니, 금명간 포졸을 풀어 체포할 것이다" 하니, 이때 아전의 우두머리 지달중池達仲(池達俊이라고 함)이 이 일을 알고 행수行首를 불러 꾸짖기를 "지금 이미 체포령이 철회되었는데 아무 일도 없는 고을에서 어찌 시끄러운 일을 일으키려 하는가. 또 네 마음에 어찌 유쾌하겠는가" 하고 금지할 것을 엄하게 단속하여 큰 화를 면하게 되었다.

영월읍 소밀원동蘇密院洞[8]에 사는 장기서張基瑞가 이달 초순 밤에 꿈을 꾸었는데 큰선생께서 장가의 집으로 행차하시므로 장기서는 "무슨 일로 왕림하셨습니까"라고 물으니 큰선생께서는 "이 고을 지달중의 집에 믿고 부탁할 말이 있어 그의 집으로 가는 길이라"고 대답하시어 장기서가 밥과 반찬을 갖추어놓았는데 큰선생께서는 이미 출발하셨다는 내용이었다. 선생이 장기서의 꿈 이야기를 듣고 큰 화를 면한 것이 스승님의 도움이었다는 것을 비로소 알아차렸다.

이달 그믐께 강수姜洙(강사원)와 함께 북어 한꾸러미를 가지고 지달중의 집으로 가서 사례하니 지달중이 감사하며 말하기를 "사람으로서 사람을 구제하는 것은 당연한 일인데 두 형께서는 어찌 이와 같이 간곡하게 대하십니까" 하고 차마 헤어지기 어려워했으나 안타깝게도 작별했다. 지달중은 노자 두꾸러미와 붓 두자루와 먹 한정丁을 바쳤다. 선생이 감사하고 칭찬하면서 돌아왔다. 지달중은 그후 무과에 급제하여 삼척 영장이 되었다.

경오년(1870)에 공생孔生의 주선으로 사모님이 가족을 거느리고 소밀원으로 옮겨왔다.

---

8   현재의 강원도 영월군 중동면 화원리 소미론(小味論) 마을. 동학교단 기록에는 '小密院' '小美院' '蘇密院' 등으로 혼용하여 표기하고 있다. 졸고 「강원도지방의 동학 비밀포교지 연구」, 같은 책 160면.

신미년(1871) 9月에 사형土衡(수운의 장남 세정世貞)은 양양 김덕중金德中의 집에 분산하여 살다가 10월 그믐에 인제 이둔리耳屯里(甲屯里의 오기)로 옮겼다.

임신년(1872) 정월에 사형이 양양 관아에 체포되었는데 선생이 이 소식을 듣고는 사모님을 모시고 정선 싸내〔米內〕[9] 마을로 옮겼다. 3월 그믐께 세청世淸(수운의 차남)과 임생林生을 데리고 양양으로 가서 탐문하니 사형은 이미 불행을 당했다고 하므로 곧 대관령을 넘어 인제 남면南面 무의매리舞依梅里 김병내金秉鼐의 집으로 옮기니 그달 23일의 일이었다. 김연순金演順 숙질이 거처를 옮기려고 여장을 꾸리고 있는데 김병내가 말하기를, "지금 서로 상황이 들어맞은 것은 진실로 우연이 아닙니다. 태백산과 소백산이 유명하다는 말은 일찍이 들었는데 어떻게 가려 하십니까" 하니 선생이 말하기를 "어렵지 않다. 내가 앞장서서 인도할 것이다" 하고 남녀 70여명을 데리고 혹 앞서기도 하고 혹 뒤따르기도 하면서 홍천의 속사둔束沙屯[10]에 도착하여 숙소를 정했다. 치곡점雉谷店 숙소, 원주의 태장台場 숙소, 신림점新林店 숙소를 거쳐 하루는 횡패점橫貝店 숙소에 이르렀더니 갈림길이 있었다. 선생이 정선 무은담霧隱潭[11]에 있는 유도원劉道原의 집으로 향하니 유도원이 기꺼이 맞이했다. 며칠 뒤에 떠나려 하자 유도원이 극력 만류하니 선생이 말씀하시기를, "뒤를 쫓아 따라와서 수탐하는 사람이 있으니 여러 날 묵으면 반드시 해가 미칠 것이다" 했다. 유도원이 말하기를 "만일 뒤쫓아오는 사람이 있더라도 두 어른(최시형과 강수)께서 멀리 피하시면 저는 귀양살이 정도에 지나지 않을 것입니다" 했다. 이튿날 선생이 강수와 더불어

9 　한자 '米內'는 '米川'의 오기. 현재의 강원도 정선군 동면 화암리에 '싸내'가 있다.
10 　지금의 강원도 평창군 용평면 속사리.
11 　지금의 강원도 정선군 남면 문곡리에 있다. 동학 기록에는 '은담(隱潭)' '무운담(霧雲潭)' 등으로 표기되어 있고, 현재의 5만분의 1 지도상에는 '무릉'으로 표기되어 있다. 현지에서는 '무른담' 또는 '물은담'이라고도 한다. 졸고 「강원도지방의 동학 비밀포교지 연구」, 같은 책 163면.

49일 기도식를 베풀어 주문 염송을 모두 마치니 7월 보름 무렵이었다. 정선의 신정언辛定彦, 신치서辛致瑞, 홍문여洪文汝, 유계홍劉啓弘, 최영하崔永夏, 김해성金海成, 방자일房子一, 안순일安順一, 장기서, 김병내, 박용걸 등이 자주 상종했다.

계유년(1873) 7월에 유도원과 김해성이 상의하기를 "태백산 갈래사 적조암은 명승지이니 공부하기에 좋을 것이다" 하고 8월 초에 강수와 유도원을 태백산 적조암에 보내서 주지 스님께 상의하니 겨울 동안 공부할 계획을 허락하면서 주지 스님이 말하기를, "소승은 원래 계룡산 동학사의 중이었는데 금년 정월에 산신령의 지시에 따라 순흥順興 부석사浮石寺에 들어갔었고, 그 절에서 부처님의 가르침에 따라 태백산에 들어온 것이 4월이었습니다. 젊은 두 스님이 감자를 6~7두락 심었는데 며칠 되지 않아 두 스님이 강원도 유점사로 옮겨가게 되어 파종한 감자를 팔기를 청했는데 팔겠다고 허락함에 따라 가을이 되어 캐보니 4~5석이나 되어 겨울을 지내는 데 아무런 어려움이 없게 되었습니다"라고 했다. 두 사람이 돌아오니 동짓달 보름이었다.

선생과 강수, 유도원, 전중삼全仲三(전성문全聖文), 김해성이 함께 식량을 짊어지고 갈래산 적조암에 도착하니 철哲 수좌 스님이 입구까지 나와서 영접했다. 법당에 자리를 잡고 앉으니 감자를 삶아 잘 대접했는데, 그 시각이 신시申時(오후 3시에서 5시 사이)였다. 여러 사람이 큰 소리로 주문을 왼 후에 그쳤더니 스님이 말하기를 "여러분의 도는 혹시 동학이 아닙니까?" 선생이 말하기를 "어찌 그것을 아십니까?" 하자, 스님이 말했다. "불경에도 있지요." 그리하여 이달 16일로부터 49일 동안 주문 외우기를 백만번 하기로 정하고 주지 스님이 정해준 주문을 외기 시작한 지 35일이 되었다. 선생의 꿈결에 한 선관儒官이 소매를 펄럭이며 와서 봉황 여덟마리를 주면서 말했다. "이 여덟마리 봉황을 받아서 각각 주인을 정해주거라." 선생이 봉황 세마리를 품에 안고 다섯마리는 바구니에 넣었는데 문득 깨보니 꿈이었다. 강수와 전중삼이 꿈 이야기를 전해 듣고 각기 봉황 한마리를 원했으나 선생이 말하기를 "뒤에 반드시 주인이 있을 것인데 어찌 마음대로 하겠느냐" 했다. 약속했던 49일을 잘 마치니 그때가 음력으로 섣달 초오일이었다.

다시 3일을 더 머물렀는데 주지 스님이 말했다. "후세에 반드시 도교와 불교를 합해서 창시할 때 부디 소승의 도(불교)를 홀대하지 마시기 바랍니다. 생원님(최시형)께서 먼저 선접先接(좋은 자리에 자리를 잡음)을 하시면 소승이 마땅히 후접後接을 할 것입니다. 소승이 나이가 많아 감히 생원님의 앞날에 대해 말씀드립니다." 선생이 말하기를, "하늘과 땅이 광대하다 하지만 머물러 살 만한 곳이 없으니 어찌해야 합니까" 하니, 주지 스님이 말했다. "단양 도솔봉兜率峯[12] 아래가 살 만한 땅입니다." 마침내 아쉬운 작별을 하고 즉시 유도원의 집으로 돌아오니 사모님이 이미 지난 초9일에 돌아가셨다. 애통함을 이기지 못하여 다음 날 영연靈筵(혼백이나 신위를 모신 자리) 앞에서 곡했다. 임종할 때 둘째 아들 세청이 단지斷指를 했지만 효험이 없었다. 김계악金啓岳이 시신을 염습하고 출상出喪한 후 곧바로 각지에 부고訃告를 했다. 그리고 즉시 영춘 남면 장항리 의형誼兄(박용걸) 집으로 와서 과세過歲했다.

갑술년(1874) 정월 보름을 지낸 뒤에 순흥에 있는 의형의 큰형님(박용걸의 큰형님) 집으로 가서 철 수좌 스님에게 드릴 상하의 한벌을 변통해서 만들어 정선 유도원의 집으로 돌아와 며칠 머물다가 적조암으로 가니 2월 초순이었다. 철 수좌 스님은 병이 들어 누워 있기를 이미 40여일이나 되었다. 스님이 누워 계신 곳에 가서 문병하고 옷을 드리니 스님이 말하기를, "내가 비록 명이 얼마 남지 않았지만 손님들께서 나에게 베푼 은혜가 감동적입니다. 죽은 뒤에라도 그 신의를 잊지 않을 것이며 그 옷은 법신法身이 되

---

12   충청북도 단양군 대강면과 경상북도 영주시 풍기읍에 걸쳐 있는 산.

어서라도 입을 것입니다" 하고 마침내 그다음 날 임종했다. 선생이 몸소 시신을 염습하고 의복을 불사른 다음 갈래사 모든 스님을 불러 화장하고 사모님 댁으로 돌아왔다. 2월 19일에 사모님의 장사를 지냈다. 그때 상례에 참여한 사람은 홍순일洪舜一, 전성문全聖文, 본읍本邑(정선) 유인상劉寅常, (최)진섭崔振燮, (신)석현辛錫鉉, (신)봉한辛鳳漢, (홍)석범洪錫範, 전두원全斗元, 홍석도洪錫道, (유)택진劉澤鎭이었다.

홍순일과 함께 영월 의형(박용걸) 집으로 가니 그달(12월) 그믐 무렵이었다. 영춘의 김연순과 김연국金演局을 불러 단양 도솔봉 아래로 보내 먼저 살 곳을 살피게 하고 이어 4월 초십일에 가족을 거느리고 이사하여 김연순과 동거했다. 5월이 되어 홍순일, 김연국과 함께 49일 주문 염송을 시작하여 마친 것이 7월 스무날 무렵이었다. 이때 살피고 도와준 사람이 안동의 권기하權奇夏였다. 11월 스무날 이후에 강수와 김연국을 정선(싸내)으로 보내 12월 초9일에 사모님의 소상小祥(1주기 제사)을 지내고 돌아왔다.

을해년(1875) 정월 24일에 아들을 낳아 솔봉率奉이라 이름 지었는데, 도솔봉의 정기를 받았다는 뜻이었다. 2월에 도솔봉 아래(절골)에서 바로 인근의 송고촌松皐村으로 이사하여 농사짓는 것으로 업을 삼았다. 8월 명절에 이르러 특별히 정성을 다해 제수를 차렸는데, 쇠고기 반마리와 각종 생선을 정결하고 성대하게 갖추어 진설하고 절하려 할 즈음에 강화降話의 가르침이 있었으니 제반 제수를 모두 거두고 다만 청수 한그릇으로 정성을 드릴 것이며 앞으로는 일절 고기와 생선을 금하라는 것이었다.

11월 13일에 도교와 불교 의식을 아우른 설법 의식(說法祭)을 창시하니 폐백은 5색 채단에 각각 3척 3촌으로 하고 제수는 각종 떡을 바쳤다. 19일에 유도원의 집에서 두번째 설법제를 행했다. 29일에 세번째로 건천乾川 홍문여洪文汝의 집에서 행했다. 초헌은 선생이, 아헌은 강수가, 종헌은 전성문이, 대축大祝은 유인상이 맡았다.

을해년(1875) 정월 22일에 세정이 장기서의 집에 갔다가 병을 얻어 일어나지 못했다. 전성문이 시신을 염습하고 출상했다. 아 슬프도다. 사모님의 3년상을 아직 마치지 못했는데 형제가 모두 세상을 뜨니 스승님 집안의 액운이 어찌 이다지도 심하다는 말인가. 세월이 흘러 스승님(수운 최제우)의 큰딸은 윤씨 집안으로 시집갔고, 둘째 딸 역시 윤씨 집안으로 시집을 갔으며, 셋째 딸은 허씨 집안으로 시집갔고, 넷째 딸은 한씨 집안으로 시집갔다.

이해(1875)에 선생이 말하기를 "나에게 열두개의 시時 자와 열두개의 활活 자가 있으니 이제 마땅히 개명하고자 한다"했다. 선생은 시형時亨으로, 강수는 시원時元으로, 유도원은 시헌時憲으로 개명했으며 나머지는 모두 다 기록하지 못한다.

병자년(1876) 2월에 강원도 인제 김연호金演鎬의 집에 가서 설법제를 거행했다. 폐백과 제수를 지성으로 성대하게 갖추었으며 초헌은 김계원金啓元, 아헌은 장춘보張春甫, 종헌은 이은보李殷甫, 대축은 김종여金宗汝, 집례와 집사는 모두 다 기록하지 못한다.

정축년(1877) 중춘에 구성제九星祭를 거행했다. 폐백과 제수는 이전과 같았다. 아홉명의 헌관과 열두명의 집사를 두었다. 초헌은 선생과 강시원, 전시명全時明이, 아헌은 유시헌·김경화金敬和·심시정沈時貞이, 종헌은 장춘보·김치운金致云·김연국이, 집례는 장인호蔣隣鎬, 대축은 김영순金永淳, 집사는 양치도梁致道, 봉향은 전문여, 나머지는 다 기록하지 못한다.

이날 선생이 강시원에게 이르기를 "하늘에는 아홉개의 별이 있어 아홉고을과 상응하나니 이것이 곧 하늘과 땅이 서로 합하는 이치이니라. 사람이 그사이에 있어서 삼재三才(하늘, 땅, 사람)에 들어가는 것이니 사람이 어찌 상응하지 않을 수 있겠는가. 아홉개 별의 이치를 비록 자세히 말할 수는 없어도 내가 모든 사람들이 구성제를 거행하도록 했으니, 스승님의 의義를 이루기 위해 구성계九星禊를 결성하여 매번 봄가을로 향례할 수 있도록 서로 모여서 계안을 만들고 삼가 신의에 합하도록 하라"고 했다. 그리하여 계안이 만들어졌다.

무인년(1878) 2월 모일에 인제 김현수金顯洙 집에서 인등제引燈祭를 거행했는데 폐물幣物(폐백)은 일곱번 방아 찧은 백미 세말, 서되, 세홉이었고 등유는 참기름을 사용했다. 절을 하면서 남녀노소가 각각 축원문을 정성스럽게 바쳤다. 10월 모일에 정선 유시헌의 집에서 인등제를 거행했으며, 11월 모일에는 안동 권기하가 찾아와서 인등제를 거행했다.

기묘년(1879) 3월 초9일에 선생이 강시원, 김연국과 함께 영월 거석리擧石里(지금의 영월군 김삿갓면 와석리) 노정식盧貞植의 집에 갔다. 그날밤 2경 무렵 선생이 비몽非夢 간에 3층 대臺가 높이 서 있고 큰선생께서 검정 관에 푸른 옷을 입고 좌정하시고 좌우에서 네다섯의 동자가 모시고 있었다. 선생이 배알拜謁 후 강시원과 유시헌에게도 함께 참배하게 했다. 큰선생께서 선생의 옷이 남루함을 보시고 좌중의 한 선비를 돌아보며 말씀하기를 "옷이나 음식의 분수가 비록 각각 정해져 있기는 하지만 지금 경오敬悟(최시형)의 옷이 그대와 비교하여 현격하게 차이가 나고 또한 그대는 두겹으로 화려하게 입고 있으니 이는 결코 사람을 공경하고 사랑하는 도리가 아니다" 했다. 그 선비가 마음으로 몹시 부끄러워 보는 앞에서 급히 입고 있던 옷을 벗어주려고 했다. 선생은 다른 사람이 입었던 옷을 벗게 해서 그것을 입는 것은 도리에 크게 어긋난 것이라 하여 사양하고 받지 않았다.

큰선생께서는 푸른색 두루마기를 입고 허리에는 3단으로 된 큰 허리띠를 매고 계셨다. 선생이 말하기를 "허리띠가 아름답지 못하니 바로 푸십시오" 하고 자신의 허리띠를 바쳤다. 큰선생이 말씀하기를 "허리띠는 창졸간에 그리되었노라" 하고 3단으로 된 허리띠를 풀고 선생이 드린 허리띠를 매었다. 그때 상층(3층)에는 20여명이, 중층(2층)에는 200여명이, 하층(1층)에는 셀 수 없이 많은 사람이 있었다. 상층에는 백발의 한 노스님이 지팡이를 짚고 계셨다.

큰선생께서 한寒·온溫·포飽 세 글자를 주면서 말씀하기를, 추우면 온 자를 쓰고, 배고프면 포 자를 쓰고, 더우면 한 자를 쓰도록 하라. 또 말씀하기를, 혹은 왕을 제수除授(천거에 의하지 않고 임금이 직접 관직을 내리는 일)하고, 혹은 여덟가지 지혜를 제수하며, 혹은 석씨石氏를 제수할 것이다. 좌우를 돌아보고 말씀하시기를, 어떤 별은 이러이러하고, 어떤 사람의 조화는 이러이러할 것이다. 어떤 해에는 어떤 조화를 이러이러하게 줄 것이며, 세 사람에게는 상재上才[13]로 특별히 제수하며, 다섯 사람에게는 어느 해 어느 달에 이러이러한 조화를 줄 것이다. 이어서 하대下臺에 동서남북 네 대문이 있어 북문으로 걸어가니 '천문개탁자방문天門開坼子方門'이라는 일곱 글자가 쓰여 있었다. 큰선생께서 이 일곱 글자를 세번 외우고 세번 북문을 치니 그 소리가 벼락치는 소리 같았다. 이때 모시는 이가 10여명이었다. 선생 역시 세번을 쳤으나 소리가 나지 않아 이내 고하여 말하기를 "저는 왜 소리가 나지 않습니까" 하니, 큰선생께서 대답했다. "그대는 나중에 반드시 소리가 날 것이다." (최)시형을 북문에 제수하고, (강)시원은 남문에 제수했으며, (유)시헌은 동문에 제수하고, 누군가는 서문에 제수하고 이어서 일어나 떠나려고 하셨다. 선생이 말하기를, 금번 행차를 어찌 이리 서두르십니까. 큰선생이 말씀하기를, 내가 상제를 모시고 상의할 일이 있었는데 마치지 못하고 와서 서두르는 것이다. 이때 어떤 젊은이가 바깥에서 넘어질 듯이 들어와 가슴을 풀어헤치고 앞으로 나와 배알하니 선생이 그 무례함을 꾸짖었다. 큰선생이 말씀하셨다. "이 사람은 성姓이 모某인데 사연이 급해 실례했으니 그대는 용서하라." 문득 비몽사몽간에 정신을 차려보니 밤은 이미 축시丑時(새벽 1시에서 3시 사이)를 가리키고 있었다. 선생이 꿈꾼 이야기를 시원에게 들려주니, 시원이 말하기를 대도가 번창할 운수라고 했다.

다음 날 길을 떠나 정선 유시헌의 집에 도착했고, 다시 길을 떠나 인제 김현수의 집에 도착하여 치제를 거행했다. 초헌은 김계원, 아헌은 장춘보, 종헌은 김치운, 집례는 이윤희李允喜, 대축은 김연국, 집사는 장희용張喜用

13　남보다 뛰어난 재주를 가진 사람.

이었다. 며칠 후 길을 떠나 집으로 돌아오니 4월 초순이었다. (4월) 스무날 이후 김연국을 데리고 경주 재종再從(육촌) 동생 형오亨悟의 집으로 가서 며칠간 정을 나누고 7월 보름에 돌아와 강시원, 황재민과 함께 유시헌의 집으로 갔다. 큰선생의 관복을 갖추어 치제를 거행한 뒤 불사르고 돌아온 때가 7월 그믐 무렵이었다. 김연국이 우연히 병을 얻어 8월 초에 치료를 시작했다.

경진년(1880) 2월 스무날 무렵에 강시원, 김연국과 함께 인제 김연석金演錫의 집으로 가서 크게 인등引燈을 설치하고 제사를 거행했다. 6월에 이르러 강시원, 전시봉全時鳳, 전시명全時明과 함께 인제 김현수의 집에서 대전大全(동경대전) 100여권을 간행하여 각처에 반포했다. 비용은 모두 본읍本邑(인제) 접중接中에서 담당했다.

신사년(1881) 6월에 본읍本邑(단양) 천동泉洞(샘골) 여규덕呂圭德의 집으로 가서 가사歌辭(용담유사) 수백권을 간행하여 각처에 반포했다. 8월에 유경순柳敬順, 윤상오尹相五, 김영식金永植, 김은경金銀卿, 김성지金成之가 찾아와 (선생을) 뵈었다.

임오년(1882) 6월 군요軍擾(임오군란) 후 이민하가 찾아와 뵈었다. 이때 갈천 장정리長亭里로 이사했다. 각처에서 찾아오는 도유道儒(신자)가 수를 헤아릴 수 없이 많았다.

계미년(1883)에 서인주徐仁周, 황해일黃海一(黃河一)이 찾아와 뵈었고, 이후 손천민孫天民이 찾아와 뵈었다.

2장
『동경대전』 발문

경진판(1880년 음력 6월) 발문[1]

아아! 선생님의 문집文集을 판에 새겨 간행하려고 한 지도 오랜 세월이 지났다. 이제 경진년(1880)을 맞이하여 나와 강시원, 전시황全時晄 및 여러 사람이 판각을 하여 간행하려고 의견을 말했더니 다행히 각 접중이 내 의견에 찬동하여 각소刻所(각판소)를 인제 갑둔리에 정하고 뜻한 대로 일을 마치니 비로소 선생님의 도와 덕을 담은 편저를 펴낼 수 있게 되었다. 이 어찌 기쁘고 기쁜 일이 아니겠는가. 각 접중에서 정성스러운 힘과 비용으로 쓸 재물을 낸 사람은 특별히 따로 기록하고, 각자의 공을 논하여 차례로 쓴다.

경진년 중하仲夏 도주道主 최시형 삼가 기록하노라

---

1   도올 김용옥이 경진판 『동경대전』 현존본이라 주장하는 판본에는 이 발문이 실려 있지 않다. 『최선생문집도원기서』에만 실려 있다.

계미중춘판(1883년 음력 2월) 발문[2]

아아! 선생님께서 덕을 펼치실 당시에 성스러운 덕에 잘못이 있을까 두려워하여 계해년(1863)에 이르러 친히 시형時亨에게 목판에 새기라는 가르침이 항상 있었던바 그동안 뜻은 있었으나 실행에 이르지 못했다. 다음 해인 갑자년(1864)에 불행한 일[3]이 있은 후 세상이 침체되고 도가 쇠미한 지 18년이나 되었다. 경진년(1880)에 이르러 그때의 가르침을 극진히 생각하여 삼가 뜻을 같이하는 이들과 더불어 의견을 모아 다짐하고 판에 글자를 새겨 간행하는 공을 이루게 되었으나 글에 빠진 것이 많은 것을 한탄하다가 목천木川 접중에서 찬연히 복간하여 비로소 무극無極의 경편經編(경전)을 드러내게 되었다. 이 어찌 선생님의 가르침을 흠모함이 아니겠는가. 감히 그 끝에 졸문을 남기는 바이다.

세재歲在 계미 중춘仲春 도주 월성月城 최시형 삼가 기록하노라
계미 중춘 북접[4] 중간北接 重刊

2　1883년 음력 2월에 충청도 목천에서 간행된 계미중춘판 『동경대전』은 지난 2021년 5월 24일에 충남역사문화연구원에서 필자를 포함한 전문가들의 고증을 통해 진본으로 확인되었다. 이 판본은 해월 최시형의 세명의 수제자 중 1인인 구암 김연국(龜庵 金演局, 1857~1944) 계열의 고(故) 김찬암(金燦菴) 씨 소장본을 그의 손자 김진관 씨가 2021년 4월에 충남역사문화연구원에 기증함으로써 빛을 보게 되었다. 충남역사문화연구원 『동경대전 계미중춘판의 문화재적 가치와 의의』, 2021년 11월 30일 참조.

3　1864년 음력 3월 10일에 수운 최제우가 '좌도혹민(左道惑民)'의 죄명으로 처형당한 일.

4　'북접(北接)'이란 용어는 원래 1863년 수운 최제우로부터 '북도중주인(北道中主人)'으로 임명받았던 해월 최시형에 대한 호칭이 1880년대 들어와 '북접주인(北接主人)' 또는 '북접법헌(北接法軒)' 등으로 바뀐 데서 유래했다. 따라서 '북접'이란 이른바 '남접(南接)'에 대립하는 뜻이 아니라 동학 교단 내에서 동학의 도통(道統)을 상징하는 말이자 2대 교주 해월 최시형을 지칭하는 말이다. 졸고 「동학의 남·북접 대립설에 대한 재검토」, 『개벽의 꿈 동아시아를 깨우다』, 모시는사람들 2011, 323~29면에 실린 '남·북접의 유래와 그 형성' 참조.

계미중하판(1883년 음력 5월) 발문

아아! 선생님께서 덕을 펼치실 당시에 성스러운 덕에 잘못이 있을까 두려워하여 계해년(1863)에 이르러 친히 시형에게 목판에 새기라는 가르침이 항상 있었던바 그동안 뜻은 있었으나 실행에 이르지 못했다. 그다음 해인 갑자년(1864)에 불행한 일이 있은 후 세상이 침체되고 도가 쇠미한 지 20여년[5]이나 되었다.

이에 선생님의 생전 가르침과 분부를 생각하여 서너 동지들과 함께 의논을 시작해 간행할 것을 약속하고 지난 수년 사이에 동협東峽과 목천[6]에서 먼저 정성을 다해 간행했으나 경주에서 간행한 경전은 없었으니 이 또한 우리 도에 있어서는 흠이었다. 경주는 본래 선생님께서 도를 받은 땅이고 덕을 편 곳이니 경주에서 간행했다고 하는 이름을 쓰지 않을 수 없다. 그래서 호서湖西 지방의 공주접公州接[7] 내에서 의논을 시작하여 이를 계획하고 영남嶺南과 동협이 함께 힘을 합하여 찍어내 무극의 경편을 드러내기로 했다. 삼가 두세명의 동지와 함께 세상의 혐의를 개의치 아니하고 만사를 제쳐두고 있는 힘을 다해서 판각하는 일을 완성했으니 이것이 선생님의 가르침을 사모하는 제자들의 바람을 이룬 것이 아니고 무엇이겠는가.

세재歲在 계미 중하仲夏 도주 월성 최시형 삼가 기록하노라
계미 중하 경주 개간慶州 開刊

---

5   계미중춘판과 무자계춘판은 모두 18년으로 표기하고 있다. 계미중하판에서는 대략 20여년으로 표기한 것으로 보인다.

6   동협은 강원도 인제 갑둔리, 목천은 충청도 목천을 말한다. 인제 갑둔리에서는 1880년에 처음으로 『동경대전』이 간행되었으며, 목천에서도 1883년 음력 2월경에 역시 『동경대전』이 간행되었다.

7   공주접 내의 윤상호(尹相鎬) 등이 경주판 『동경대전』 간행에 주도적으로 참여했다.

무자계춘판(1888년 음력 3월) 발문

아아! 선생님께서 덕을 펼치실 당시에 성스러운 덕에 잘못이 있을까 두려워하여 계해년(1863)에 이르러 친히 시형에게 목판에 새기라는 가르침이 항상 있었던바 그동안 뜻은 있었으나 실행에 이르지 못했다. 그다음 해인 갑자년(1864)에 불행한 일이 있은 후 세상이 침체되고 도가 쇠미한 지 18년이나 되었다.

경진년(1880)에 이르러 시형은 지난날에 내리신 가르침을 극진히 생각해 동지들과 더불어 의논하여 새로 간행했으나 글 가운데 빠진 곳이 있고 권수도 몇 권에 지나지 않았다. 그리하여 미루어오다가 정해년(1887) 12월부터 무자년(1888)까지 병내秉鼐(金秉鼐)는 마음으로 안타깝게 여겨 고루함을 무릅쓰고 여덟아홉 동지들과 함께 힘을 다하기로 다짐하고 판각을 새기는 공을 이루어 『동경대전』과 『용담유사』 두 질을 다시 간행했으니 이것은 무극의 경편이 드러나는 일이요, 우리 도문의 한가지 다행한 일인 동시에 접[8]의 큰 사업이었으니, 어찌 선생님의 가르침을 사모하는 일이 아니겠으며 제자들의 소원을 성취한 일이 아니고 무엇이겠는가.

무자 계춘 북접 중간

---

8   1870년대 초반부터 강원도 인제 일대에 조직되어 있던 동학의 접 조직을 말한다.

3장
해월문집

육임 강필六任 降筆(1884)

교장敎長은 진실하고 덕망 있는 사람으로 임명한다.

교수敎授는 성심으로 도를 닦아 남에게 전할 수 있는 사람으로 임명한다.

도집都執은 위엄이 있어 기강을 밝히고 경계를 잘 아는 사람으로 임명한다.

집강執綱은 시비를 밝혀서 기강을 잡을 수 있는 사람으로 임명한다.

대정大正은 공평하고 근엄한 사람으로 임명한다.

중정中正은 바른 말을 하며 강직한 사람으로 임명한다.

법헌 강결 삼수法軒 降訣 三首(1885)

『서경書經』에 이르기를 "하늘이 백성을 내려 임금을 내리시고 스승을 내리시니 오직 상제를 돕고자 함이다"라 했으니, 임금은 예와 악으로 교화함으로써 만백성을 감화하고 법령과 형벌로써 만백성을 다스리며, 스승은 효제충신으로 후생을 가르치고 인의예지로 후생을 이루게 하나니 모두 하늘님을 돕는 것이다. 우리 도인들은 경건히 이 글을 받도록 하라.

『시경詩經』에 이르기를 "하늘의 위엄을 두려워해야 자신을 보존한다" 했으니, 이 말씀은 하늘님을 공경하라는 것이다. 맹자께서 말씀하셨다. "억지로 아무것도 하지 않으면서 저절로 자연스럽게 하는 것이 하늘이다." 이 말씀은 하늘님을 믿으라는 것이다. 마음을 바르게 하고 몸을 바르게 하여 하늘님에게 죄를 짓지 말며 정성을 다하여 위에 죄를 짓지 말라.

만물이 생겨나고 자라남이여! 어떻게 그리 되는가. 어떻게 그리 되는가.

조화옹造化翁이 가을에 수확하고 겨울에 저장함이여! 스스로 때가 있고 스스로 때가 있구나.

물의 근원이 깊고 깊음이여! 가뭄에도 끊어지지 않는구나.

나무뿌리가 단단하고 단단함이여! 추위에도 얼어죽지 않는구나.

도깨비가 대낮에 나타남이여! 이것은 어떤 마음이런가.

땅속 곤충이 구멍에 사는 것이여! 이 또한 앎이 있고 앎이 있구나.

마른 나무가 봄을 맞이함이여! 때가 왔도다 때가 왔도다.

불상佛像이 성스러움을 드러냄이여! 정성이로다 정성이로다. 알았노라 알았노라. 정성스러운 마음과 간교함과 번잡함이여. 알고 또 알았노라. 그 주인공에 있어서 삼가지 않을 수 있겠는가. 이것을 생각하고 마음에 두어 상제를 도우면 대단히 다행이고 다행이리라.

대저 만고의 조화는 끝이 없고 막힘이 없도다.

아아! 이 세상의 우리 도여! 어두울 때도 있고 드러날 때도 있구나.

경신년(1860)의 포덕이여! 어찌 천운이 아니며 천명이 아니겠는가.

갑자년(1864)에 당한 일이여! 이 역시 천운이고 천명이로다.

주인主人(최시형)의 한결같은 마음이여! 처음이 있으니 잘 마칠 수 있으리라.

두 글자(천주天主)로 인하여 지목을 당함이여! 어찌 서양 사람이 먼저 행

한 것인가.[1]

대운이 장차 형통함이여! 새로운 명을 받아 다시 이루어질 것이니라.

우리 주인이여! 경건히 받고 받으라.

연운결年運訣[2]

슬프도다! 세상 사람들의 무지함이여! 차라리 새와 짐승에 빗대어 논해보리라.

닭이 울어 날이 밝아옴이여! 개가 짖음에 사람이 돌아오는구나.

멧돼지가 칡을 다툼이여! 창고의 쥐가 있을 곳을 얻었구나.

제나라 소가 연나라로 달아남이여! 초나라 호랑이가 오나라로 오는구나.

중산中山의 토끼가 관성에 봉해짐이여! 패沛의 연못 속 용이 한수漢水를 만나는구나.

다섯마리 뱀이 이어갈 대代가 없음이여! 아홉마리 말이 길에 당도하는구나.

놀랍고 놀라워라.

밝은 것은 어두운 것이 변함이니 해가 밝은 것은 사람마다 볼 수 있으나 도의 밝은 것은 홀로 아는 것이로다.

덕이란 정성을 다하고 공경을 다하여 우리 도를 다함이니 사람들이 돌아오는 곳은 덕이 있는 곳이로다.

하늘의 명이란 운과 짝을 이루는 것이니 하늘의 명은 어쩔 수 없고 사람

---

1   두 글자 즉 '천주'(하늘님)라는 말을 수운 최제우가 사용하여 관의 지목을 받았는데, 사실은 천주교에서 먼저 '천주'라는 말을 사용했다.

2   「연운결」은 『해월문집』 외에도 『해월신사법설』 제35 「강서」, 강필도가 쓴 『동학도 종역사』 「제8장 유적의 간포 및 강서」, 수운교 경전인 『동경대전』 부록 「강서」 등에도 수록되어 있다. 을유년(1885) 이후의 동학의 운세를 예언하는 내용이다.

의 명은 어기기 어렵도다.

도란 갓난아기를 대자대비로 보호하듯이 수련하여 도를 이루어 일이관지一以貫之 하는 것이로다.

정성이란 마음의 주인으로서 모든 일의 체가 되나니 마음을 닦고 일을 행함에 정성이 아니면 이룰 수 없나니라.

공경이란 도의 주인으로서 몸으로 행하는 것이니 도를 닦고 몸으로 행함에 오직 공경으로 종사할지니라.

두려워함이란 사람이 스스로 경계하는 것이니 하늘의 위엄과 귀신의 눈은 임하지 않는 곳이 없나니라.

마음이란 허령虛靈의 그릇이요 화복의 근원이니 공과 사 사이에서 득실得失의 도이니라.

을유 통문乙酉 通文(1885)

첫째 통유할 일이 없으나 둘째로는 그렇지 아니한 단서가 있나니 그러므로 셋째 부득이한 심정이 있어서 넷째 차마 참을 수 없어 글을 쓰나니 하나라도 잘못하는 행실이 없도록 하는 것이 어떻겠는가.

일을 받들어 행할 때 성실하지 않으면 하늘이 경계하여 벌을 내리나니 황공한 처지에서는 빌 곳이 없게 되느니라. 일을 성실하게 하지 않으면 그 나쁜 결과가 나에게만 미치는 것이 아니라 접중에도 미치게 되나니 그 주인[3]에게 다시 어찌 말을 할 수 있겠는가. 그러나 액운이 있으면 형통함이 있는 것은 운수가 저절로 그러함이요, 막힘이 있으면 통함이 있게 되는 것도 때의 본래 그러함이다.

---

3   접주(接主)를 뜻함.

아아! 도의 근원은 하늘에서 나오는 것이니 하늘이 변하지 않으면 도도 변하지 않고, 도가 변하지 않으면 사람도 변하지 않으며, 사람이 변하지 않으면 마음도 변하지 아니하며, 천도가 변하지 않으면 인심도 변하지 않나니 어찌 액운이 있는 운수와 막힘이 있는 때를 근심하겠는가.

지금의 형세는 재물이 있은 연후라야 무사할 수가 있고, 무사한 연후라야 형통하여 편안할 수 있을 것이니, 오직 바라건대 여러 접들은 편안하지 않고 성실하지 못한 허물을 특별히 용서하고 힘닿는 대로 재물을 모아 무사하기를 도모하여 하늘에 보답한다면 천만다행이겠노라.

무자 통문戊子 通文(1888)

그리운 마음은 제기하지 않고 삼가 묻겠노라. 요즘 하늘님 모시는 여러분께서는 도를 지키는 가운데 맑고 화목한가? 우러러 그리운 마음이 그립고 그립도다. 상복을 입고서 옛사람을 그리워하는 것이 크게 다행일 따름이다. 다름이 아니라 알릴 말이 있어 여기에 전달하니 일일이 살펴보고서 나중에 알지 못하는 폐단이 없게 하는 것이 어떠한가. 감히 여러 말씀을 아래와 같이 열거하고자 한다.

무릇 해마다 기근이 들고 풍년이 드는 것은 자연의 늘 그러한 이치이고, 집에 가난하고 부유함이 있는 것은 사람이 늘 겪는 일이다. 풍년이 드는 때에 축적蓄積(저축)하면 기근이 드는 때에 재앙이 되지 않고, 부유한 자에게 빌리면 가난한 자도 밑천이 있게 된다. 지금 하늘이 경고를 내려서 온 세상이 다 흉년이 들게 되자 우물을 파서 두레박으로 물을 길으면서 하늘을 원망하고 사람을 탓하는 무리들이 기근과 추위의 구렁텅이에 빠지고 윤리를 저버리고 상도에 어긋나는 지경이 극에 달했음은 말할 필요도 없다.

아아! 우리 도인들은 행운과 불운이 뒤섞여 살고 옥과 돌이 함께 불타고 있지만 해진 솜옷을 입고 있으니 재난을 극복할 중유仲由⁴가 없을 수 없고, 궁핍한 자를 두루 살피고 가난한 자를 긍휼히 여기니 재물을 써서 없앨 복파伏波 장군⁵이 없을 수 없다.

경전에 "세간 사람들과는 함께 돌아가지 않으리라"고 했으니, 이처럼 위급한 곤란이 심함을 알 수 있다. 우리 도유들은 모두 성인 문하에서 함양하는 무리이니 마땅히 함께 돌아가야 할 것이다. 함께 돌아갈 줄을 모르면 이는 도인이 아니라 세간 사람들이다.

아아! 저 세간 사람들은 차라리 춤과 노래에 재산을 탕진할지언정 친척의 기근을 구제하려 하지 않고, 차라리 잡기와 술을 마시며 도박을 할지언정 이웃 마을의 곤궁을 돌보려 하지 않는다. 일일이 마음을 구명하면 잔인하고 각박하니 한심스럽지 않을 수 있겠는가!

노나라 『논어』에서 "사해의 안은 모두 형제이다"라고 했다. 이것은 우리 도인들의 표준이 되는 말이다. 무릇 우리 도인들은 함께 연원을 받았으니 마땅히 형제와 같다. 그러니 형이 배고픈데 아우만 배부른 것이 될 일이며, 아우는 따뜻하게 지내는데 형은 얼어 죽는 것이 될 일이겠는가? 가만히 생각해보건대 문에 돗자리를 치고서 책을 읽고 주먹밥 하나와 물 한 바가지를 먹으며 곤궁하게 사는 자가 한두명이 아닌데, 이 큰 가뭄의 해를 당해서는 세상을 위해 단 한오라기의 털도 뽑지 않겠다는 양주楊朱를 생각하거나 장례 비용이 없어 곤궁에 처한 친구에게 보리와 배를 주고 온 범순인范純仁을 도리어 비웃는다면, 도중道中의 수치를 벗어나지 못할 것이며 성인 문하의 덕을 등에 진다고 할 만하다.

때가 지난 다음 날에 바닷물을 기울인들 말라버린 물고기에는 구제가

---

4   중유는 공자의 제자 자로(子路)의 이름이다. 자로는 공자의 천하 주유 동안 고난을 끝까지
     함께했다.
5   복파는 후한(後漢) 광무제 때의 정치가 마원(馬援)을 말한다. 마원은 촉(蜀)을 함락시켜 복
     파장군(伏波將軍)이 되었다.

미치지 못하고, 더이상 마을이 아닌 곳에서 밥을 지은들 누구를 위해 불을 지피는 일이 있겠는가! 때때로 생각하다가 깊은 밤에 방황한다. 생각건대 나같이 추한 노인네가 이렇게 입을 여는 것은 감히 여러분의 불민함을 질책하려는 것도 아니고, 다른 날 책임이 누구에게 있는지 따지려는 것도 아니다. 우러러 생각건대 도중에는 본래 거부巨富가 없는데 하물며 흉년을 당했으니 어찌 남은 것이 있어서 다른 이에게 미치겠는가! 그러나 무릇 사람이 일을 할 때에 한가해지기를 기다린 뒤에 책을 읽는다면 평생토록 책 읽을 날이 없을 것이고, 여유가 생기기를 기다린 후에 사람을 구제한다면 평생토록 사람을 구제할 여유는 없을 것이다.

크게 바라건대, 모든 군자들 가운데 해당 접중에서 조금이라도 여유가 있는 자는 각각 약간의 성의를 내서 항심恒心이 없는 자로 하여금 한해 동안의 가뭄 걱정을 면하게 해주고 무극의 큰 원천을 함께 닦는 것이 어찌 크게 좋고 기쁜 일이 아니겠는가! 혹시라도 능력이 있는데도 가난한 도인들을 구제하지 않거나, 가난한 도인이 감히 도중의 구제에 의지하여 날뛰고 남용한다면, 하늘님의 위엄과 천신天神의 눈이 임재하지 않는 곳이 없으리니, 다행히 남에게 먹을 것을 주는 자는 삼가지 않을 수 없고, 남에게 얻어먹는 자 또한 하늘님의 뜻과 사람의 마음을 두려워하지 않을 수 없으니, 경계하고 경계하라.

기축 통문己丑 通文(1889년 9월)

이하는 널리 알리는 일이다. 대운이 점차 뚜렷해지고 옥산沃山[6]이 이미 드러나니 그리워하는 마음이 어찌 보고 싶지 않겠는가. 다만 나라를 다스

---

6   '비옥한 산'이란 뜻으로 동학 교세가 날로 커짐을 비유한 말.

리고 세상을 구제하는 대책에는 장부의 큰 견해가 없을 수 없으니 이제는
더 저잣거리에서 약을 팔지 않고 패릉산覇陵山으로 들어가고자 한다. 모든
군자들에게 우러러 알리노니 내가 없다고 해서 조금이라도 의심하지 말고
침잠하여 수도하면 몇 달 지나지 않아 좋게 만날 날이 있으리라. 포덕에 힘
쓰지 말고 자기 덕에만 힘쓰면 몹시 다행이겠노라.

기축 몽시己丑 夢詩(1889년 11월)

남쪽 별자리 원만하니 큰 재앙 벗어나고
동해는 물이 깊어서 만리까지 푸르네
천 산 만 봉우리는 한 기둥처럼 푸르고
천 강 만 수는 한줄기 강처럼 맑다네
마음과 기운 화평하니 한마음으로 화평하고
봄이 오고 꽃이 피니 만년 봄이로다
청천백일처럼 마음과 기운 바로 하니
사해의 모든 벗들이 모두가 한 몸일세

경인 강결庚寅 降訣(1890년 여름)

하늘 같은 대도를 누가 훼손할 수 있으리오
돌아올 기약이 다만 서서히 비추네
멀다고 말하지 말고 빠르다고 말하지 말라
중추에 게의 눈이 밝아질 때[7]
둥근 하늘 모난 땅은 몇만리던가

다리 한쪽으로는 다 밟을 수 없다네
갑甲의 해가 돌아올 때 가까스로 도리를 알았으니
천지의 정신 절반이 벌써 개화했네
산과 물 저 바깥 대도의 땅에서
천리天理대로 본분을 지키니 뜻이 홀연 열리네

신묘 통문辛卯 通文(1891년 9월)

이 글은 통유하는 것이다. 성경신誠敬信 세 글자는 우리 도의 종지이니 먼저 살펴 삼가고 신중하며 주도면밀해야 한다. 하늘과 땅이 감추었던 대운이 세상에 드러날 때가 머지않았다. 이러한 결실의 때에는 더욱 살피며 신중하게 처신해야 한다.

근래에 듣기로는 각 접의 도인들이 아무 때나 빈번하게 왕래하여 이목의 낭자함에 이르렀다고 하니 그 외경하는 도에 있어서 감히 민망하지 않은가. 대운이 점차 이르고 있으니 지목당하는 것을 걱정할 필요는 없으나 요즈음처럼 번잡함이 많을 때에는 역시 시절을 원망하는 한탄이 없지 않을 것이다.

이에 간절하게 미리 통지하노니, 만약 도중의 공의로 이치를 묻고자 하는 일이 있으면 서로 다수 출입하지 말고 각기 그 두목이 문서로써 묻고 기맥으로 서로 통하게 하라. 충분히 단속하여 비밀리에 수도하며, 따뜻한 봄이 돌아오기를 기다려서 무극의 운수에 동참한다면 천만다행이겠노라.

---

7   게의 눈이 아주 작은 데에 비유하여 좁은 안목으로는 멀리 내다보기 어려움을 표현함.

내수도문內修道文과 내칙內則(1890년 11월)

내수도문

　부모님께 효를 극진히 하며, 남편을 극진히 공경하며, 내 자식과 며느리를 극진히 사랑하며, 하인을 내 자식과 같이 여기며, 육축六畜(가축)이라도 다 아끼며, 나무라도 생 순을 꺾지 말며, 부모님 분노하시거든 성품을 거스르지 말며 웃고, 어린 자식 치지 말고 울리지 마옵소서. 어린아이도 하늘님을 모셨으니 아이 치는 것은 곧 하늘님을 치는 것이니 천리를 모르고 아이를 치면 그 아이가 곧 죽을 것이니 부디 집안에 큰 소리를 내지 말고 화순하기만 힘쓰옵소서. 이같이 하늘님을 공경하고 효성하면 하늘님이 조화하시고 복을 주시나니 부디 하늘님을 극진히 공경하옵소서.

　가신(물에 헹군) 물이나 아무 물이나 땅에 부을 때 멀리 뿌리지 말며, 가래침을 멀리 뱉지 말며, 코를 멀리 풀지 말며, 침과 코가 땅에 떨어지거든 닦아 없이하고, 또한 침을 멀리 뱉고 코를 멀리 풀고 물을 멀리 뿌리면 곧 천지 부모님 얼굴에 뱉은 것이니 부디 그리 마시고 조심하옵소서.

　잠잘 때 "잡니다" 고하고, 일어날 때 "일어납니다" 고하고, 물길어 갈 때 "물길어 갑니다" 고하고, 방아 찧으러 갈 때 "방아 찧으러 갑니다" 고하고, 정하게 다 찧은 후에 "몇 말 몇 되 찧었더니 쌀 몇 말 몇 되 났습니다"고하고, 쌀 그릇에 넣을 때 "쌀 몇 말 몇 되 넣습니다" 고하옵소서.

　먹던 밥 새 밥에 섞지 말고, 먹던 국 새 국에 섞지 말고, 먹던 침채(김치) 새 침채에 섞지 말고, 먹던 반찬 새 반찬에 섞지 말고, 먹던 밥과 국과 침채와 장과 반찬 등 일절은 따로 두었다가 시장하거든 먹되 고하지 말고 그저 "먹습니다" 하옵소서.

　조석할 때[8]에 새 물에다 쌀 다섯번 씻어 안치고, 밥해서 풀 때 국이나 장이나 침채나 한그릇 놓고 고하옵소서. 금 난 그릇에 먹지 말고, 이 빠진 그릇에 먹지 말고, 살생하지 말고, 삼시(세끼)를 부모님 제사와 같이 받드옵소서.

일가 집이나 남의 집이나 무슨 볼일 있어 가거든 "무슨 볼일 있어 갑니다"고하고, 볼일 보고 집에 올 때 "무슨 볼일 보고 집에 갑니다"고하고, 일가나 남이나 무엇이든지 줄 때 "아무것 줍니다"고하고, 일가나 남이나 무엇이든지 주거든 "아무것 받습니다"고하옵소서.

이 일곱 조목을 하나도 잊지 말고 매매사사를 다 하늘님께 고하면, 병과 윤감輪感9을 아니하고, 악질과 장학瘴瘧10을 아니하며, 별복鱉腹11과 초학初瘧12을 아니하며, 간질과 풍병이라도 다 나으리니, 부디 정성과 공경과 믿음으로 하옵소서. 병도 나으려니와 위선 대도를 속히 통할 것이니 그리 알고 진심 봉행하옵소서.

내칙

아이를 임신하거든 고기를 먹지 말며, 생선도 먹지 말며, 논의 우렁도 먹지 말며, 개울의 가재도 먹지 말며, 고기 냄새도 맡지 말며, 무릇 아무 고기라도 먹으면 그 고기 기운을 따라 사람이 나면 모질고 탁하다. 임신한 지 한달이 되거든 기울어진 자리에 앉지 말며, 잘 때 반듯이 자고 모로 눕지 말며, 침채와 채소와 떡이라도 기울게 썰어 먹지 말며, 울타리 터진 데로 다니지 말며, 남의 말 하지 말며, 무거운 것 들지 말며, 무거운 것 (머리에) 이지 말며, 가벼운 것이라도 무거운 듯이 들며, 방아 찧을 때 너무 되게 찧지 말며, 급하게도 먹지 말며, 너무 찬 음식도 먹지 말며, 너무 뜨거운 음식도 먹지 말며, 기대어 앉지 말며, 비켜서지 말며, 남의 눈을 속이지

---

8   아침저녁으로 밥 지을 때.
9   전염성이 있는 감기.
10 덥고 습한 지역에서 생기는 학질.
11 지라가 부어 배 안에서 자라 모양의 멍울이 생기며 열이 올랐다 내렸다 하는 어린아이의 병.
12 처음으로 걸린 학질.

마옵소서.

이같이 아니하면 사람이 나서 요사夭死도 하고 횡사橫死도 하고 조사早死도 하고 병신도 되나니, 이 여러 가지 경계하신 말씀을 잊지 말고 이같이 열달을 공경하고 믿고 조심하면 사람이 나서 체도體度[13]도 바르고 총명도 하고 지국과 재기가 옳게 날 것이니 부디 그리 알고 각별 조심하옵소서.

이대로만 시행하시면 문왕文王 같은 성인과 공자 같은 성인을 낳을 것이니 그리 알고 수도를 지성으로 하옵소서.

이 내칙과 내수도 하는 법문을 침상 가에 던져두지 말고, 조용하고 한가한 때를 타서 수도하시는 부인에게 외워드려 뼈에 새기고 마음에 지니게 하옵소서.

천지조화가 다 이 내칙과 내수도 두편에 들었으니 부디 범연히 보지 말고 이대로만 밟아 봉행하옵소서.

임진 통문壬辰 通文 1(1892년 정월)

이 글은 통유하는 것이다. 논하건대 사람은 곧 천인天人이요 도는 대선생大先生의 무극대도이니 하늘을 공경하고 몸을 닦은 도에 있어서 감히 조금도 소홀히 해서는 안 된다. 술·생선·고기·담배는 천성을 잃게 하고 원기를 어지럽히는 것이며, 의복의 사치는 반드시 뜻이 바뀌는 단초이니 실로 참됨을 지키는 근본이 아니다. 이것을 만약 그대로 두면 말류의 폐단이 장차 어느 지경에 이를지 모르니 어찌 답답하지 않겠는가. 어찌 애석하지 않겠는가.

---

13   남의 일상생활이나 건강 상태를 높여 이르는 말.

옛 경전에 이르기를 "성인은 욕심이 없고 군자는 욕심을 막는다" 했으니 지금 우리 도의 선비 중에 성인과 군자의 자질이 있는 사람이 몇이나 되겠는가. 참으로 성품대로 하는 사람이 아니면 대부분 애를 써서 이루어야 할 사람들이다. 우리 제군들은 그 처지가 만들어야 할 자품이니 어찌 기미와 조짐을 막지 않아서 대도를 성취하는 이치를 해치겠는가. 점점 불어나고 몰래 자라나서 무릇 도에 해를 끼치는 물건 조목을 아래에 나열하여 기록한다. 크게 원하건대 제군들은 각기 모름지기 분명하게 살펴서 조목마다 준행하도록 하면 천만다행이겠노라.

하나. 생선과 고기, 술과 담배 이 네가지는 도인의 기혈과 정신에 해가 되고 조금도 유익함이 없으니 일체 금지할 것.

하나. 나막신과 가죽신은 크게 기운을 해치는 것이 있고 하늘님이 꺼리는 이치가 있으니 지금부터는 비록 비가 오는 날이라도 나막신과 가죽신을 신지 말 것.

하나. 모든 사치스러운 물건은 탐닉하는 자가 즐기는 바이지 마음을 다스리는 자가 마땅히 해야 할 바가 아니다. 도유들은 호화롭게 사치하는 폐단을 금할 것.

하나. 우리 도중의 도유들은 통양 갓[14]과 서양 비단, 당목, 채단 등의 물건은 일절 엄금하고 단지 거친 베옷과 거친 무명을 입을 것.

하나. 노인은 비단이 아니면 따뜻하지 않으니 예순이 넘은 노인은 특별히 명주 입는 것을 허락할 것.

하나. 소년이 명주를 입는 것 또한 사치에 가깝다. 견고함으로 말하면 무명과 베옷보다 못하니 소년이 명주 입는 것을 영구히 금지할 것.

하나. 공복公服과 예복을 특별히 분간할 것.

---

14   조선시대 갓의 일종.

임진 통문 2(1892년 2월 28일)

이 글은 삼가 통지하는 것이다. 올봄의 향례[15]는 잠시 중지하고 별도로 재齋 지낼 곳을 설치하여 마땅히 지휘할 것이니 각처의 도유들은 제사 비용을 이전보다 두배로 내야 할 것이다. 해당 접주는 그믐과 초하루 사이에 속속 수합한 뒤에 성명과 금액을 소상히 열거 기록하고, 각 처의 도인들은 매일 밤 10시 전후에 경건하게 청수를 바치되 반드시 담장 안쪽의 정결한 곳에 장소를 정하라. 오직 새 사발만을 쓸 것이며 돗자리를 펴지 말며 비바람을 피하지 말며 경건을 다하고 정성을 다하여 무릎을 꿇고서 "널리 창생들을 구제하겠다는 큰 소원"을 축원하도록 하라.

3월 1일부터 시작하여 시행하되 만약에 무슨 일[16]이 있으면 9일에 시작하며, 그래도 일이 있으면 15일부터 시작하여 100일 동안 지성으로 시행하라. 이상의 내용을 행여 소홀히 하여 관의 지목을 당하는 일 없이 알리면 매우 다행이겠노라.

임진 통문 3(1892년 2월 28일)

이 글은 삼가 통지하는 것이다. 각지의 도유들 중에서 명망 있고 행실이 돈독한 사람을 선발하여 임명하는 것[17]은 한편으로는 각 접을 다스리는 방책으로 삼고 다른 한편으로는 권학勸學의 강령으로 삼기 위함이었다. 그런데 근래에 와서는 규모가 산만해져서 폐단이 더욱 늘어나니 해당 접주들이 혹은 사사로운 정에 이끌려 망령되이 천거하고, 혹은 일의 형세에 구애

---

15   수운 최제우가 처형당한 3월 10일에 거행하는 기제(忌祭).
16   관으로부터 탄압이나 감시를 당하는 일.
17   동학 접 조직 안에서 교장, 교수, 도집, 집강, 대정, 중정 등 육임(六任)을 임명하는 일.

되어 가벼이 뽑기도 한다. 체통과 법도를 돌보지 않고 재질의 우열을 따지지 않으니 집집마다 임명장이 있고 사람마다 임명을 받아 어제 입도한 사람이 오늘 임명되고 심지어는 직책을 겸하는 일마저 있다. 근래에 관의 지목을 받는 것이 어찌 이 일 때문이 아니겠는가. 앞으로는 사람을 가려 임명하는 조항을 잠시 중지하고 종국에는 단지 인망만 보고서 천거하는 도가 있도록 할 것이다. 이 점을 잘 헤아려 이 상의한 내용을 널리 알려주면 매우 다행이겠노라.

임진 2월 28일

임진 통문 4(1892년 윤 6월 2일)

여러분들 돌려보라. 멀리서 여러분의 덕스러운 모습을 우러러보는 마음이 하루라도 간절하지 않은 날이 없다. 무더위에 삼가 묻는다. 하늘님을 모시는 여러분께 안부를 묻는다. 도를 지키고 만사가 잘 되어가는가? 우러러 그리운 마음 그지없어 묻고자 한다. 모시고 사는 모습이 겨우 유지되어서 크게 다행이다. 그런데 긴급하게 통지할 일이 있으니 대충 듣지 말기를 바란다. 무릇 우리 도는 개벽의 운수이고 무극의 도이다. 이러한 성스러운 운수와 성스러운 도가 나온 지 지금까지 30여년이 되었다. 그동안 나라로부터 지목당하는 일이 여러 번 있었지만 이렇게 갑작스러운 경우는 없었다.

바라건대, 모름지기 모든 도인들은 어떤 계책과 방법으로 결코 지목당함 없이 대도를 깨끗하게 보전해 성덕을 드러낼 것인가? 각자의 기량을 살펴서 별도로 임명할 것이니 각 접의 두목은 하나하나 둘러보고 학식의 여부를 따지지 말고 각자 자기 뜻을 충분하게 말하게 한 다음에 도인들의 성명을 기록하여 비밀리에 이중으로 봉해서 이 편지가 도착한 날로부터

15일 이내에 모두 수접처首接處[18]에 접수되도록 봉송해주기를 간절히 바란다. 나머지는 편지 쓰는 예를 갖추지 못한다.

임진 윤달 6월 2일
북접법헌[19]

임진 신약壬辰 新約(1892년 8월 29일)

이 글은 널리 깨우치는 글이다. 삼가 생각건대 천운이 순환하여 비로소 오만년의 대도가 시작되었고, 세상의 마귀가 다 항복하여 영원히 삼칠자 영도靈圖를 믿게 되었다. 운수에 응해서 살고 때를 기다려 숨으라. 도를 알고 도를 닦는 자는 도가 오로지 성경신誠敬信 삼단에 있고, 하늘을 섬기고 하늘을 받드는 자는 하늘이 반드시 시정지侍定知 세 글자를 돕는다.

대저 어찌하여 세상이 쇠퇴하여 운이 어두워지고 도가 미약하여 그릇됨이 많아져서, 도를 전하는 자는 밝지 못하고 도를 닦는 자는 삼가지 않아서 혹자는 유언비주流言飛呪를 듣고 혹자는 도를 어지럽히고 법을 혼란시키는 데까지 이르고 있으니 이것이 누구든 딱하지 않을 수 있겠는가.

삼가 바라건대 모든 군자들은 한 생각도 게을리하지 말고 끊임없이 그 마음을 지키고 그 기운을 바르게 할 것을 생각하고, 모든 일에 마땅함을 생각하여 무궁하게 그 덕에 부합되고 그 앎을 받아들일 것을 일삼으라. 옳은 것은 받아들이고 옳지 않은 것은 물리치라. 반드시 두번 생각하는 마음을 정해서 욕심을 버리고 허물을 뉘우치라. 바라건대 모든 선善을 따라서 반드시 아침저녁으로 경계하고 두려워하는 마음을 간직하여 봄이 돌아오기

---

[18] 우두머리 접이 있는 곳. 즉 최시형이 머무는 곳을 말함.
[19] 동학 2대 교주 최시형을 지칭하는 공식 호칭.

를 기다리라. 아래와 같이 조약을 새롭게 제정하니 삼가 당부한다.

첫째, 하늘을 공경하고 스승을 높임敬天尊師

무릇 우리 도는 천하의 무극대도이다. 하늘에서 나와 동방에서 빛나니 삼강이 정해지고 오륜이 밝혀졌다. 인의예지와 효제충신이 이 도의 이치에 갖추어지지 않은 것이 없으니, 만약에 혹시라도 도에 들어오는 사람이 그 이치에 완전히 어두워서 오로지 이름에 의탁하는 것을 일삼는다면 우리가 말하는 도가 아니다. 하늘이 살피는 것은 실로 밝으니 하늘을 어찌 속이겠는가. 신의 눈은 번개와 같으니 신을 속일 수 있겠는가. 오직 바라건대 모든 군자들은 의리를 중시하고 기강을 세워서 하늘을 공경하고 스승을 높여서 한결같은 생각으로 착실하게 사사로움을 제거하고 올바름으로 돌아갈 것이다.

둘째, 신을 중시함信以爲重

우리 도의 이치는 신信을 위주로 한다. 대저 오상五常(인의예지신)에 신이 있는 것은 오행五行에 토土가 있는 것과 같다. 인의예지는 '신'이 아니면 행해지지 않고, 수화금목은 '토'가 아니면 이루어지지 않으니, 사람에게 있어 '신'이 어찌 중요하지 않겠는가. 무릇 도를 함께 하는 우리들은 도를 닦을 때에 먼저 '신' 한 글자를 중히 여기고 일에 임해서도 '신' 한 글자를 위주로 해야 한다.

셋째, 각자의 생업에 충실함各守其業

하늘이 만백성을 내실 때 반드시 그 직분을 주었다. 인간이 세상에 생겨남에 사민四民이 있게 되었는데 이들이 곧 사농공상이다. 무릇 도를 함께 하는 사람이 도에 들어온 것을 핑계 삼아 직분을 지키지 않고 집안을 돌보지 않으며 도로에서 놀고 방탕하며 법을 지키지 않으면 우리가 말하는 도인이 아니다. 진실로 항산恒産이 없으면 반드시 항심恒心도 없다. 진실로 항심이 없으면 마음이 바르지 않으니 어찌 몸이 닦이고 집안이 가지런해지는 일이 있겠는가. 오직 바라건대 도에 들어온 사람은 각자 자기 생업을 지켜서 밭 가는 사람은 밭 갈고 독서하는 사람은 독서하고 물건 만드는 사람은 물건 만들고 장사하는 사람은 장사해서 분수에 만족하고 도를 즐거워하며 몸을 닦고 집안을 가지런히 하는 데 게으르거나 방탕한 일이 없도록 하라.

넷째, 공에 철저하여 사사로움이 없음至公無私

천하의 일에는 공평함[公]이 있고 사사로움[私]이 있다. 공평함이란 천하와 같이 큰 공평함을 말함이며, 사사로움이란 한 사람의 편협한 사사로움을 말한다. 일에 임해서 공평함을 지키면 사람들이 다른 말이 없고 일마다 견실해진다. 일을 하는 데 사사로움이 따르면 사람들이 원망하는 말이 많고 일마다 사이가 틀어진다. 공평함과 사사로움 사이에 군자와 소인이 있다. 오직 우리 도인들만이 땔나무꾼의 말이라도 비하하지 않고 지극한 마음으로 도에 머문다. 아첨하는 이들은 절대로 금하고, 헐뜯는 사람은 아무도 가까이하지 않으며, 한결같이 지극히 공평하고 사사로움이 없는 것을 중심으로 삼도록 하라.

다섯째, 빈궁을 서로 구제함貧窮相恤

같은 소리끼리 서로 반응하고 같은 기운끼리 서로 원하는 것은 고금의 공통된 도리이지만 우리 도에 이르러서는 그 이치가 더욱 뚜렷해졌다. 환난을 당하면 서로 돕고 빈궁하면 서로 구휼하는 것은 선현들의 향약鄕約[20]에도 있지만 우리 도에 이르러서는 그 도리가 더욱 중해졌다. 무릇 도

---

20   중국 북송 때의 여씨향약(呂氏鄕約) 및 조선시대 퇴계 이황이 만든 예안향약(禮安鄕約) 등을 말함.

를 함께 하는 우리들은 약속을 한결같이 지켜서 서로 사랑하고 서로서로 도와서 혹시라도 규정을 어기는 일이 없도록 하라.

여섯째, 남자와 여자에 구별을 둠男女有別

남자와 여자에 구별을 둔 것은 옛 성인들이 남겨준 엄격한 규범으로써 남편 있는 여자를 취하지 말라는 것은 우리 스승님의 유훈에도 있다. 세속에 있는 사람도 남녀를 구별하는 도리가 있음을 아는데 하물며 우리 도인들에게 있어서랴. 오직 바라건대 모든 도인들은 두렵게 스스로 생각하고 결연히 스스로 맹세해서 내외의 구별을 중시하며 혹시라도 자리를 섞는 일이 없게 하고 엄격하고 두려운 마음으로 공경하고 삼가라.

일곱째, 예법을 하나같이 잘 지킴禮法一遵

무릇 도를 행하는 일은 예법이 중요하다. 우리 도의 예법과 도법은 본래 순서가 있으니 더 말할 필요도 없다. 그런데 근래에 들건대 도를 전하는 자가 착오가 많아서 제례가 같지 않고 도법이 분명하지 않다고 하니 이것은 우리 스승과 우리 도가 마련한 바가 아니다. 혹자는 자기를 높이고 자기를 믿어서 각자 자기를 내세우는 행동에 이르렀는데 이것은 도를 함께 하는 도리도 아니고 하나로 돌아가는 이치도 아니다. 오직 바라건대 앞으로는 자기를 높이는 마음을 갖지 말고 도를 전하는 자나 받는 자가 그 이치를 잘 밝혀서 모든 예법과 예절에 있어 하나같이 정해진 절차를 따라서 서로 차이 나는 일이 없도록 하라.

여덟째, 도의 연원을 바르게 함以正淵源

각 고을의 도인 중에서 특별히 접주 한명을 선정하여, 입도한 사람들은 반드시 해당 고을의 접주로부터 도를 받게 하여 연원을 바르게 함으로써 정도로 돌아가는 데 힘쓰도록 한다. 무릇 도를 닦는 등의 절차에서는 하나

같이 접주의 지도에 따르고, 접주는 도를 전할 때에 그 사람이 현명한지 아닌지를 자세히 살핀다. 유념하고 신중하게 하여 경솔하고 소홀해지는 일이 없도록 하라.

아홉째, 편장[21]이 각지를 순행하여 살피고 타이름便長巡行

도인 중에서 특별히 편장便長 네명을 임명하여 각 지역을 돌아다니면서 여러 접들을 두루 살피도록 한다. 관변 측으로부터 지목을 받는 도인이 있으면 모두 안전하도록 보살피며, 의아하게 여기는 도인들이 있으면 각각 별도로 알아듣게 깨우친다. 특히 출입이 무상하고 빈번한 도인들을 잘 깨우쳐서 진리와 정도로 돌아가도록 하라.

열째, 벌을 내리는 것을 엄격히 함嚴來施罰

접중에서 접주나 편장의 가르침을 따르지 않는 자는 벌을 엄하게 내리도록 한다. 편장이 각지를 순행할 때에 깨우치지 못하고 오히려 문란하고 협잡하는 폐단이 있으면 무거운 벌을 면하지 못하는 동시에 즉시 다시 선출하여 임명하도록 한다.

오늘 분부하신 내용에 "각 접의 도인들 가운데 명망 있고 덕이 큰 선비들에게 정성을 다해 하늘에 고하게 한 뒤 수십명을 선발하여 거주지와 성명을 나열해서 기록하고, 그중에 혹 정성스러운 덕이 있거나 혹은 신의가 있거나 혹은 글을 알고 셈을 하거나 혹은 일을 분간할 줄 안다는 등의 뜻

---

21   편의장(便宜長)이라고도 한다. 동학 조직이 급속히 확대되어가던 1892년에 처음으로 도입되어 네명이 임명되었다. 사고가 난 각지의 접을 돌아다니면서 접 조직을 정비하는 한편, 관변 측의 감시와 탄압으로부터 동학 신자들을 보호하는 일에도 힘을 쏟았다. 편장의 주요 역할은 접 및 신자들에 대한 순행(巡行), 주찰(周察), 안접(安接), 효유(曉諭), 시벌(施罰) 등 다섯가지 임무로 요약할 수 있다. 편장으로 가장 유명한 인물은 해월 최시형이 호남 좌우도 편의장으로 임명했던 익산 출신 남계천(南啓天, ?~1893)이다.

을 각자의 성명 아래에 주를 달아서 다음 달 초오일 이내로 비밀리에 작성하여 오도록 하라"고 한 것이 이와 같이 준엄했다.

바라건대 모든 접주와 도인들은 공경과 정성을 극진히 하여 하나도 사사로움 없이 공평하게 일일이 선별해 기한 내에 기어코 우리 쪽으로 보내서 혹시라도 갈등을 일으키거나 번거롭지 않도록 해주길 바란다. 그리고 각 고을의 향리를 맡은 도인들은 선별 중에 들어가지 않도록 별도로 성명을 작성하여 함께 가져오기를 간절히 바란다.

임진년 8월 29일

접하接下 남계천

입의 통문立義 通文(1892년 10월 17일)

다음은 삼가 통지하는 일이다. 무릇 대도에는 세가지가 있다. 유도儒道(유교)는 오제와 삼황에서 시작하여 공자에 이르러 위로는 인륜이 밝혀지고 아래로는 교화가 행해졌다. 불씨佛氏(불교)는 한나라 명제 때 중국에 통용되어 대자대비의 덕으로 중생을 고해에서 구제했다. 선가仙家(도교)는 황제 때 시작되어 도인導引 수련법으로 생민들을 요절에서 벗어나게 했다.

우리 동방東方(조선)에 있어서는 수천년 뒤에 이르러 천하 문명의 운수가 모두 우리나라로 돌아오고 성스러운 도가 세상에 크게 밝아졌다. 시대가 내려올수록 풍속이 나빠지고 대도가 없어져갈 때에 다행히 천운이 순환하여 다시 회복되지 않음이 없었다. 우리 (수운) 선생께서 동방에 태어나서 도를 하늘에서 받아 유불도 삼교를 통합하여 연마하고 수련하여 심법을 전했으니 장차 천하에 덕을 펴고자 함이었다.

대범 군사부君師父의 의리는 인륜을 밝히는 큰 법도이다. 예로부터 임금에게 충성하고 부모에게 충성하는 자 중에 온 힘을 다하여 목숨을 바친 자가 적지 않았다. 스승과 제자 간의 의리 또한 마찬가지이다. 우리 (수운) 선생께서 화를 당하신 지 지금에 이르러 30년이 되었으니 그 제자 된 자는 마땅히 힘을 다하고 정성을 다해서 신원伸寃할 방편을 도모해야 하는바, 만약 신원하지 못한다면 저승에 따라가서라도 훈도薰陶의 대열에서 한가롭게 노닐기를 바라는 것이 제자 된 자의 마땅한 의리일 것이다.

아아! 지금의 우리 도유들은 완전히 대의를 잊고 단지 이익과 욕망을 좇을 뿐이다. 바라는 바는 오로지 자기를 살찌우고 재산을 늘리는 것이며, 축원하는 바는 지병이 절로 낫게 해달라는 것뿐이다. 또한 주야로 발돋움하며 바라는 것은 단지 선생께서 세상에 나오신 뒤에 부귀와 공명이 이루어지게 해달라는 소원뿐이다. 스승을 신원하는 대의는 생각하지 않고 단지 일신을 위하는 요행만을 바랄 뿐이니 군부의 은혜와 사랑은 더 말할 나위가 없다. 또한 간교한 사람의 터무니없는 망언 듣기를 즐겨 손가락을 꼽으면서 기다리는 것이 광서光緖 연간[22]에 출현한 태평천국太平天國의 패역의 난이다. 만약 그렇다면 어디에 보국안민의 계책이 있으며 어디에 선생을 신원하는 바가 있겠는가. 불충하고 불의하며 무지하고 몰지각하기가 이보다 더 심한 것이 없다. 그들은 말하기를 "조화가 장차 이를 것이다"라고 하지만 이와 같이 불충하고 불의한 사람에게 어찌 조화의 기대가 있겠는가.

바라건대 모름지기 모든 군자들은 선생을 신원하는 방편을 잘 도모해야 하는바, 공경하고 삼가지 못하면서 오직 조화만을 말하는 것은 불의이다. 이와 같이 불충하고 불의한 자는 마땅히 일제히 소리 지르고 북을 두드려 그 죄를 함께 성토하는 것이 천리의 당연한 일이니, 각자 모름지기 마음을 삼가면서 인사人事를 닦고 천명을 기다리는 것이 사람이 마땅히 해야 할

---

[22]   중국 청나라 때 연호. 광서 연간은 1875년부터 1908년까지이다.

일이다. 이 점을 잘 헤아려준다면 천만다행이겠노라.

임진년 10월 17일
북접주인 (최시형)

이때 각 해당 접주는 이미 선별한 도인 중에서 성실하고 신의 있고 일을
아는 도유를 거느리고 통문이 도착하는 즉시 공주의송소公州議送所[23]에서
기다리도록 하라. 두목들이 청주청명처淸州聽命處[24]에 와서 기다리는 일로
드는 노자는 각기 해당 접에서 비밀리에 넉넉히 마련하도록 하라. (공주 감
영에) 들어가서 의송을 올릴 때는 의관을 바르게 하여 위엄 있게 하고 혹시
라도 착오가 생기거나 법을 어기는 일이 없도록 하라.

임진 통문 5(1892년 11월 19일)

삼가 통지한다. 이번 대의大義[25]는 천지에 세워놓아도 어긋나지 않고 귀
신에게 물어보아도 의심할 만한 구석이 없다. 다만 이 늙은이(최시형)는 각
접에 통문을 발송하여 속속 일제히 나아가게 했으나 그후로 의소義所(전라
도 삼례에 설치된 의송소)로 가던 도중에 낙상을 하는 바람에 오랜 병이 도져

---

23 1892년 10월 충청감사 조병식(趙秉式, 1823~1907)에게 동학 교조 수운 최제우의 억울한 죽
음을 풀어달라는 내용이 담긴 '의송'을 작성하여 청원운동을 준비하던 동학의 임시조직. 동
학교단 최초의 동학 공인운동, 즉 '공주 교조신원운동'을 전개하기 위해 공주 감영 인근에
1892년 10월경 설치되었다.

24 '공주 교조신원운동'을 지휘하던 동학의 임시 본부를 지칭함. 1892년 10월경 충청도 청주
인근의 솔뫼(松山, 지금의 청주시 상당구 남일면 신송리)에 설치되었다. 솔뫼는 동학 2대 교
주 해월 최시형의 3대 수제자 가운데 1인인 송암 손천민의 고향이다.

25 수운 최제우의 신원을 위해 청원서인 '의송단자'를 충청감사와 전라감사에 제출한 일, 즉
1892년 10월의 공주 교조신원운동과 11월의 삼례 교조신원운동을 말함.

정성을 다하지 못했으니 부끄럽고 참담할 따름이다. 송구스러움을 어찌 말로 다하겠는가.

오호라! 대운이 장차 크게 열리고 광명이 거듭 다시 밝아져서 중생을 위태로운 지경에서 건져내고 대의가 무너지려 하는 때에 붙잡았다. 그러나 도는 비록 드러났지만 (수운 선생의) 원통함은 아직 풀어지지 못하고 있으니 이는 실로 제자들의 성의가 부족한 까닭이다. 바라건대 모든 군자들은 정성과 공경을 다하여 잠시라도 자나 깨나 해이하지 말고 마음을 바르게 하고 몸을 바르게 하여 하늘에 죄를 짓지 말기를 바란다.

부모를 섬기는 것은 효도로 하고 집안을 다스리는 데는 법도가 있는 법이다. 세금 납부는 때에 맞게 하고 이웃과는 화합으로 사귈지어다. 행할 일은 반드시 사농공상이며 금할 일은 반드시 주색잡기이니라. 위로는 국가를 위하여 영원한 복을 빌고 성스러운 도에 의지해 지탱하며 천리를 받들고 따라야 한다. 충청과 전라 두 감영의 공문은 반드시 다 살펴보았길 바란다. 한결같은 마음으로 경계하고 두려워하는 것은 피차가 따로 없다. 떳떳함을 지키는 마음은 죽을 때까지 변하지 않아야 한다.

서울로 가서 복합 상소하는 일은 바야흐로 다시 의논하여 도모할 것이니 마땅히 회답을 기다릴 일이다. 후속 지휘가 있을 것이다. 먼저 대의에 참가하여 가산을 탕진한 이들은 애처롭고 가련하니 집에서 관망하면서 배부르게 먹고 따뜻하게 거처하는 사람들이 어찌 마음이 편하겠는가. 있는 사람과 없는 사람이 서로 도와서 (가산을 탕진한 도인들이 거리로) 떠돌아다니지 않도록 하며, 멀리 있는 사람과 가까이 있는 사람이 합심해 다른 이론이 나오지 않도록 하여 나의 소망에 부응하고 밤낮으로 걱정하는 마음을 풀어준다면 나의 병도 나을 것이다. 십분 경계하고 삼가면 천만다행이겠노라.

임진 11월 19일
북접도주

4장
법설편

천지부모天地父母

천지는 곧 부모요 부모는 곧 천지니 천지부모는 일체니라. 부모의 포
태胞胎가 곧 천지의 포태이니 지금 사람들은 다만 부모 포태의 이치만 알
고 천지포태의 이치와 기운을 알지 못하나니라.

하늘과 땅이 덮고 실었으니 덕이 아니고 무엇이며 해와 달이 비쳤으니
은혜가 아니고 무엇이며 만물이 화化해 났으니 천지의 이치와 천지의 조
화가 아니고 무엇인가.

하늘과 땅은 만물의 아버지요 어머니라. 그러므로 경經에 이르기를 "님
〔主〕이라 함은 존칭하여 부모와 똑같이 섬긴다는 뜻이요"[1] 하시고, 또 말씀
하시기를 "옛날과 오늘의 일을 살펴보니 사람이 마땅히 해야 할 바를 알겠
더라"[2] 하셨으니, "존칭하여 부모와 똑같이 섬긴다"는 것은 옛 성인이 밝
히지 못한 일이요 수운 큰선생님께서 비로소 창명하신 큰 도이니라. 지극

---

1   「논학문」.
2   「수덕문」.

한 덕이 아니면 누가 능히 알겠는가.

천지가 그 부모인 이치를 알지 못한 것이 오만년이 지나도록 오래되었나니 천지가 부모임을 알지 못하면 억조창생이 누가 능히 부모에게 효도하고 봉양하는 도로써 공경스럽게 천지를 받들 것인가.

천지부모를 길이 모셔 잊지 않는 것을 깊은 물가에 이르듯이 하며 엷은 얼음을 밟는 듯이 하여 지성으로 효도를 다하고 극진히 공경을 다하는 것은 사람의 자식 된 도리이니라.

그 아들과 딸 된 자가 부모를 공경하지 아니하면 부모가 크게 노하여 가장 사랑하는 아들딸에게 벌을 내리나니 경계하고 삼가야 하나니라. 내가 부모 섬기는 이치를 어찌 다른 사람의 말을 기다려 억지로 할 것인가. 도무지 이것은 큰 운이 밝아지지 못한 까닭이요, 부지런히 힘써서 착한 데에 이르지 못한 까닭이니 참으로 개탄할 일이로다.

사람은 오행五行의 가장 빼어난 기운이요 곡식은 오행의 으뜸가는 기운이니 젖이란 사람의 몸에서 나는 곡식이요 곡식이란 천지의 젖이니라.

부모의 포태가 곧 천지의 포태이니 사람이 어렸을 때에 그 어머니의 젖을 빠는 것은 곧 천지의 젖이요, 자라서 오곡을 먹는 것은 또한 천지의 젖이니라. 어려서 먹는 것이 어머니의 젖이 아니고 무엇이며 자라서 먹는 것이 천지의 곡식이 아니고 무엇인가. 젖과 곡식은 다 이것이 천지의 녹祿이니라.

사람이 (젖과 곡식이) 천지의 녹인 줄을 알면 반드시 식고食告하는 이치를 알 것이요, 어머니의 젖으로 자란 줄을 알면 반드시 효도로 봉양할 마음이 생길 것이니라. 식고는 도로 먹이는 이치〔反哺之理〕요 은덕을 갚는 도리이니, 음식을 대하면 반드시 천지에 고하여 그 은덕을 잊지 않는 것이 근본이 되느니라. 어찌 홀로 사람만이 입고 먹겠는가. 해도 또 입고 달도 또 먹고 먹느니라.

사람은 하늘을 떠날 수 없고 하늘은 사람을 떠날 수 없나니, 그러므로 사람의 한 호흡 한 동정 한 의식도 이것이 서로 함께 하는 기틀[相與之機]이니라.

하늘은 사람에 의지하고 사람은 먹는 데에 의지했나니 만사를 다 아는 것은 밥 한그릇이 만들어지는 이치를 아는 데 있나니라[萬事知 食一碗]. 사람은 밥에 의지하여 그 생성을 돕고 하늘은 사람에게 의지하여 그 조화를 나타내는 것이니라. 사람의 호흡과 동정과 굴신屈伸과 의식은 다 하늘님 조화의 힘이니 하늘님과 사람 사이의 함께 하는 기틀은 잠깐이라도 떨어지지 못할 것이니라.

천지, 사람, 귀신, 음양

천지는 한 기운 덩어리니라.

천지인은 도시 한 이치의 기운뿐이니라. 사람은 하늘 덩어리요 하늘은 만물의 정기이니라. 푸르고 푸르게 위에 있어 일월성신이 걸린 곳을 사람이 다 하늘이라 하지마는 나는 홀로 그것을 하늘이라고 하지 않노라. 알지 못하는 사람은 나의 이 말을 깨닫지 못할 것이니라.

사람의 동하고 정하는 것이 마음이 시키는 것이냐 기운이 시키는 것이냐. 기운은 주主가 되고 마음은 체體가 되고 귀신은 용사用事(작용)하는 것이니 조화는 귀신의 좋은 재능이니라. 귀신이란 무엇인가. 음양陰陽으로 말하면 음은 귀鬼 양은 신神이요, 성심性心으로 말하면 성은 귀 심은 신이요, 굴신屈伸으로 말하면 굴은 귀 신은 신이요, 동정으로 말하면 정은 귀 동은 신이니라.

기운이 마음을 부리는가. 마음이 기운을 부리는가. 기운이 마음에서 나왔는가. 마음이 기운에서 나왔는가. 화생化生하는 것은 기운이요 용사하는 것은 마음이니 마음이 화和하지 못하면 기운이 그 법도를 잃고, 기가 바르지 못하면 마음이 그 궤도를 이탈하나니, 기운을 바르게 하여 마음을 편안히 하고 마음을 편안히 하여 기운을 바르게 하라. 기운이 바르지 못하면 마음이 편안치 못하고 마음이 편안치 못하면 기운이 바르지 못하나니 그 실實인 즉 마음도 또한 기운에서 나는 것이니라.

움직이는 것은 기운이요 움직이고자 하는 것은 마음이요 능히 구부리고 펴고 변하고 화하는 것은 귀신이니라. 귀신이란 천지의 음과 양이요 이치와 기운의 변동이요 차갑고 더움의 정기이니, 나누면 한 이치가 만가지로 다르게 나타나고 합하면 한 기운일 따름이니라. 그 근본을 연구하면 귀신, 성심, 조화가 도무지 한 기운이 시키는 것이니라.

마음은 어느 곳에 있는가. 하늘에 있다. 하늘은 어느 곳에 있는가. 마음에 있나니라. 그러므로 마음이 곧 하늘이요 하늘이 곧 마음이니 마음 밖에 하늘이 없고 하늘 밖에 마음이 없나니라. 하늘과 마음은 본래 둘이 아닌 것이니 마음과 하늘이 서로 화합해야 바로 시侍·정定·지知라고 말할 수 있나니, 마음과 하늘이 서로 어기면 사람이 다 시천주侍天主라고 말할지라도 나는 시천주라고 이르지 않으리라.

천지는 한 기운 한 울타리이니라. 기운은 혼원渾元이요 마음은 허령虛靈이니 조화가 무궁한 것이니라. 사람의 마음 있는 것을 비유하면 하늘에 해가 있는 것과 같으니, 해가 밝으니 만국을 비추고 마음이 밝으니 일만 이치를 환히 꿰뚫는도다. 둥글고 밝은 달은 능히 천강千江의 물을 비추고 한 봄의 화한 기운은 능히 만물의 정기를 낳는 것이니라.

대인접물待人接物

사람이 곧 하늘〔人是天〕이니 사람 섬기기를 하늘 섬기듯이 하라〔事人如天〕. 내가 제군들을 보니 스스로 잘난 체하는 자가 많으니 한심한 일이요, 도에서 이탈하는 사람도 이래서 생기는 것이니 슬픈 일이로다. 나도 또한 이런 마음이 있나니라. 이런 마음이 생기려면 생길 수 있으나 이런 마음을 내지 않는 것은 하늘님을 내 마음에 간직하고 기르지 못할까 두려워함이로다.

다만 교만하고 사치한 마음을 길러 끝내 무엇을 할 것인가. 내가 본 사람이 많지마는 배우기를 좋아하는 사람을 아직 보지 못했노라. 겉으로 꾸며대는 사람은 도와 멀고 진실한 사람은 도에 가까우니, 사람을 대하여 거리낌이 없어야 도에 가까워졌다 이르리라.

그 기연其然을 아는 사람과 그 기연을 믿는 사람과 그 기연의 마음이 기쁘게 우러나는 사람은 거리가 같지 않으니 마음이 흐뭇하고 유쾌한 느낌이 있은 뒤라야 능히 천지의 큰일을 할 수 있나니라.

내가 청주를 지나다가 서택순徐垞淳의 집에서 그 며느리의 베 짜는 소리를 듣고 서군에게 묻기를 "저것은 누가 베를 짜는 소리인가" 하니, 서군이 대답하기를 "제 며느리가 베를 짭니다" 하는지라, 내가 또 묻기를 "그대의 며느리가 베 짜는 것이 참으로 그대의 며느리가 베 짜는 것인가" 하니, 서군이 나의 말을 분간치 못하더라. 어찌 서군뿐이랴.

악한 사람은 선하게 대하는 것이 좋을 것이다. 나의 도가 바르면 저 사람이 반드시 스스로 바르게 되리니 어느 겨를에 옳고 그름을 가리고 장단長短을 비교하겠느냐. 겸양은 덕을 세우는 근본이니라.

어진 것은 대인의 어진 것과 소인의 어진 것이 있나니 먼저 나를 바르게 하고 사람들과 융화하는 것은 대인의 어진 마음이니라.

거짓으로 사람을 사귀는 사람은 도를 어지럽게 하고 도를 사납게 하는 자요 이치를 거역하는 자이니라.

사람을 대하고 물건을 접함에 반드시 악을 숨기고 선을 찬양하는 것으로 주主를 삼으라. 저 사람이 포악한 것으로 나를 대하면 나는 어질고 용서하는 마음으로 대하고, 저 사람이 교활하고 교사하게 말을 꾸미거든 나는 정직하고 순하게 받아들이면 자연히 돌아와 화하리라. 이 말은 비록 쉬우나 몸소 행하기는 지극히 어려운 일이니 이런 때에 이르러 가히 도력을 볼 수 있나니라. 혹 도력이 차지 못하여 경솔하고 급작스러워 인내가 어려워지고 경솔하여 상충되는 일이 많으니, 이런 때를 당하여 마음과 힘을 쓰는 데 나를 순하게 하는 쪽으로 나를 처신하면 쉽고, 나를 거역하는 쪽으로 나를 처신하면 어려우니라. 이러므로 사람을 대할 때에 욕됨을 참고 너그럽게 용서하여 스스로 책하면서 나 자신을 살피는 것을 주로 삼게 하고 나쁜 사람이라도 그대로 말하지 말라.

내가 핏덩어리만이 아니므로 어찌 시비하는 마음이 없으랴마는 만일 혈기를 내면 도를 상하므로 내 이를 하지 않노라. 나도 오장이 있거늘 어찌 탐욕하는 마음이 없으랴마는 내 이를 하지 않는 것은 하늘님을 받들고 기르기 위함이니라. 이는 다 수운 큰선생님의 가르침을 잊지 않는 것이라. 그러므로 내 이같이 하노라.

맑고 밝음이 몸에 있으면 그 아는 것이 신神과 같고, 맑고 밝음이 몸에 있는 근본 마음은 곧 도가 익을 대로 익은 것이니 일용행사日用行事가 도 아님이 없는 것이니라.

한 사람이 착해짐에 천하가 착해지고 한 사람이 화해짐에 한 집안이 화해지고 한 집안이 화해짐에 한 나라가 화해지고 한 나라가 화해짐에 천하가 같이 화해지리니 비 내리듯 하는 것을 누가 능히 막으리요.

무릇 때와 일에 임하여 어리석은 듯이 하는 것(愚), 침착하게 하는 것(默), 말을 조심스럽게 하는 것(訥) 세가지를 생활의 표준(用)으로 삼으라. 만약 경솔하게 남의 말을 듣고 말하면 반드시 나쁜 사람의 속임에 빠지나니라. 이로써 실행해 나아가면 공은 반드시 닦는 데로 돌아가고 일은 반드시 바른 데로 돌아갈 것이니라.

사람을 대할 때에 언제나 어린아이같이 하라. 항상 꽃이 피는 듯이 얼굴을 가지면 가히 사람을 융화하고 덕을 이루는 데 들어가리라.

누가 나에게 어른이 아니며 누가 나에게 스승이 아니랴. 나는 비록 부인과 어린아이의 말이라도 배울 만한 것은 배우고 스승으로 모실 만한 것은 스승으로 모시노라.

일이 있으면 사리를 가려 일에 응하고 일이 없으면 조용히 앉아서 마음을 간직하라. 말을 많이 하고 생각을 많이 하는 것이 마음을 사용하는 데서 가장 해로운 것이니라.

남을 훼방하고 배척하여 삶을 상하게 하는 것은 군자가 이르기를 불효라 했으니 사람의 장단을 말하는 것은 도덕에 크게 해로우니라. 기술이 뛰어난 목수는 구부러진 재목을 거절하지 않고, 이름 있는 의사는 병든 사람을 거절하지 않고, 성인의 도를 배우는 자리에는 어리석은 사람을 거절하지 않으니라.

말은 행할 것을 돌아보고 행동은 말한 것을 돌아보아 말과 행동을 한결같이 하라. 말과 행동이 서로 어긋나면 마음과 하늘이 서로 떨어지고, 마음과 하늘이 서로 떨어지면 비록 해가 다하고 세상이 꺼질지라도 성현의 지위에 들어가기가 어려우니라.

천지만물이 하늘님을 모시지 않은 것이 없으니 능히 이 이치를 알면 살생을 금지하지 않아도 자연히 금해지리라. 제비의 알을 깨뜨리지 아니한 뒤라야 봉황이 와서 깃들고 초목의 싹을 꺾지 아니한 뒤라야 산림이 무성하리라. 손수 꽃가지를 꺾으면 그 열매를 따지 못할 것이요, 폐물을 버리면 부자가 될 수 없나니라. 날짐승 삼천도 각각 그 종류가 있고 털 벌레 삼천도 각각 그 목숨이 있으니 천지만물을 공경하면 덕이 만방에 미치리라.

영부주문靈符呪文

마음이란 내게 있는 본연의 하늘이니 천지만물이 한 마음에 근본한 것이니라. 마음은 선천 후천의 마음이 있고 기운도 선천 후천의 기운이 있는 것이니라. 천지의 마음은 신령하고 신령하며 천지의 기운은 넓고도 넓어서 천지에 가득 차고 우주에 뻗쳐 있나니라.

경에 말씀하시기를 "나에게 신령한 부적(靈符)이 있으니 그 이름은 신선의 약이요 그 모양은 태극이며 또다른 모양은 궁궁이다. 나의 이 신령한 부적을 받아 사람들을 질병에서 건지라"[3] 하셨으니 궁을의 그 모양은 곧 마음 심心 자이니라.

마음이 화하고 기운이 화하면 하늘과 같이 더불어 화하리라. 궁弓은 '하늘의 궁'이요 을乙은 '하늘의 을'이니 궁을은 우리 도의 부도符圖요 천지의 모양이니라. 그러므로 성인이 받아 천도를 행하시고 창생을 건지시니라. 태극은 현묘한 이치이니 환하게 깨치면 이것이 만병통치의 신령한 약이 되는 것이니라. 지금 사람들은 다만 약을 써서 병이 낫는 줄만 알고 마음을 다스려 병이 낫는 것은 알지 못하니 마음을 다스리지 않고 약을 쓰는 것이 어찌 병을 낫게 하는 이치이랴. 마음을 다스리지 않고 약을 먹는 것은 하늘을 믿지 않고 약을 믿는 것이니라. 마음으로써 마음을 상하게 하면 마음으로써 병나게 만드는 것이요 마음으로써 마음을 다스리면 마음으로써 병을 낫게 하는 것이니라. 이 이치를 만약 밝게 분별하지 못하면 후학들이 깨닫기 어려울 것이므로 논하여 말하니 만약 마음을 다스려 마음이 화하고 기운이 화해지면 냉수라도 약이 되지 않을 수 없는 것이니라. 이것이 "개벽후 오만년에 (…) 노이무공 하다 가서 너를 만나 성공하니"[4]라고 하신 하늘님의 뜻이니 밝게 살필지어다.

마음으로써 마음을 다스리고 기운으로써 기운을 다스리고 기운으로써 기운을 먹고 하늘로써 하늘을 먹고[以天食天] 하늘로써 하늘을 받드는 것이니라.

주문 삼칠자는 대우주 대정신 대생명을 그려낸 하늘의 글(天書)이니 시

---

3 「포덕문」.
4 「용담가」.

천주조화정은 만물이 화생한 근본이요, 영세불망만사지는 사람이 먹고 사는 녹의 원천이니라.

경에 말씀하기를 "모심(侍)이란 안으로 신령함이 있고 밖으로 기화가 있어서 온 세상 사람들이 각각 자기의 본성으로부터 옮기지 못할 것임을 안다는 뜻이다"[5] 하셨으니 안으로 신령함이 있다 함은 처음 세상에 태어날 때 갓난아기의 마음이요, 밖으로 기화가 있다 함은 포태할 때에 이치와 기운이 바탕에 응하여 체를 이룬 것이니라. 그러므로 "밖으로는 신령스러운 기운을 접하는 느낌이 있고 안으로는 무슨 가르침을 받는 느낌이 있다"[6]는 것과 강령주문에서 지기금지 원위대강이라 한 것이 이것이니라.

우리 사람이 태어난 것은 하늘님의 신령한 기운을 모시고 태어난 것이요, 우리 사람이 사는 것도 하늘님의 신령한 기운을 모시고 사는 것이니, 어찌 유독 사람만이 하늘님을 모셨다 이르리오. 천지만물이 다 하늘님을 모시지 않는 것이 없나니라. 저 새소리도 시천주 소리니라.

우리 도의 뜻은 하늘로써 하늘을 먹고 하늘로써 하늘을 화할 뿐이니라. 만물이 낳고 나는 것은 이 마음과 이 기운을 받은 뒤라야 그 생성을 얻나니 우주만물이 도시 한 기운과 한 마음으로 연결되어 있는 것이니라.

수심정기 | 修心正氣

사람이 능히 그 마음의 근원을 맑게 하고 그 기운 바다를 깨끗이 한다면 온갖 티끌에 더러워지지 아니하며 욕심이 생기지 아니하여 천지의 정신이 전부 한 몸 안에 돌아올 것이니라. 마음이 맑고 밝지 못하면 그 사람은 어리석고 어두울 것이며 마음에 티끌이 없으면 그 사람은 현명하고 밝은 것

---

5   「논학문」.
6   「논학문」.

이니라.

등불은 기름을 부은 뒤라야 불빛이 밝고 거울은 수은을 칠한 뒤라야 사물이 분명하게 비추며 그릇은 불에 녹아 단련된 뒤라야 바탕이 굳고 좋으며 사람은 마음에 하늘님의 가르침을 얻은 뒤라야 뜻과 생각이 신령할 것이니라.

몸은 심령의 집이요 심령은 몸의 주인이니 심령이 있음은 일신의 안정이 되는 것이요 욕심이 있음은 일신의 요란이 되는 것이니라. 심령은 오직 하늘이니 높아서 위가 없고 커서 끝이 없으며, 신령하고 호탕하여 일에 임하여 밝게 알고 사물을 대함에 공손하니라. 생각을 하면 하늘 이치를 얻을 것이요 생각을 하지 않으면 모든 이치를 얻지 못할 것이니, 심령이 생각하는 것이요 눈과 귀, 코와 혀, 몸과 뜻의 육관六官(육근과 같은 뜻)으로 생각하는 것이 아니니라. 심령으로 그 심령을 밝히면 현묘한 이치와 무궁한 조화를 가히 얻어 쓸 수 있나니 쓰면 우주 사이에 차고 폐하면 쌀 한알 가운데도 감추어지나니라.

거울이 더러운 때로 가려지지 않으면 밝고 저울에 물건을 더하지 않으면 평평하며, 구슬이 찌꺼기에 섞이지 않으면 빛이 나느니라. 사람의 성령은 하늘의 일월과 같으니 해가 중천에 이르면 만국이 자연히 밝고, 달이 중천에 이르면 천개의 강이 자연히 빛나고, 성품이 어디에도 기울어지지 아니한 가운데에 이르면 백가지 몸이 자연히 편안하고, 신령한 기운이 어디에도 기울어지지 아니한 가운데에 이르면 만가지 일이 자연히 신통하게 되나니라.

넓고 큰 집이 천칸이 될지라도 주인이 잘 보호하지 못하면 그 기둥과 들보가 비바람에 무너지나니 어찌 두렵지 않으랴. 내 마음을 공경하지 않는 것은 천지를 공경하지 않는 것이요, 내 마음이 편안하지 않은 것은 천지가 편안하지 않은 것이니라. 내 마음을 공경하지 않고 내 마음을 편안하지 못하게 하는 것은 천지부모에게 오래도록 순종하지 않는 것이니 이는 불효한 일과 다름이 없나니라. 천지부모의 뜻을 거스르는 것은 불효하기가 이보다 더 큰 것이 없으니 경계하고 삼가라.

몹시 사나운 범이 앞에 있고 긴 칼이 머리 위에 임하고 벼락이 내려도 무섭지 아니하나 오직 말 없고 소리 없는 하늘이 언제나 무섭고 두려운 것이니라. 다 사람으로 연유하여 생기는 화와 복은 사람이 당장에 보기 쉬우나 형상도 없고 말도 없는 하늘의 화와 복은 보기 어려우니라.

세상 사람이 다 촉나라로 가는 길〔蜀道〕이 험난하다고 이르나 촉나라로 가는 길이 험한 것이 아니라 사람의 마음 길이 더욱 험한 것이니라.

수심정기 네 글자는 천지가 떨어지고 끊어진 기운을 다시 보충하는 것이니라. 경에 말씀하시기를 "인의예지는 옛날 성인이신 공자님께서 가르치신 바요 수심정기는 오로지 내가 다시 정한 것이다"[7] 하셨으니, 만일 수심정기가 아니면 인의예지의 도를 실천하기 어려울 것이니라. 내 눈을 붙이기 전에 어찌 감히 수운 큰선생의 가르치심을 잊으리오. 밝게 살피기를 밤낮이 없게 하나니라.

그대들은 수심정기를 아는가. 능히 수심정기하는 법을 알면 성인 되기가 무엇이 어려울 것인가. 수심정기가 모든 어려운 것 가운데 제일 어려우니라. 아무리 잠잘 때라도 능히 사람들이 나고 드는 것을 알고, 말하고 웃는 것을 들을 수 있어야 수심정기라고 말할 수 있는 것이니라. 수심정기 하는 법은 부모를 잘 모시고 형제간에 우애하며〔孝悌〕 온화하고 공경함〔溫恭〕에 있나니 이 마음을 어린아이같이 보호하는 것이며, 늘 조용하여 성내는 마음이 일어나지 않게 하고 늘 깨어 있어 혼미한 마음이 없게 하는 것이 옳으니라.

마음이 기쁘고 즐겁지 않으면 하늘이 감응하지 않고, 마음이 언제나 기쁘고 즐거워야 하늘이 언제나 감응하나니라. 내 마음을 내가 공경하면 하

---

7   「수덕문」.

늘이 또한 즐거워하나니라. 수심정기는 천지를 내 마음에 가까이하는 것이 니 참된 마음은 하늘이 반드시 좋아하고 하늘이 반드시 즐거워하나니라.

성경신誠敬信

우리 도는 다만 성경신 세 글자에 있느니라. 만일 큰 덕이 아니면 실로 행하기 어려운 것이요, 과연 성경신에 능하면 성인 되기가 손바닥 뒤집기 같으리라.

네 계절의 차례가 있기에 만물이 생성하고 밤과 낮이 바뀜에 해와 달이 분명하고 옛날과 지금이 길고 멂에 이치와 기운이 변하지 않으니, 이것은 천지의 지극한 정성이 쉬지 않는 도인 것이니라. 나라의 임금이 법을 만들 매 백성이 화락하고 대부가 법으로 다스림에 조정이 갖추어지고 서민들이 집을 다스리매 집안이 화순하고 선비가 학업을 부지런히 하매 국운이 흥 성하고 농부가 힘써 일하매 의식이 풍족하고 장사하는 사람이 부지런히 애를 쓰매 재물이 다하지 않고 물건 만드는 사람이 부지런히 일하매 기계 를 갖추니 이것은 인민들이 지극한 정성을 잃지 않는 도이니라.

순일한 것을 정성이라 이르고 쉬지 않는 것을 정성이라 이르나니 이 순 일하고 쉬지 않는 정성으로 천지와 더불어 법도를 같이하고 운을 같이하 면 대성대인大聖大人이라고 이르는 것이니라.

사람마다 마음을 공경하면 기혈이 크게 화하고 사람마다 사람을 공경하 면 모든 사람이 와서 모이고 사람마다 물건을 소중히 하면 만상이 거동하 나니 거룩하다 공경함이여!

우주에 가득 찬 것은 도시 혼원한 한 기운이니 한걸음이라도 감히 경솔 하게 걷지 못할 것이니라. 내가 한가히 있을 때에 한 어린아이가 나막신을 신고 빨리 앞을 지나매 그 소리가 땅을 울려 놀라서 일어나 가슴을 어루만지며 "그 어린아이의 나막신 소리에 내 가슴이 아프더라"고 말했노라.

땅을 소중히 여기기를 어머님의 살같이 하라. 어머님의 살이 중한가 버선이 중한가. 이 이치를 바로 알고 공경하고 두려워하는 마음으로 실천하면 아무리 큰 비가 내려도 신발이 조금도 젖지 않을 것이니라. 이 현묘한 이치를 아는 이가 적으며 행하는 이가 드물 것이니라. 내 오늘 처음으로 대도의 진담을 말했노라.

인의예지도 믿음이 아니면 행하지 못하고 금목수화도 토가 아니면 이루지 못하나니 사람의 믿음 있는 것이 오행에 토가 있음과 같나니라. 억천만사億千萬事가 도시 믿을 신 한자뿐이니라.

사람의 믿음이 없음은 수레의 바퀴 자리 없음과 같나니라. 믿을 신 자한자는 비록 부모형제라도 변통하기 어려운 것이니라. 경에 말씀하시기를 "대장부 의기범절 신信 없으면 어디 내며"[8] 하신 것이 이것이니라.

마음을 믿는 것은 곧 하늘을 믿는 것이 되고 하늘을 믿는 것은 곧 마음을 믿는 것이니, 사람이 믿는 마음이 없으면 한 등신이요 한 바보일 뿐이니라.

사람이 혹 정성은 있으나 믿음이 없고 믿음은 있으나 정성이 없으니 걱정스러운 일이로다. 사람이 닦고 행할 것을 먼저 믿고 그다음에 정성을 드리는 것이니, 만약 실지의 믿음이 없으면 헛된 정성을 면하지 못하는 것이니라. 마음으로 믿으면 정성과 공경은 자연히 그 가운데 있나니라.

우리 수운 대선생께서는 정성에 능하고 공경에 능하고 믿음에 능한 큰 성인이셨다. 정성이 하늘에 이르러 천명을 계승하셨고, 공경이 하늘에 이르러 천어를 들으셨고, 믿음이 하늘에 이르러 하늘에 계합하셨으니 이에 큰 성인이 되신 것이니라. 생이지지한 성인도 그러하셨거늘 하물며 어리석은 사람이 어질고자, 어두운 사람이 밝아지고자, 범인이 성인이 되고자 함에 있어서랴.

---

8   「도수사」.

개벽운수 開闢運數

이 세상 운수는 천지가 개벽하던 처음의 큰 운수를 회복한 것이니 세계 만물이 다시 포태의 수를 정하지 않은 것이 없나니라. 경에 말씀하기를 "산하의 큰 운수가 모두 이 도로 돌아오니 그 근원이 매우 깊고 그 이치가 대단히 멀도다"⁹ 하셨으니, 이것은 개벽의 운이요 개벽의 이치이기 때문이라. 새 하늘 새 땅에 사람과 물건 또한 새로워질 것이니라.

만년에 대일변大一變 천년에 중일변中一變 백년에 소일변小一變은 천운天運이요, 천년에 대일변 백년에 중일변은 십년에 소일변은 인사人事이니라.

번성한 것이 오래되면 쇠퇴하고 쇠퇴한 것이 오래되면 번성하며 밝은 것이 오래되면 어두워지고 어두운 것이 오래되면 밝아지나니 '성쇠명암'은 천도의 운이요, 흥한 뒤에는 망하고 망한 뒤에는 흥하며 길한 뒤에는 흉하고 흉한 뒤에는 길하나니 '흥망길흉'은 인도의 운이니라.

경에 말씀하기를 "사람들에게 귀천이 서로 다르도록 명했고 사람들에게 고통과 즐거움이 있는 이치를 정했느니라. 그런데 군자의 덕은 기운이 바르고 마음이 안정되어 있으므로 천지의 덕에 합일하고, 소인의 덕은 기운이 바르지 못하고 마음이 흔들려서 이리저리 옮겨다니므로 천지의 명령을 어기게 되나니 이것이 바로 성쇠의 이치가 아니겠는가"¹⁰ 하셨으니, 이것은 천리와 인사가 부합한 운수이니라.

봄이 가고 옴에 꽃이 피고 지는 것은 변하는 운이요, 추위가 오고 더위가 감에 모든 물건이 나고 결실을 이루는 것은 동하는 운이요, 황하의 강물이 천년에 한번 맑아짐에 성인이 나는 것은 천도와 인도의 무궁한 운이니라.

세상 만물이 드러날 때가 있고 사용할 때가 있나니 달밤 삼경에는 모든 물건이 다 고요하고 해가 동쪽에 솟으면 모든 생령이 다 움직이며 새것과

---

9   「탄도유심급」.
10   「논학문」.

낡은 것이 변하여 옮겨감에 따라 천하가 다 움직이는 것이니라. 동풍에 화생할지라도 서풍이 아니면 이루지 못하나니 서풍이 불 때에 만물이 결실을 이루는 것이니라. 운을 따라서 덕에 이르고 시기를 살펴서 움직이면 일마다 공을 이루리라. 변하여 화하고 화하고 나서 성하고 성했다가 다시 근원으로 돌아가나니 움직이면 사는 것이요 고요하면 죽는 것이니라.

낮이 밝고 밤이 어두운 것은 하루의 변함이요, 보름에 차고 그믐에 이지러지는 것은 한달의 변함이요, 춥고 덥고 따뜻하고 서늘한 것은 한해의 변함이니라. 변하지만 변하지 않고 움직이지만 다시 고요하고 고요하나 다시 움직이는 것은 이기理氣의 변동이요, 때로 변하고 때로 움직이고 때로 고요한 것은 자연自然의 도이니라.

선천先天이 후천後天을 낳았으니 선천운이 후천운을 낳은 것이라, 운의 변천과 도의 변천은 같은 때에 나타나는 것이니라. 그러므로 운運인즉 천황씨가 새로 시작되는 운이요, 도道인즉 천지가 개벽하여 일월이 처음으로 밝은 도요, 일(事)인즉 지금도 듣지 못했고 옛날에도 듣지 못한 일이요, 법法인즉 지금에도 비교할 수 없고 옛날에도 비교할 수 없는 법이니라. 우리 도의 운수에 요순공맹堯舜孔孟과 같은 성스러운 인물이 많이 나리라.

우리 도는 천황씨의 근본 큰 운수를 회복한 것이니라. 천황씨의 무위화기無爲化氣의 근본을 누가 능히 알겠는가. 아는 이가 적으니라.

사람은 하늘 사람이요 도는 큰선생님의 무극대도니라.

운이 있고 믿음이 있는 이는 한번 말하면 다 알 수 있으나 천리를 믿지 않는 이는 비록 천언만담千言萬談을 할지라도 어쩔 수 없으리니 한마디 말로 하면 도시 운수에 있는 것이니라. 아무리 좋은 논밭이 있어도 종자를 뿌리지 않으면 나지 않을 것이요 만일 김매지 아니하면 가을에 바랄 것이 없나니라. 이 운은 동방에서 먼저 시작한 것이니 동방은 목운木運이라. 그러므로 서로 부딪치면 불이 날 것이니라.

이 세상의 운수는 개벽의 운수라 천지도 편안하지 못하고 산천초목도 편안하지 못하고 강물의 고기도 편안하지 못하고 하늘을 나는 새와 땅에서 기어다니는 짐승도 모두 편안하지 못하리니 홀로 사람이 따뜻하게 입고 배부르게 먹으며 편안히 지내면서 어찌 도를 구하겠는가. 선천과 후천의 운이 서로 엇갈려 이치와 기운이 서로 싸우는지라 만물이 모두 다 싸우니 어찌 사람 사이에 싸움이 없겠는가.

천지일월은 옛날이나 지금이나 변함이 없으나 운수는 크게 변하나니 새것과 낡은 것이 같지 않은지라 새것과 낡은 것이 서로 갈아드는 때에 낡은 정치는 이미 물러가고 새 정치는 아직 펴지 못하여 이치와 기운이 고르지 못할 즈음에 천하가 혼란하리라. 이때를 당하여 윤리 도덕이 자연히 무너지고 사람은 모두 금수의 무리에 가까우리니 어찌 난리가 아니겠는가.

우리 도는 세번 끊어지는 운수(三絶之運)에 창립했으므로 나라와 백성이 모두 이 세번 끊어지는 운수를 모면하지 못하리라. 우리 도는 우리나라에서 나서 장차 우리나라 운수를 좋게 할 것이라. 우리 도의 운수로 인하여 우리나라 안에 영웅호걸이 많이 날 것이니 세계 각국에 파송하여 활동하면 형상 있는 하늘님이요 사람 살리는 부처님이라는 칭송을 얻을 것이니라.

지금 보는 우리 도인의 정상(情狀)으로는 보리밥에 거친 옷을 입고 도를 닦고 있지만 이다음에는 능히 높고 큰 집에 살면서 쌀밥을 먹고 비단옷을 입고 좋은 자리에 앉아서 도를 닦으리라.

지금 입도하는 사람들은 백지(白紙) 한권으로 예물을 드리지만 앞으로는 비단으로 예물을 드릴 것이요, 지금은 도를 권하면 사람들이 다 믿지 아니하나 앞으로는 사람들이 다 손바닥에 시천주 주문을 써달라고 할 것이니라. 이때를 당하여 포덕사(布德師)를 세계 각국에 파송하면 모든 나라가 자연 천국이 되리라.

우리나라의 영웅호걸은 인종 가운데 종자이니 모두가 만국 포덕사로 나간 뒤에는 단지 못난이만 본국에 남아 있으리니 지극히 열등한 이들이 오히려 상등의 인재요 도통한 사람이니라. 우리 도는 중국에 가서 포덕할 때가 되어야 포덕천하布德天下를 달성하리라.

묻기를 "어느 때에나 우리 도가 드러나겠습니까" 하니,

신사 대답하시기를 "모든 산이 다 검게 변하고 길에 비단을 펼 때요, 만국과 교역할 때이니라" 하셨다.

묻기를 "어느 때에나 이같이 되겠습니까" 하니,

신사 대답하시기를 "때는 그때가 있으니 마음을 급히 하지 말라. 기다리지 않아도 자연히 오리라. 만국 병마가 우리나라 땅에 왔다가 후퇴하는 때이니라" 하셨다.

부화부순 夫和婦順

부화부순은 우리 도의 첫째가는 종지니라.

도를 통하고 통하지 못하는 것이 부부 내외가 화순하고 화순하지 못하는 데에 있나니라. 내외가 화순하면 천지가 안락하고 부모도 기뻐하며 내외가 불화하면 하늘이 크게 싫어하고 부모가 노하나니 부모의 진노는 곧 천지의 진노이니라.

천지가 편안하고 즐거워하는 그 미묘함을 보기 어려우나 진노하는 형상은 당장에 보기 쉽나니 크게 두렵고 두렵도다. 부부가 화순하면 하늘이 반드시 감응하여 일년 삼백육십일을 하루아침같이 지내리라.

부인은 한 집의 주인이니라. 하늘을 공경하는 것과 제사를 받드는 것과 손님을 접대하는 것과 옷을 만드는 것과 음식을 만드는 것과 아이를 낳아서 기르는 것과 베를 짜는 것이 다 반드시 부인의 손이 닿지 않는 것이 없나니라.

남자는 하늘이요 여자는 땅이니 남녀가 화합하지 못하면 천지가 막히고

남녀가 화합하면 천지가 크게 화하리니 부부가 곧 천지〔夫婦卽天地〕란 이를 말한 것이니라.

부인이 지혜롭고 민첩하지 못하면 아무리 날마다 소와 양 돼지 등 세가지 짐승으로 공양할지라도 하늘이 반드시 감응하지 않으리라.

부부가 화순하지 못하면 자손들이 쇠퇴하여 보잘것없이 되나니라.

여자가 치우치는 성격〔偏性〕이라 혹 성을 내더라도 그 남편 된 이는 마음과 정성을 다하여 절하라. 한번 절하고 두번 절하며 온순한 말로 성내지 않으면 비록 도척의 악이라도 반드시 화할 것이니 이렇게 절하고 이렇게 절하라. 끝내 화하지 않으면 별거해도 가하니라.

부인수도 婦人修道

문기를 "우리 도 안에서 부인수도를 장려하는 것은 무슨 까닭입니까" 하니,

신사가 대답하시기를 "부인은 한 집의 주인이니라. 음식을 만들고 의복을 짓고 아이를 기르고 손님을 대접하고 제사를 받드는 일을 부인이 감당하니, 주부가 만일 정성 없이 아이를 기르면 아이가 반드시 충실하지 못하나니 부인 수도는 우리 도의 근본이니라.

이제부터 부인 도통 道通이 많이 나리라. 이것은 일남구녀 一男九女를 비유한 운이니 지난 시대에는 부인을 압박했으나 지금 이 운을 당해서는 부인 도통으로 사람 살리는 이가 많으리니 이것은 사람이 다 어머님의 포태 속에서 나서 자라는 것과 같으니라" 하셨다.

향아설위向我設位

신사가 물었다. "제사 지낼 때 벽을 향하여 위패를 설하는 것이 옳으냐 나를 향하여 위패를 설하는 것이 옳으냐."

손병희孫秉熙가 대답했다. "나를 향하여 위패를 설하는 것이 옳습니다."

신사 말씀하기를 "그러하니라. 이제부터는 나를 향하여 위패를 설하는 것이 옳으니라. 그러면 제물을 차릴 때에 혹 급하게 집어 먹었다면 다시 차려서 제사를 지내는 것이 옳겠느냐 그대로 지내도 옳겠느냐" 하셨다.

손천민이 대답했다. "그대로 제사를 지내는 것이 옳겠습니다."

신사 묻기를 "너희들은 매번 식고食告할 때에 하늘님 감응하시는 정경을 본 때가 있느냐" 하니,

김연국이 대답하기를 "보지 못했습니다" 했다.

신사 말씀하기를 "그러면 하늘님께서 감응하지 않는 정상은 혹 본 일이 있느냐. 사람은 모두 다 모시고 있는 하늘님의 영기로 사는 것이니 사람의 먹고 싶어 하는 생각이 곧 하늘님이 감응하는 마음이요, 먹고 싶은 기운이 곧 하늘님의 감응하는 기운이요, 사람이 맛있게 먹는 것이 곧 바로 하늘님이 감응하는 것이요, 사람이 먹고 싶은 생각이 없는 것이 곧 하늘님이 감응하지 않는 이치이니라. 사람이 모시고 있는 하늘님의 영기가 있으면 산 것이요 그렇지 않으면 죽은 것이니라. 죽은 사람 입에 한숟갈 밥을 드리고 기다려도 능히 한알 밥이라도 먹지 못하는 것은 하늘님이 이미 사람의 몸 안에서 떠난 것이니라. 그러므로 능히 먹을 생각과 먹을 기운을 내지 못하는 것이니 이것은 하늘님이 능히 감응하지 못하는 이치이니라" 했다.

또 묻기를 "제사 지낼 때에 몇 대조까지 제사를 받드느냐" 하니,

김연국이 대답했다. "보통 4대조까지 제사를 받들고 그 이상은 매년 봄과 가을에 시향제를 지낼 따름입니다."

또 묻기를 "시향은 몇 대조까지 하느냐" 하니,

대답하기를 "20대 안팎을 벗어나지 않으며 그 이상은 알 수 없습니다" 했다.

신사 말씀하기를 "20대나 30대를 거슬러올라가면 반드시 첫 조상이 있을 것인데 왜 첫 조상의 영은 받들지 않는단 말인가. 사람은 다 부모가 있으리니 부모로부터 거슬러 맨 처음 할아버지까지 미치면 첫 할아버지는 누가 낳았겠느냐. 예로부터 '하늘이 만백성을 낳았다[天生萬民]' 말하나니 첫 할아버지의 부모는 하늘님이니라. 그러므로 하늘을 모시고 하늘을 받드는 것이 곧 첫 할아버지를 받드는 것이니라. 부모의 제사를 지낼 때에 지극한 정성을 다하는 것이 마땅하며 시간은 정오에 지내는 것이 옳으니라."

임규호任奎鎬 묻기를 "나를 향하여 위패를 설하는 이치는 어떤 까닭입니까" 하니,

신사 대답하시기를 "나의 부모는 첫 조상으로부터 몇만대에 이르도록 피를 이어 나에게 이른 것이요, 또 부모의 심령은 하늘님으로부터 몇만대를 이어 나에게 이른 것이니, 부모가 죽은 뒤라도 혈기는 나에게 남아 있는 것이니라. 그러므로 제사를 받들고 위패를 설하는 것은 그 자손을 위하는 것이 본위이니, 평상시에 식사를 하듯이 위패를 설한 뒤에 지극한 정성을 다하여 심고하고 부모가 살아계실 때의 교훈과 남기신 사업의 뜻을 생각하면서 맹세하는 것이 옳으니라" 했다.

방시학房時學이 묻기를 "제사 지낼 때 절하는 예는 어떻게 합니까" 하니,

신사 대답하시기를 "마음으로써 절하는 것이 옳으니라" 했다.

또 묻기를 "제물 차리는 것과 상복은 어떻게 하는 것이 옳습니까" 하니,

신사 대답하시기를 "만가지를 차려 벌여놓는 것이 정성이 되는 것이 아니요, 다만 청수 한그릇이라도 지극한 정성을 다하는 것이 옳으니라. 제물을 차릴 때에 값이 비싸고 싼 것을 말하지 말고, 물품이 많고 적은 것을 말하지 말라. 제사 지낼 시기에 이르러 흉한 빛을 보지 말고 음란한 소리를 듣지 말고 나쁜 말을 하지 말고 싸움과 물건 빼앗기를 하지 말라. 만일 그

렇게 하면 제사를 지내지 않는 것이 옳으니라. 굴건과 제복이 필요하지 않고 평상시에 입던 옷을 입더라도 지극한 정성이면 그만이니라. 부모가 돌아가신 뒤에 굴건을 쓰고 제복을 입고라도 그 부모의 뜻을 잊어버리고 주색과 잡기 판에나 드나들면 어찌 가히 정성을 다했다고 말하겠는가" 했다.

조재벽趙在璧이 묻기를 "상복을 입는 기간은 어떻게 하는 것이 옳습니까" 하니,

신사 대답하시기를 "마음속으로 백년상이 옳으니라. 천지부모를 위하는 식고는 마음의 백년상이니, 사람이 살아 있을 때에는 부모에 대한 생각을 잊지 않는 것이 영세불망이요 천지부모 네 글자를 지키는 것이 '만고사적 분명하다'라고 말하는 것이니라" 했다.

삼경설三敬說

사람은 첫째로 경천敬天을 아니하지 못할지니 이것이 선사의 창명하신 도법이라 경천의 원리를 모르는 사람은 진리를 사랑할 줄 모르는 사람이니, 왜냐하면 하늘은 진리의 핵심[奧]을 잡은 것이기 때문이다. 그러나 경천은 결단코 허공을 향하여 상제를 공경한다는 것이 아니요 내 마음을 공경함이 곧 경천의 도를 바르게 아는 길이니, 내 마음을 공경하지 않는 것이 곧 천지를 공경하지 않는 것[吾心不敬卽天地不敬]이라 함은 이를 이르는 것이다. 사람은 경천함으로써 자기의 영생을 알게 될 것이요, 경천함으로써 사람이 모두 다 나의 동포요 만물이 모두 다 나의 동포[人吾同胞物吾同胞]라는 하나의 이치를 깨달을 것이요, 경천함으로써 남을 위하여 희생하는 마음과 세상을 위하여 의무를 다할 마음이 생길 수 있나니 그러므로 경천은 모든 진리의 중추를 파지하고 있나니라.

둘째는 경인敬人이니 경천은 경인의 행위에 의지하여 사실로 그 효과가

나타나는 것이다. 경천만 있고 경인이 없으면 이는 농사의 이치는 알되 실지로 종자를 땅에 뿌리지 않는 행위와 같으니 닦는 자 역시 사람을 섬기되 하늘과 같이 한 후라야 비로소 바르게 도를 실행하는 자가 되느니라. 도가에 사람이 오거든 사람이 왔다 이르지 말고 하늘님이 강림했다 이르라 했으니, 사람을 공경하지 않고 귀신을 공경하여 무슨 실효가 있겠느냐. 세상 풍속에 귀신을 공경할 줄은 알되 사람은 천대하나니 이것은 죽은 부모의 혼은 공경하되 산 부모는 천대함과 같나니라. 하늘이 사람을 떠나 따로 있지 않은지라 사람을 버리고 하늘을 공경한다는 것은 물을 버리고 해갈을 구하는 자와 같으니라.

셋째는 경물敬物이니 사람은 사람을 공경하는 것만으로는 도덕의 극치가 되지 못하고 나아가 만물을 공경하는 데까지 이르러야 비로소 천지기화天地氣化의 덕에 합일될 수 있나니라.

이천식천以天食天

내 항상 말할 때에 물물천物物天이요 사사천事事天이라 했나니 만약 이 이치를 인정한다면 물건 물건이 다 이천식천 아님이 없을지니 이천식천은 어찌 생각하면 이치에 들어맞지 않는 듯 보일지 모르나, 그러나 이것은 인심의 편견으로 보는 말이요 만일 하늘 전체로 본다 하면 하늘이 하늘 전체를 키우기 위하여 동질이 된 자는 상호부조로써 서로 기화를 이루게 하고 이질이 된 자는 이천식천으로써 서로 기화를 통하게 하는 것이니, 그러므로 하늘은 일면에서 동질적 기화同質的氣化로 종속을 기르게 하고, 일면에서 이질적 기화異質的氣化로 종속과 종속의 연대적 성장 발전을 도모하는 것이니, 총괄하여 말하면 이천식천은 곧 하늘의 기화작용으로 볼 수 있는데, 대신사大神師(수운)께서 시자侍字를 풀이할 때에 내유신령이라 함은 하늘을 이름이요 외유기화라 함은 이천식천을 말한 것이니 지극히 묘한 천지의 법이 도무지 기화에 있나니라.

양천주養天主

하늘을 기를 줄 아는 자라야 하늘을 모실 줄 아느니라. 하늘이 내 마음속에 있음이 마치 종자의 생명이 종자 속에 있음과 같으니, 종자를 땅에 심어 그 생명을 기르는 것과 같이 사람의 마음은 도에 의지하여 하늘을 기르게 되는 것이니라. 같은 사람이라도 하늘이 있는 것을 알지 못하는 것은 마치 종자를 물속에 던져 그 생명을 멸망케 함과 같아서 그러한 사람은 종신토록 하늘을 모르고 살 수 있나니, 오직 하늘을 기르는 자에게 하늘이 있고 기르지 않는 자에게는 하늘이 없나니. 보지 않느냐. 종자를 심지 않은 자 누가 곡식을 얻는다고 하더냐.

포덕布德

이종옥李鍾玉이 묻기를 "포덕하는 방책은 어떻게 하오리까" 하니,

신사 대답하시기를 "사람은 다 처남과 매부가 없지 않을 것이니 먼저 처남과 매부를 포덕하는 것이 옳으니라" 했다.

김낙삼金洛三이 물었다. "전라도는 포덕이 많이 될 수 있는 정세이나, 본래 본토 양반이 아니다가 입도한 남계천에게 편의장이란 중책으로 도중을 통솔하게 하니 도중에 낙심하는 이가 많습니다. 원컨대 남계천의 편의장 첩지를 다시 거두어주시기 바랍니다."

신사 대답하시기를 "소위 양반과 상민의 차별은 사람이 정한 것이요 도

의 직임은 하늘님이 시키신 것이니 사람이 어찌 능히 하늘님께서 정하신 직임을 다시 거둘 수 있겠는가. 하늘은 양반과 상민의 차별 없이 그 기운과 복을 준 것이요 우리 도는 새 운수에 둘러서 새 사람으로 하여금 새 제도의 양반과 상민을 정한 것이니라. 이제부터 우리 도 안에서는 일체 양반과 상민의 차별을 두지 말라. 우리나라 안에 두가지 큰 폐풍이 있는데 첫째는 적자와 서자의 차별이요 다음은 양반과 상인의 차별이라. 적서의 차별은 집안을 망치는 근본이요 반상의 차별은 나라를 망치는 근본이니 이것이 우리나라의 고질이라. 우리 도는 두목 아래 백배 나은 큰 두목이 있으니 그대들은 삼가라. 서로 공경을 주로 하여 충절層節을 삼지 말라. 이 세상 사람은 다 하늘님이 낳았나니 하늘 백성으로 공경한 뒤라야 가히 태평하다 이르리라" 했다.

오도지운吳道之運

신택우申澤雨 묻기를 "갑오전란甲午戰亂(1894년 동학농민혁명)으로 인하여 우리 도를 비방하고 원망하는 사람이 많으니 어떤 방법으로 이 원성을 면할 수 있습니까" 하니,

신사 대답하시기를 "갑오년 일로 말하면 인사로 된 것이 아니요 천명으로 된 일이니 사람을 원망하고 하늘을 원망하나 이제부터는 하늘이 귀화하는 것을 보여 원성이 없어지고 도리어 찬성하리라. 갑오년과 같은 때가 되어 갑오년과 같은 일을 하게 되면 우리나라 일이 이로 말미암아 빛나게 되어 세계 인민의 정신을 불러일으킬 것이니라" 했다.

이용구李容九 묻기를 "갑오 이후로부터 우리나라에는 왕이 황이란 이름으로 변하고, 삼정승이 십부十部 대신의 이름으로 변하고, 문호를 개방하여 세계 각국과 통상함으로써 문화와 물품을 수입하는 것이 많으니 이것

이 우리 도에 대하여 이해利害가 어떠하오리까" 하니,

신사 대답하시기를 "우리 도의 운수는 세상과 같이 돌아가는 것이라. 나라의 정치가 변하는 것 또한 우리 도의 운수로 인한 것이니, 우리 도도 이 운수를 당하여 한번 변한 뒤라야 반드시 크게 번영하리라. 우리 도의 이름과 주의를 머지않아 세계에 펴 날리고, 서울 장안에 크게 교당을 세우고 주문을 외우는 소리가 하늘에 사무치리니, 이때를 지나야 도가 드러난다(顯道)고 이를 수 있나니라. 이 뒤에 또 갑오년과 비슷한 일이 있으리니 외국병마가 우리 강토 안에 몰려들어 싸우고 빼앗고 하리라. 이때를 당하여 잘 처변하면 현도가 쉬울 것이요 만일 잘 처변하지 못하면 도리어 근심을 만날 것이니라."

손병희 묻기를 "전란을 당하면 각국이 서로 병기를 가지고 승부를 결할 것이오니 이때를 당하여 우리 도인은 두 나라가 서로 싸우는 사이에서 어떤 좋은 생각으로 이길 수 있습니까" 하니,

신사 대답하시기를 "전쟁은 다만 병기만 가지고 이기는 것이 아니니라. 병전兵戰을 능가하는 것은 책전策戰이니 계책이 지극히 큰 것이니라. 서양 무기는 세상 사람이 견주어 대적할 이 없다고 하나 무기는 사람 죽이는 기계를 말하는 것이요, 도덕은 사람 살리는 기틀을 말하는 것이니 그대들은 이때를 당하여 지극한 정성으로 수도함이 옳으니라. 큰 전쟁 뒤에는 반드시 큰 평화가 있는 것이니 전쟁이란 평화의 근본이니라. 사상은 동방에 있고 기계는 서방에 있나니라. 구름이 서산에서 걷히면 이튿날이 밝고 맑으니라. 사람은 한 사람이라도 썩었다고 버릴 것이 없나니 한 사람을 한번 버리면 큰일에 해로우니라. 일을 하는 데 있어 사람은 다 특별한 기술과 전문적 능력이 있으니 적재적소를 가려 정하면 공을 이루지 못할 것이 없느니라" 했다.

핵심저작

강일순

강일순(1871~1909) 영정(청도대향원사당 소장)

1장
대순전경[1]

천사天師의 탄강과 유소幼少시대

천사의 성은 강姜이요 이름은 일순一淳이요 자는 사옥士玉이요 호는 증산甑山이시니 단군기원 4204년 이조 고종 8년 신미辛未 9월 19일(서기 1871년 11월 1일)에 조선 전라도 고부군 우덕면 객망리古阜郡 優德面 客望里(지금의 정읍시 덕천면 신월리 신기)에서 탄생하시니라. (1장 1절)

부친의 이름은 흥주興周요 모친은 권씨權氏요 집은 고부군 우덕면 손바래기라 권씨가 그 부근 답내면 선산리 친정에 근친覲親(시집간 딸이 친정에 가서 부모를 뵘)하려고 가 있을 때에 하루는 하늘이 남북으로 갈라지며 큰 불덩이가 내려와서 몸을 덮으매 천하가 광명하는 꿈을 꾸고 이로부터 잉태

---

1 증산 강일순의 일대기와 행적을 최초로 정리하여 간행한 것은 1926년에 나온 『증산천사공사기(甑山天師公事記)』이며, 이것을 경전체로 재정리하여 간행한 것이 바로 『대순전경(大巡典經)』이다. 『대순전경』 초판은 1929년에 나왔으며, 이후 재판(1933), 3판(1947), 4판(1949), 5판(1960), 6판(1965), 7판(1975), 8판(1979), 9판(1982) 등으로 판을 거듭했다. 김탁 「증산교의 교리 체계화 과정」, 한국정신문화연구원 부속대학원 석사학위논문 1986, 9면. 여기서는 제9판(1982)을 저본으로 삼았다.

하여 열석달 만에 천사를 낳으시니라. (1장 2절)

낳으실 무렵에 부친이 비몽사몽 간에 두 선녀가 하늘로부터 내려와서 산모를 간호하더니 이로부터 이상한 향기가 온 집안에 가득하고 밝은 기운이 집을 둘러 하늘에 뻗쳐서 이레 동안 계속하니라. (1장 3절)

어려서부터 호생好生의 덕이 많으사 나무 심기를 즐기시며 자라나는 초목을 꺾지 않고 미세한 곤충이라도 해하지 않으시며 혹 위기에 빠신 생물을 보면 힘써 구하시니라. (1장 5절)

일곱살 되던 정축년(1877)에 농악農樂을 보고 문득 혜각慧覺이 열리셨으므로 장성한 뒤에도 다른 굿은 구경치 않되 농악은 흔히 구경하시니라. (1장 6절)

이해에 부친이 훈장을 구하여 천사께 『천자문千字文』으로 글을 가르칠새, 하늘 천天 자와 땅 지地 자를 가르칠 때에는 따라 읽으시나 검을 현玄 자와 누를 황黃 자를 가르칠 때에는 따라 읽지 않으시거늘 훈장이 만단개유萬端開諭(여러 방면으로 타이르고 설득함)하되 종시 읽지 않아 할 일 없이 그친지라 부친이 천사를 안방으로 불러들여 연고를 물으니 가라사대 하늘 천 자에 하늘 이치를 알았고 땅 지 자에 땅 이치를 알았으니 더 배울 것이 어디 있사오리까. 남의 심리를 알지 못한 훈장이 남 가르치는 책임을 감당치 못하리니 돌려보내사이다 하시거늘 부득이하여 그 훈장을 보내니라. (1장 7절)

스물네살 되던 갑오년(1894)에 태인 동골 사람 전봉준全琫準이 당시의 악정에 분개하여 보국안민의 표호票號로 동학 신도를 모아 고부에서 혁명을 일으키니 온 세상이 들끓는지라 천사 그 전도가 이롭지 못할 줄 아시고 "월흑안비고 선우야둔도 욕장경기축 대설만궁도月黑雁飛高 單于夜遁逃 欲將輕騎逐 大雪滿弓刀"[2]란 옛글을 여러 사람에게 외워주사 겨울에 이르러 패멸

될 것을 예언하며 망동하지 말라고 효유하시니라. (1장 14절)

이해 10월에 동골에 가사 동학 접주 안윤거安允擧를 방문하시니 마침 태인 닥뱀이[3] 사람 안필성安弼成이 한마을에 사는 동학 신도 최두연崔斗淵과 함께 와서 윤거에게 도담道談을 듣고 있더라. 천사 마루에 걸터앉으사 윤거와 더불어 성명을 통하신 뒤에 일러 가라사대 고부에서 난리가 일어나 동학군이 황토마루에서 승리를 얻었으나 필경 패망을 면치 못하겠으므로 동학군의 발원지인 이곳에 효유하러 왔노라. 그대가 접주라 하니 삼가 전란에 참가하기를 회피하여 무고한 생민을 전화戰禍에 몰아들이지 말라. 섣달이 되면 그들이 전패하리라 하고 돌아가시는지라, 윤거 이 말씀을 듣고 드디어 접주를 사면辭免(그만둠)하고 전란에 참가치 아니하니 최두연은 믿지 않고 윤거의 대代로 접주 겸 명사장明査長이 되어 윤거의 부하를 인솔하고 출전하더라. (1장 15절)

필성은 두연에게서 도를 받은 뒤에 남원으로 와서 종군하라는 군령을 받고 스무날 닥뱀이를 떠나 남원으로 향할 때 전주 구이면 정자리九耳面 亭子里에 이르니, 천사 길가에서 계시다가 필성의 이름을 보시고 일러 가라사대 그대가 올 줄 알고 이곳에서 기다렸으니 함께 가자 하시고 필성으로 더불어 두어마장을 행行하여 임실군 마군단 주막에 이르러 가라사대 날이 차니 이곳에서 쉬며 기다리라 남원에 가서 만날 사람을 이곳에서 만나게 되리라. 필성이 가로되 여비가 없으니 만날 사람을 만나지 못하면 곤란하겠나이다. 가라사대 밥 굶을 걱정은 하지 말라 하시더니 두어시간이 지난 뒤에 문득 방포성放砲聲이 나며 과연 두연이 수천 군마를 거느리고 지나가며 필성에게 남원으로 가지 말고 전주로 따라오라 하는지라, 천사 필성에

2 '달빛 캄캄한 밤에 기러기는 나는데 선우는 밤중에 숨어서 도망가네. 날쌘 말을 타고 장수가 뒤쫓으니 큰 눈 속에 활과 칼로 둘러싸이리라'라는 뜻이다.

3 현재의 전북 김제시 금산면 금산리 계룡마을 출생인 안필성은 동학농민혁명 실패 후 동학에 가담한 사실을 숨기기 위해 한동안 닥뱀이 마을에 숨어 살았다.

게 일러 가라사대 군마의 뒤를 가까이 따라감이 불가不可하니 천천히 가자 하시고 전주 수통목에 이르러 가라사대 오늘은 전주에서 소란騷亂하여 살상이 있으리니 이곳에서 자고 내일 가자 하시고 필성과 더불어 수통목에서 쉬시니라. (1장 16절)

이튿날 필성을 데리고 전주에 이르사 조용한 곳에 주인主人(머무를 곳)을 정하시고 저녁에 필성에게 일러 가라사대 거리에 나가면 볼 것이 있으리라 하시며 함께 나가사 한곳에 이르니 세 사람의 머리가 길바닥에 구르는지라 가라사대 저것을 보라 이렇게 위험한 때에 어찌 경솔하게 몸을 움직이리요 하시더라. 필성은 이곳에서 천사와 작별하니라. (1장 17절)

그믐께 동학 대군이 전주를 떠나 경성으로 향할 때 필성이 종군하여 여산礪山에 이르니 천사 길가에 서서 계시다가 필성을 불러 물어 가라사대 이제 종군하느냐 대답하여 가로되 그러하나이다. 가라사대 이 길이 크게 불리하리니 조심하라 하시더라. 필성은 천사와 작별하고 종군하여 진잠읍鎭岑邑을 지나서 유성儒城 장터에서 쉬고 다시 하루를 행군하여 다음 날 새벽에 청주 병영을 진공할 새 30리가량 미치지 못했는데 천사 또 길가에 서서 계시다가 필성을 불러 물어 가라사대 너의 군중軍中에 한 중이 있더냐, 대답하여 가로되 있나이다. 가라사대 너는 이 길을 따르지 말라, 저희들이 요승妖僧의 말을 듣고 멸망을 당하리라, 필성이 가로되 이런 중대한 일에 어찌 불길한 말씀을 하시나이까, 가라사대 나의 말을 믿지 않는구나 내가 어찌 저희들을 미워함이리요 저희들의 불리한 장래를 알므로 한 사람이라도 화를 면하게 하려 함이로다. 가로되 그러면 선생은 어찌 이곳까지 오셨나이까, 가라사대 나는 동학에 종군하여 온 것이 아니요 구경하러 왔노라 하시니라. (1장 18절)

이때 김형렬金亨烈이 필성의 곁에 있다가 천사 필성과 수작하시는 말씀을 듣고 인사를 청하거늘, 천사 형렬에게도 종군하지 말라고 권하시는지라 필성과 형렬은 천사의 말씀을 믿지 않고 종군하여 가다가 청주 병영 앞

산골에 이르니 좌우에서 복병이 일어나서 포화를 퍼부음에 동학군에 죽는 자 그 수를 헤아릴 수 없는지라 필성과 형렬은 황겁惶怯하여 몸을 빼 소나무 숲속으로 들어가니, 천사 이곳에 계시다가 불러 가라사대 너희들은 잘 도망하여 왔도다 이곳은 안전하니 안심하라 하시니 형렬은 비로소 천사의 지감知鑑[4]이 비상하심에 감복하니라. 두 사람은 종일 먹지 못하여 주림을 이기지 못하거늘 천사 돈을 내어주시며 가라사대 저곳에 가면 떡집이 있으리니 주인이 없을지라도 떡값을 수효대로 떡 그릇 안에 두고 떡을 가져오라, 필성이 명대로 하여 떡을 가져오니 천사 두 사람에게 나누어 먹이시니라. (1장 19절)

　천사 두 사람에게 일러 가라사대 동학군이 미구未久에 쫓겨 오리니 우리가 먼저 감이 옳으리라 하시고 두 사람을 데리고 돌아오실 때 진잠鎭岑에 이르러 문득 가라사대 동학군이 이곳에서 또 많이 죽으리라. 두 사람이 이 말씀을 듣고 심히 불쾌히 생각하거늘, 가라사대 저희들을 미워함이 아니요 사태의 진전될 기미를 말함이니 아무리 듣기 싫을지라도 불쾌히 생각하지 말라 하시니라. 산중유벽山中幽僻(깊은 산속)한 곳에 쉬시더니 얼마 지나지 않아 총소리가 어지러이 일어나며 그곳에서 격전 끝에 동학군이 많이 사상死傷하니라. (1장 20절)

　이곳을 떠나 산길을 행行하시더니 문득 목탁 소리가 들리거늘 찾아가니 곧 계룡산 갑사甲寺라. 가라사대 해는 아직 이르나 더 가다가는 해를 입으리니 이곳에서 자고 가자 하고 쉬시더니 얼마 안 가 한 중이 이르러 말하되 동학군이 노성魯城에 유진하여 도망하는 군사를 붙든다 하거늘 필성과 형렬이 크게 근심하니, 가라사대 이곳에서 쉬자는 것은 정正히 이러한 화를 피하려 함이라 내일 아침에 떠나가면 아무 사고가 없으리니 염려하지 말라 하시더라. (1장 21절)

4　사람의 성품이나 능력 따위를 잘 알아보는 식견.

이튿날 아침에 갑사를 떠나면서 가라사대 그대들은 이로부터 큰 화가 없으리니 각기 갈라서 가라 하시니, 두 사람은 오히려 두려운 마음을 놓지 못하여 천사와 동행하기를 청하거늘 허락하시고 함께 여산에 이르사, 가라사대 만일 읍내를 지나면 옷을 빼앗기리라 하시고 샛길로 들어 고산高山 인내 장터로 향하시니라. 이때 여산읍礪山邑으로 지나는 동학군은 모두 읍 사람에게 옷을 빼앗기고 벗은 몸으로 흩어져 가니 대개 지난번 동학군이 북상할 때에 읍 사람들의 옷을 빼앗아갔음을 보복함이러라. (1장 22절)

이 길로 전주에 이르사 두 사람을 각기 돌려보내실 때 필성과 형렬이 숙박비가 없음을 걱정하거늘, 가라사대 내가 이곳에 있으니 염려하지 말고 돌아가라 하시거늘 이에 천사께 작별하고 형렬은 구릿골로 필성은 닥뱀이로 각기 돌아갔더니 이 뒤에 동학 전군全軍이 도망해 와서 섣달 열사흗날 원평 접전院坪 接戰[5]과 보름날 태인 접전泰仁 接戰[6]으로 연전연패하여 산망散亡해버리니라. (1장 23절)

혁명난革命亂(1894년의 동학농민혁명) 후로 국정은 더욱 부패하여 세속世俗 (세상 풍속)은 날로 악화하고 관헌은 오직 포악과 토색討索(돈이나 물건을 강제로 빼앗음)을 일삼고 선비는 허례만 숭상하며 불교는 무민혹세에만 힘쓰고 동학은 혁명 실패 후에 기세를 펴지 못하여 거의 자취를 거두게 되고 서교西敎는 세력을 신장하기에 진력하니, 민중은 고궁苦窮에 빠져서 안도할 길을 얻지 못하고 사위四圍(사방의 현혹)에 싸여 의지할 바를 알지 못하여 위구危懼(두려움)와 불안이 온 사회를 엄습하거늘 천사 개연히 광구匡救(널리 구제함)할 뜻을 품으사 유불선 음양 참위의 모든 글을 읽으시고 다시 세태

---

5 『순무선봉진등록(巡撫先鋒陣謄錄)』 갑오 11월 26일조에 따르면, 동학농민군과 조일(朝日) 연합군 간의 원평전투는 정확히 1894년 음력 11월 25일에 이루어졌다.

6 『순무선봉진등록』 갑오 12월 2일조에 따르면, 태인전투는 1894년 음력 11월 27일에 이루어졌다.

와 인정人情(세상 사람들의 마음)을 체험하기 위하여 정유丁酉(1897)로부터 유력遊歷(세상을 널리 돌아다님)의 길을 떠나시니라. (1장 27절)

충청도 연산連山에 이르사 역학자易學者 김재일金在一[7]에게 들르시니 이때 재일의 꿈에 하늘로부터 천사가 내려와서 강사옥姜士玉과 함께 옥경玉京에 올라오라는 상제의 명을 전하거늘, 재일이 천사와 함께 천사를 따라서 옥경에 올라가 요운전曜雲殿이라고 쓴 액자가 붙은 장려한 금궐에 들어가서 상제를 뵈니 상제가 천사에 대하여 광구천하匡救天下하려는 뜻을 칭찬하며 극히 우대하는지라 재일이 크게 이상히 여겨 이 일을 말한 뒤에 요운이라는 도호를 천사께 드리고 심히 경대하니라. (1장 28절)

이 길로 경기, 황해, 강원, 평안, 함경, 경상 각지를 차례로 유력하시니 천사의 혜식慧識(지혜와 지식)은 박학과 광람廣覽을 따라 명철明徹해지심으로 이르는 곳마다 신인神人이라는 칭송이 높더라. (1장 29절)

서른한살 되시던 신축년(1901) 가을에 집에 들어오자 선영의 공명첩空名帖을 불사르시니라. (1장 32절)

천사의 성도成道와 기행이적奇行異蹟

천사 여러 해 동안 각지에 유력하사 많은 경험을 얻으시고 신축년(1901)에 이르러 비로소 모든 일을 자유자재로 할 권능을 얻지 않고는 뜻을 이루지 못할 줄을 깨달으시고 드디어 전주 모악산 대원사大願寺[8]에 들어가 도를 닦으사 7월 5일 대우 오룡허풍大雨 五龍嘘風(다섯마리 용이 포효하는 듯한 폭

---

7   정역(正易)의 창시자인 일부(一夫) 김항(金恒, 1826~98)의 초명.
8   지금의 전라북도 완주군 구이면 원기리에 있는 절. 서기 670년에 창건된 사찰로 대한불교조계종 제17교구 본사인 금산사(金山寺)의 말사이다.

풍우)에 천지 대도를 깨달으시고 탐음진치貪淫瞋癡 사종마四種魔[9]를 극복하시니 이때 그 절 주지 박금곡朴錦谷이 수종 들었더라. (2장 1절)

이해 겨울에 본댁에서 비로소 천지공사天地公事를 행하실 새 창문에 종이를 붙이지 않고 부엌에 불을 때지 않으시며 홑옷을 입고 식음을 전폐하사 아흐레 동안을 지내시니 새가 벼 말리는 뜰에 내리지 않고 이웃 사람은 공포증이 들어 문 앞으로 지나기를 어려워하더라. (2장 2절)

임인년(1902) 4월에 천사 금구군 수류면金溝郡 水流面(지금의 김제시 금산면) 원평 장場을 지나시다가 전주군 우림면 하운동雨林面 夏雲洞 김형렬을 만나시니 대저 형렬은 이왕부터 천사와 지면知面이 있었는데 천사께서 성도成道하셨다는 소문을 듣고 뵙기를 원하던 차이므로 크게 기뻐하여 자기 집에 오시기를 간청했더니 이달 열사흗날 형렬의 집에 이르사 곧 형렬에게 일러 가라사대 그대의 집에 삼신三神이 들어가니 산기産氣가 있을지라 빨리 안방에 들어가보라 하시거늘 형렬이 안방에 들어가니 과연 그 아내가 셋째 아들을 낳더라. (2장 3절)

천사 형렬에게 일러 가라사대 이제 말세를 당하여 앞으로 무극대운無極大運이 열리나니 모든 일에 조심하여 남에게 척짓지 말고 죄를 멀리하여 순결한 마음으로 천지 공정天地 公庭에 참여하라, 나는 삼계대권三界大權을 주재하여 조화로써 천지를 개벽하고 불로장생의 선경仙境을 열어 고해에 빠진 중생을 건지려 하노라 하시고, 이로부터 형렬의 집에 머무르사 천지공사를 행하실 때 형렬에게 신안神眼을 열어주어 신명神明의 회산會散과 청령聽令을 참관케 하시니라. (2장 5절)

---

9 불교에서는 탐진치를 삼독심(三毒心)이라 하여 수행을 통해 이를 정혜계(定慧戒)로 돌리는 공부를 위주로 하는데, 증산 강일순은 음(淫)을 더해 사종마(四種魔)라 하여 극복의 대상으로 삼았다.

임인년(1902) 6월 어느 날 형렬에게 예수교서耶蘇敎書(성경) 한권을 구하여 오라 하시거늘 형렬이 이웃 마을 오동정梧桐亭 김경안金京安에게서 예수교서를 빌려다 올리니 천사 받아서 불사르시니라. 그뒤에 형렬이 천사를 모시고 오동정 차윤필車允必의 집에 가니 경안이 와서 빌려간 책을 돌려주기를 청하매 형렬이 대답하지 못하거늘, 천사 대신 대답하시되 곧 돌려주리라 하시더니 마침 한 붓장수가 지나거늘 천사 불러들이사 술을 먹이신 뒤에 그 붓 상자를 열어 보이기를 청하시니 붓장수가 열어 보이자 예수교서 한권이 있는지라, 천사 가라사대 그대는 반드시 예수를 믿지 않으니 이 책이 쓸데없을지라 나에게 전함이 어떠하뇨, 붓장수가 허락하거늘 천사 그 책을 받아서 경안에게 주시니라. (2장 7절)

그뒤에 불가서佛家書『천수경千手經』과 한자 옥편과 『사요史要』와 『해동명신록海東名臣錄』과 『강절관매법康節觀梅法』(괘를 뽑아 그날의 운수를 알아보는 점)과 『대학大學』과 형렬의 채권부債權簿를 불사르시니라. (2장 8절)

구월에 농가에서 보리갈이로 분주하거늘 천사 한숨지으며 가라사대 이렇게 신고辛苦(고생)하여도 수확을 얻지 못하리니 어찌 가석可惜(애석함)하지 않으리요 하시거늘, 형렬이 이 말씀을 듣고 드디어 보리농사를 폐했더니 계묘년(1903) 봄에 이르러 천후가 순조하여 보리가 크게 풍등豐登할 징조가 있는지라 김보경金甫京 등 모든 종도從徒와 이웃 사람들이 모두 형렬을 조소하거늘, 천사 가라사대 이 일은 신명공사神明公事에서 결정된 것이며 아직 결실기에 이르지 못했으니 어찌 풍작이라고 단언하리오 하시더니 과연 5월 5일 큰비로 인하여 보리 이삭이 다 말라서 수확이 아주 없게 되고 쌀값은 올라서 한말에 일곱냥(1원 40전)이 되니 이로부터 모든 사람이 천사께 신복信服하니라. (2장 9절)

하루는 종도들이 여쭈어 가로되, 선생의 권능으로 어찌 장효순張孝淳의 난難[10]을 당했나이까. 천사 가라사대, 교중敎中에나 가중家中에 분쟁이 일어나면 신정神政이 문란해지니 그대로 두면 세상에 큰 재앙이 이르게 되므로 내가 자신自身으로 그 기운을 받아서 해소함이로다 하시니라. (2장 24절)

이 뒤로 두어달 동안 손바라기 앞 주막에서 공사를 행하실 때 종도들의 내왕이 빈번하여 주막 주인 오동팔吳東八이 돈을 많이 모았더니 그뒤에 경비가 부족함을 보고 심히 냉대하거늘 종도들이 그 무의無義함을 성내니 천사 일러 가라사대, 어리석은 자가 의리를 알리요 우리가 만일 그 무의함을 성내면 그가 반드시 큰 화를 받으리니 나의 지나는 길에 덕을 흘리지 못하고 도리어 화를 끼치면 어찌 온당하리오 하시니라. (2장 39절)

매양 천지공사를 행하실 때 모든 종도들에게 마음을 잘 닦아 앞에 오는 좋은 세상을 맞으라 하시므로 종도들이 하루바삐 그 세상이 이르기를 바라더니 하루는 신원일辛元一이 청하여 가로되, 선생이 천지를 개벽하여 새 세상을 건설한다 하신 지가 이미 오래이며 공사를 행하시기도 여러 번이로되 시대의 현상은 조금도 변함이 없으니 제자의 의혹이 자심滋甚(매우 심함)하나이다. 선생이시여! 하루바삐 이 세상을 뒤집어서 선경仙境을 건설하사 남의 조소를 받지 않게 하시고 애타게 기다리던 우리에게 영화를 주옵소서 하거늘, 천사 일러 가라사대 인사人事는 기회가 있고 천리天理는 도수度數[11]가 있나니 그 기회를 지으며 도수를 짜내는 것이 공사의 규범이라 이제 그 규범을 버리고 억지로 일을 꾸미면 이는 천하에 재앙을 끼침이요 억조의 생명을 빼앗음이라 차마 할 일이 아니니라. 원일이 굳이 청하여 가로되 지금 천하가 혼란 무도하여 선악을 가리기 어려우니 마땅히 속히 진멸珍滅하고 새 운수를 엶이 옳으니이다. 천사 괴로이 여기사 칠월에 원일

10　『대순전경』2장, 22~23절 참조. 장효순난은 전에 고부 집에서 분란이 일어났던 것을 말함.

11　사전적으로는 제도나 절차, 횟수 등의 의미로 쓰인다. 그러나 여기에서는 어떤 일이 이뤄지기까지 거쳐야만 하는 과정과 그에 따른 소요 기간이 미리 정해져 있다는 뜻이다.

과 두어 종도를 데리고 변산 개암사開巖寺에 가사 손가락으로 물을 찍어서 부안 석교石橋로 향하여 뿌리시니 문득 그쪽으로 구름이 모여들며 큰비가 쏟아지고 개암사 부근은 청명하더라. 천사 원일에게 명하사 속히 집에 갔다 오라 하시니 원일이 명을 받고 집에 돌아간즉 그 아우의 집이 비에 무너져서 그 권속이 제 집에 모여 있거늘, 원일이 슬픔을 이기지 못하여 곧 돌아와서 천사께 그 사유를 아뢰니, 천사 일러 가라사대 개벽이란 이렇게 쉬운 것이라 천하를 물로 덮어 모든 것을 멸망케 하고 우리만 살아 있으면 무슨 복이 되리요, 대저 제생의세濟生醫世[12]는 성인聖人의 도요, 재민혁세災民革世[13]는 웅패雄霸의 술術이라, 이제 천하가 웅패에게 괴롭힘당한 지 오래라 내가 상생의 도로써 만민을 교화하며 세상을 평안케 하려 하노니 새 세상을 보기가 어려운 것이 아니요 마음을 고치기가 어려운 것이라. 이제부터 마음을 잘 고치라, 대인大人을 공부하는 자는 항상 남 살리기를 생각해야 하나니 어찌 억조億兆를 멸망케 하고 홀로 잘되기를 도모함이 옳으리오 하시니, 원일이 이로부터 두려워하여 무례한 말로 천사를 괴롭게 한 일을 뉘우치고 원일의 아우는 그 형이 천사를 추종하면서 집을 돌보지 아니함을 미워하여 항상 천사를 욕하더니 형으로부터 이 이야기를 듣고는 천사께 욕한 죄로 집이 무너짐은 아닌가 하여 이로부터 마음을 고치니라. (2장 42절)

정미년(1907) 6월부터 두어달 동안 대흥리大興里(현재의 정읍시 입암면 대흥리) 경석京石(車京石)의 집에 계실 때 공우公又(朴公又)가 종유하기 달포 전에 천원川原 장에서 예수교인과 다투다가 큰 돌에 맞아서 가슴뼈가 상하여 한참 혼도했다가 겨우 일어나 수십일 동안 치료를 받은 뒤에 겨우 다니기는 하되 아직까지 가슴에 손을 대지 못하고 크게 고통스러워하는 중임을 아

---

12   세상의 모든 중생을 구제하고 병든 세상을 치료하는 일.

13   백성들을 재앙에 빠뜨리면서까지 세상을 바꾸는 일.

뢰니, 가라사대 네가 이전에 어느 길가에서 남의 가슴을 쳐서 사경에 이르게 한 일이 있으니 그 일을 생각하여 잘 뉘우치라. 또 네가 몸이 쾌한 뒤에는 가해자를 찾아서 죽이려고 생각하나 네가 상해한 척이 그에게 붙어서 갚은 바이니 오히려 그만하기가 다행이라. 네 마음을 잘 풀어 가해자를 은인과 같이 생각하라 그러면 곧 나으리라. 공우 이 말씀에 크게 감복하여 가해자를 미워하던 마음을 풀어버리고 후일에 만나면 반드시 잘 대접하리라는 생각을 두었더니 수일 후에 천원 예수교회에 열두 고을 목사가 모여서 대전도회를 연다는 말이 들리거늘, 천사 공우에게 일러 가라사대 네 상처를 낫게 하기 위하여 열두 고을 목사를 움직였노라 하시더니 그뒤 사흘 만에 공우의 상처가 완전히 나으니라. (2장 63절)

하루는 원일과 공우 외 서너 사람을 데리고 태인 살포정에 이르사 주막에 들어 쉬시니 문득 우뢰가 일어나며 번개가 크게 일어나 집에 내리려 하거늘 천사 허공을 향하여 꾸짖으시니 우레와 번개가 곧 그치는지라, 공우는 대흥리에서는 글을 써서 벽에 붙여 우레를 크게 일으키시고 또 이번에는 우레와 번개를 꾸짖어 그치게 하심을 보고 비로소 천사께서 천지조화를 마음대로 쓰시는 줄 알고 이로부터 더욱 경외하더니, 하루는 공우에게 일러 가라사대 네가 오랫동안 식고를 잘했으나 이제 만날 사람을 만났으니 식고는 내게로 돌릴지어다 하시니, 공우 더욱 기뻐하여 평생소원을 이룬 줄 깨달으면서 곧 그리하겠나이다 하고 대답하니라. 원래 공우는 동학 신도의 통례通例와 같이 대신사응감大神師應感이라는 식고를 하지 않고 항상 하늘님 뵈여지이다 하는 발원으로 식고하더니 이제 천사께서 말씀하신 바를 들건대 반드시 마음으로 생각하는 것을 통찰하시는 것과 천지조화를 마음대로 쓰시는 것을 볼진대 분명히 하늘님으로서 강림하심이 의심할 바 없다고 생각하니라. (2장 67절)

무신년(1908) 남신南信(白南信)의 일가 용안容安이 술도가 면허를 얻고 전주 부중府中에 있는 수백 술집에 술 빚는 것을 금하니 이때 천사 용머리고개 김주보金周甫의 주막에 계실 때 주보의 아내가 가슴을 치며 가로되 다른 벌이는 없고 다만 술장사로 가권이 살아왔는데 이제 술을 빚지 못하면 무슨 벌이로 살아가리요 하거늘, 천사 불쌍히 여기사 종도들에게 일러 가라사대 어찌 남장군男將軍만 있으리오 마땅히 여장군女將軍도 있으리라 하시고 종이에 여장군이라 써서 불사르시니 주보의 아내가 문득 신기神氣를 얻어서 부중을 돌며 호령하여 잠시에 수백 주모를 모아 거느리고 용안의 집을 엄습하여 형세가 불온하거늘 용안이 크게 놀라 군중에게 사과하고 술도가를 중지하니라. (2장 86절)

하루는 경석의 검은 두루마기를 가져오라 하사 입고 속옷을 벗은 뒤에 긴 수건으로 허리를 매시고 모든 종도들에게 물어 가라사대, 이러하면 일본 사람과 같으냐. 모두 대답하여 가로되 같으니이다. 다시 벗으시고 가라사대 내가 어려서 서당에 다닐 때 한 아해兒孩(아이)로 더불어 먹 장난을 하다가 그 아해가 지고 울며 돌아가서 다시 오지 않고 다른 서당에 다니다가 그후에 병들어 죽었는데 그 신명神明이 원한을 품었다가 이제 와서 나에게 해원解冤해주기를 구하므로 어떻게 하면 해원이 될까 물으니, 그 신명이 내가 일본 옷을 싫어하는 줄 알고 일본 옷을 입으라 하므로 내가 이제 그 신명을 위로함이라 하시니라. (2장 106절)

김경학金京學이 일찍이 동학에 가입하여 3개월 동안 시천주侍天呪[14]의 수련을 하던 중 어느 날 꿈에 천상에 올라 상제를 뵈온 일이 있었더니 하루는 천사께서 네 평생에 제일 좋은 꿈을 꾼 것을 기억하느냐. 경학이 일찍

---

14   동학의 '시천주조화정 영세불망만사지(侍天主造化定 永世不忘萬事知)' 13자 주문을 말함.

이 상제 뵈옵던 꿈을 아뢰며 선생의 형모가 곧 그때에 뵈옵던 상제의 형모이신 것을 깨달았나이다 하니라. (2장 111장)

천사께서는 얼굴이 원만하사 금산金山(금산사) 미륵불과 흡사하며 양미간에 불표佛表가 있으시고 왼 손바닥에 북방 임 자壬字 무늬와 오른 손바닥에 별 무 자戊字 무늬가 있으시니라. (2장 134절)

문도의 추종과 훈회訓誨

임인년(1902) 4월에 천사 김형렬의 집에 머무르며 공사를 행하시니 김자현金自賢, 김갑칠金甲七, 김보경金甫京, 한공숙韓公淑 등이 따르니라. (3장 1절)

계묘년(1903) 정월 전주부에 이르사 서원규徐元奎 약방에 머무시니 원규와 김병욱金秉旭, 김윤찬金允贊 등이 따르니라. (3장 2절)

한 사람이 물어 가로되 금년에는 어떤 곡종穀種을 심음이 좋으리이까, 천사 가라사대 일본 사람이 녹祿줄[15]을 띠고 왔으니 일본종日本種을 취하여 심으라. 또 생계의 모든 일에 그들을 본받으라 녹줄이 따라들리라 하시니라. (3장 3절)

천사 비록 미천한 사람을 대할지라도 반드시 존경하시더니 형렬의 종 지남식池南植에게도 매양 존경하시거늘 형렬이 여쭈어 가로되 이 사람은 나의 종이오니 존경치 마소서. 천사 가라사대 이 사람이 그대의 종이니 내게는 아무 관계도 없나니라 하시며 또 일러 가라사대 이 마을에서는 어려서부터 숙습熟習(습관)이 되어 창졸간에 말을 고치기 어려울지나 다른 곳에

---

15   녹봉을 주는 줄.

가면 어떤 사람을 대하든지 존경하라. 이 뒤로는 적서의 명분과 반상의 구별이 없느니라. (3장 5절)

하루는 형렬이 어떤 친족에게 합의치 못한 일이 있어서 모질게 꾸짖거늘 천사 일러 가라사대 악장제거무비초 호취간래총시화惡將除去無非草 好取看來總是花[16]니라. 말은 마음의 소리요 행사行事(행동)는 마음의 자취라 말을 좋게 하면 복이 되어 점점 큰 복을 이루어 내 몸에 이르고 말을 나쁘게 하면 재앙이 되어 점점 큰 재앙을 이루어 내 몸에 이르나니라. (3장 6절)

을사년(1905) 봄에 함열 회선동會仙洞 김보경의 집에 이르사 여러 날 동안 머무르실 때 보경이 함열읍 사람 김광찬金光贊을 천거하여 추종케 하고 또 소진섭蘇鎭燮과 임피 군둔리軍屯里 김성화金性化가 차례로 따르니라. (3장 7절)

병오년(1906) 4월에 예수교당에 가사 모든 의식과 교의를 문견聞見하신 후에 종도들에게 일러 가라사대 족히 취할 것이 없다 하시니라. (3장 11절)

하루는 종도들에게 일러 가라사대 이 세상에 학교를 널리 세워 사람을 가르침은 장차 천하를 크게 문명케 함으로써 천지의 역사役事를 시키려 함인데 현하現下에 학교교육이 학인學人으로 하여금 비열한 공리功利에 빠지게 하니 그러므로 판 밖에서 성도하게 되었노라. (3장 12절)

천사께서 함열咸悅에 많이 계셨는데 이것은 만인함열萬人咸悅의 뜻을 취함이라 하시더라. 천지공사를 행하신 뒤로부터 두루 순회하시는 곳은 전북 칠군七郡이니 곧 전주, 태인, 정읍, 고부, 부안, 순창, 함열이라. (3장 13절)

정미년(1907) 5월에 천사 형렬의 집을 떠나며 가라사대 이 길이 길행吉行이라 한 사람을 만나려 함이니 장차 네게 알리리라 하시고 용암리龍岩里

---

[16] '나쁜 것을 없애려 하니 잡초 아닌 것이 없고, 좋은 것을 취하려 하니 꽃 아닌 것이 없네'라는 뜻이다.

물방앗간에 머무르시다가 그 앞 주막에서 정읍 사람 차경석車京石을 만나시니라. 경석은 전주로 가는 길에 이 주막에서 잠깐 쉬더니 대나무 삿갓에 대님을 매지 않은 차림으로 김자현金自賢 등 두어 사람을 데리고 오니 경석이 그 소탈한 가운데 씩씩한 기운을 띤 의표儀表(예절을 갖춘 몸가짐)와 순진한 가운데 꾸밈이 없는 언어동지言語動止를 보고 비범히 여겨 말씀을 청하니, 천사 온화하게 대답하시고 술을 마시며 닭국 한그릇을 경석에게 권하시니 경석이 받으매 문득 벌 한마리가 국에 빠지거늘 경석이 수저를 멈추니 천사 가라사대 벌은 규모 있는 벌레니라 하시더라. (3장 16절)

경석이 물어 가로되 무슨 업을 하시나이까. 천사 웃으며 가라사대 의원醫員 노릇을 하노라. 또 물어 가로되 어느 곳에 머무시나이까. 가라사대 나는 동역객서역객 천지무가객東亦客西亦客 天地無家客[17]이로다. 경석이 천사의 지식을 시험코자 하여 다시 물어 가로되 어떻게 하면 인권人權을 많이 얻으리이까. 가라사대 폐일언蔽一言하고 욕속부달欲速不達이니라. 가로되 자세한 뜻을 알지 못하겠나이다. 가라사대 사람 기르기가 누에 기르기와 같아서 일찍 내나 늦게 내나 먹이만 도수에 맞게 하면 올릴 때에는 다 같이 오르게 되나니라 하시더라. (3장 17절)

경석은 원래 동학 신도로서 손병희를 좇다가 그 처사에 불만하여 다시 길을 고치려 하는 차라 이날 천사를 뵘에 모든 거동이 범속凡俗과 다름을 이상히 여겨 짐짓 떠나지 않고 저물기를 기다려서 천사의 뒤를 따라가니 곧 용암리 물방앗간이라 식사와 범절이 너무 험악하여 잠시라도 견디기 어렵더라. (3장 19절)

천사 경석의 떠나지 아니함을 괴로워하사 물러가기를 재촉하시되 경석이 떠나지 않고 자기 집으로 함께 가시기를 간청하니 천사 혹 성도 내며 혹 욕도 하며 혹 구축驅逐도 하시되 경석이 보기에는 모든 일이 더욱 범

---

17   동으로 가도 손님이요 서로 가도 손님으로 이 세상에 집 없는 나그네라는 뜻.

상치 아니할 뿐 아니라 수운 가사水雲歌辭[18]에 "여광여취 저 양반을 간 곳마다 따라가서 지질한 그 고생을 눌로 대해 그 말이며"[19]라는 구절이 문득 생각나며 깊이 깨닫는 바 있어 드디어 떠나지 않고 열흘 동안 머물면서 집지執贄하기를 청하거늘 천사 일러 가라사대 네가 나를 따르려면 모든 일을 전폐하고 오직 내가 가르치는 바에만 일심해야 할지니 이제 돌아가서 모든 일을 정리하고 다시 이곳으로 찾아오라. 경석이 이에 하직하고 집에 돌아와 모든 일을 정리하고 6월 초하룻날 다시 용암리에 와서 천사를 뵙고 정읍으로 가시기를 간청하니 천사 다시 거절하시다가 사흘 동안 지낸 뒤에야 허락하며 가라사대 내가 깊은 목물에 빠져서 허우적거리다가 겨우 벗어나 발목 물에 당했는데 이제 네가 다시 깊은 물길로 끌어들인다 하시니라. (3장 20절)

천사 일진회一進會[20]가 일어난 뒤로 삿갓을 쓰시다가 이날부터 의관을 갖추고 경석을 데리고 물방앗간을 떠나 정읍으로 가실 때 원평院坪에 이르사 군중을 향하여 가라사대 이 길은 남조선南朝鮮 뱃길이니 짐을 채워야 떠나리라 하시고 술을 나누어주며 또 가라사대 이 길은 성인聖人 다섯을 낳는 길이로다 하시니 모든 사람이 그 뜻을 알지 못하더라. 다시 떠나시며 가라사대 대진大陣은 하루 30리씩 가느니라 하시니 경석이 노정을 헤아려서 고부 솔안에 이르러 친구 박공우朴公又의 집으로 천사를 모시니 공우도 또한 동학 신도로서 마침 49일 동안 기도하는 때러라. (3장 21절)

천사 경석과 공우에게 일러 가라사대 이제 만날 사람 만났으니 통정신通精神[21]이 나오노라 나의 일은 비록 부모형제 처자라도 모르는 일이니 나는 서천서역 대법국 천계탑 천하대순西天西域 大法國 千階塔 天下大巡이라 동

---

18 『용담유사』.
19 『용담유사』「교훈가」.
20 광무(光武) 8년(1904)에 일제의 대한제국 강점을 도운 친일 단체.
21 천하를 하나로 통하게 할 정신.

학주東學呪에 시천주조화정侍天主造化定이라 했으니 내 일을 이름이라 내가 천지를 개벽하고 조화정부造化政府를 열어 인간과 하늘의 혼란을 바로잡으려 하여 삼계三界를 둘러 살피다가 너의 동토東土에 그쳐 잔피殘疲에 빠진 민중을 먼저 건지려 함이니 나를 믿는 자는 무궁한 행복을 얻어 선경의 낙을 누리리니 이것이 참 동학이라. 궁을가弓乙歌에 "조선강산 명산이라 도통군자 다시 난다" 했으니 또한 나의 일을 이름이니라. 동학 신자 간에 대선생大先生이 갱생하리라고 전하자 이는 대선생代先生이 다시 나리라는 말이니 내가 곧 대선생代先生이노라. 또 가라사대 예로부터 계룡산의 정씨鄭氏 왕국과 가야산의 조씨趙氏 왕국과 칠산七山의 범씨范氏 왕국을 일러 오나22 이 뒤로는 모든 말이 영자影子(영향)를 나타내지 못하리라. 그러므로 정씨를 찾아 운수를 구하려 하지 말지어다 하시니라. (3장 22절)

이튿날 (고부) 솔안을 떠나 정읍 대흥리로 가실 때 공우를 돌아보며 가라사대 "만났을 적에" 하시니 공우가 문득 동학가사에 "만나기만 만나보면 너의 집안 운수로다"23라는 구절이 떠올라 드디어 따라나서니라. (3장 23절)

이날 대흥리 경석의 집에 이르사 가라사대 나의 이르는 곳을 천지에 알려야 하리라 하시고 글을 써서 서쪽 벽에 붙이시니 문득 우뢰가 크게 일어나거늘 천사 속速하다 하시고 그 글을 떼어 무릎 밑에 넣으시니 우레가 곧 그치는지라 공우는 크게 놀라 감복하고 마을 사람들은 뜻밖에 일어나는 백일白日(대낮) 뇌성雷聲을 이상히 여기니라. 우뢰를 거두시고 경석에게 물어 가라사대 이 집에서 지난 갑오년 겨울에 세 사람이 동맹한 일이 있었느냐. 대답하여 가로되 그러했나이다. 가라사대 그 일로 인하여 모해자謀害者의 밀고로 너의 부친父親(차치구)이 해를 입었느냐. 경석이 울며 가로되

---

22 『정감록』의 「감결」에 "내맥(來脈)은 금강산을 거쳐 태백·소백에 이르러 산천의 기운이 뭉치니 이것이 계룡산에 들어가 정씨(鄭氏) 팔백년의 땅을 이룬 후에, 가야산으로 들어가 조씨(趙氏) 천년의 땅이요, 전주는 범씨(范氏) 육백년 도읍할 땅이다"라는 내용을 가리킴.

23 「용담가」의 "너의 집안 운수로다"와 「권학가」의 "만나기만 만날진대"가 뒤섞인 표현.

그러했나이다. 또 가라사대 너의 형제들이 그 모해자에게 큰 원한을 품어 복수하기를 도모하느냐. 대답하여 가로되 자식의 도리에 어찌 복수할 마음을 갖지 아니하오리까. 가라사대 너희가 복수할 마음을 품고 있음을 너희 부친이 크게 걱정하여 이제 나에게 고하니 너희는 마음을 돌리라. 이제는 악을 선으로 갚아야 할 때라 만일 악을 악으로 갚으면 되풀이 되풀이로 후천에 악의 씨를 뿌리는 것이 되나니 너희가 나를 따르려면 그 마음을 먼저 버려야 할지니 잘 생각하라. 경석이 이에 세 아우로 더불어 별실에 들어가서 서로 위로하여 그 원한을 풀기로 하고 그대로 아뢰니, 가라사대 그러면 뜰 밑에 짚을 펴고 청수 한동이를 길어놓고 그 청수를 향하여 너의 부친을 대한 듯이 마음 돌렸음을 고백하라. 경석이 그대로 하여 사형제가 설움에 북받쳐서 청수 동이 앞에서 크게 우니, 천사 일러 가라사대 너의 부친이 너무 슬퍼 우는 것을 오히려 불쾌히 여기니 그만 그치라 하시니라. 그뒤에 '천고춘추아방궁 만방일월동작대千古春秋阿房宮 萬方日月銅雀臺'[24]를 써서 벽에 붙이고 경석으로 하여금 복응服膺(마음속에 늘 간직하여 잠시도 잊지 아니함)케 하시니라. (3장 24절)

이 뒤에 동학 신도 안내성安乃成, 문공신文公信, 황응종黃應鍾, 신경수申京守, 박장근朴壯根 등이 서로 이어 따르니라. (3장 25절)

하루는 경석에게 "계분수사파 봉수무이산 금회개제월 담소지광란 활계경천권 행장옥수간 소신구문도 비투반일한溪分洙泗派 峯秀武夷山 襟懷開霽月 談笑止狂瀾 活計經千卷 行裝屋數間 小臣求聞道 非偸半日閑"의 고시古詩[25]를 외

---

24 진시황이 아방궁을 크게 짓고 천고의 긴 세월에 영화를 누리려 했으나 15년을 못 갔으며, 위나라 조조(曹操)가 업 땅에 동작대를 높이 짓고 무궁토록 부귀를 누리려 했지만 45년을 못가 사마염에게 찬탈당한 것을 빗대어 지은 시.

25 1558년 봄에 23세의 율곡 이이(1536~84)가 경상도 예안(禮安) 도산서원(陶山書院)에서 후학을 가르치고 있던 57세의 퇴계 이황(1502~71) 선생을 만나 바친 오언율시(五言律詩)이다. 원문은 "溪分洙泗派 峯秀武夷山 活計經千卷 行藏屋數間 襟懷開霽月 談笑止狂瀾 小子求

위주시고 경석을 데리고 순창 농바우 박장근의 집에 이르러 가라사대, 이제 천하대세를 회문산回文山 오선위기혈五仙圍碁穴의 형세에 부쳐 돌리노니 네게 한 기운을 부치노라 하시고[26] 그 집 머슴을 불러 가라사대, 어젯밤에 무슨 본 일이 있었느냐. 머슴이 대답하여 가로되 어젯밤 꿈에 한 노인이 농바우[27]를 열고 갑옷과 투구와 큰 칼을 내어주며 이것을 가져다가 주인을 찾아 전하라 하므로 내가 받아다가 이 방에 두었는데 곧 차경석의 앉은 자리나이다 하니라. 대저 그 지방에서는 농바우 속에 갑옷과 투구와 긴 칼이 들어 있는데 장군이 나면 내어가리라는 말이 전하여오니라. (3장 28절)

정미년(1907) 동짓달 초사흗날 천사께서 고부인高夫人을 맞아 결혼하실새 부인에게 일러 가라사대 "내가 너를 만나려고 15년 동안 정력을 들였나니 이로부터 천지대업天地大業을 네게 맡기리라" 하시고 인하여 부인을 옆에 끼고 붉은 책冊과 누른 책 각 한권씩을 앞으로부터 번갈아 깔며 그 책을 밟으며 방에서 마당으로 나가사 남쪽 하늘의 별을 바라보고 네번 절하라 하시고 다시 그 책을 번갈아 깔며 밟아서 방으로 들어오시니라. (3장 31절)

인하여 부인에게 모든 일을 가르치시며 문명文命을 쓰실 때에도 반드시 부인의 손에 붓을 쥐게 하시고 천사께서 등 뒤에 겹쳐 앉으사 부인의 손목을 붙들어 쓰이시니라. (3장 32절)

聞道 非偸半日閒"로, 번역하면 "도산의 시냇물은 공자가 살던 시대에서 갈라져 나왔고 계상 서당 뒤 봉우리는 주자가 살던 무이산처럼 솟았네. 생활하는 살림은 경서가 천권인데 살림집은 초옥 몇 칸뿐이로세. 선생의 마음은 구름이 갠 달처럼 환하고 점잖은 말씀과 웃음은 거친 파도도 그치게 하네. 어진 제자는 도를 묻고자 찾아뵌 것이지 반나절인들 허비하려고 찾아온 것이 아닙니다"라는 뜻이다.

26 오선위기혈이란 다섯 신선이 중앙에 바둑판을 놓고 두 신선씩 짝지어 앉아 승부를 가리고, 한 신선이 바둑의 주인공이 된다는 풍수지리설에서 말하는 명당을 말한다. 주변의 강대국이 우리나라를 가운데 두고 서로 탐하고 있으나 강일순이 천지공사를 통해 우리나라가 장차 천하의 주인이 되도록 판을 새롭게 짰다는 뜻이다.

27 현재의 전북 순창군 쌍치면 종암리 농바우 마을 안에 있는 바위.

또 형렬에게 옛글[28]을 외워주시며 잘 기억하라 하시니 이러하니라. 처세유위귀 강강시화기 발언상욕눌 임사당여치 급지상사완 안시불망위 일생종차계 진개호남아 處世柔爲貴 剛强是禍基 發言常欲訥 臨事當如癡 急地常思緩 安時不忘危 一生從此計 眞個好男兒. (3장 39절)[29]

종도들에게 일러 가라사대 시속에 남조선 사람이라 이르나니 이는 남은 조선 사람이란 말이라 동서 각 교파에 빼앗기고 남은 못난 사람에게 길운 吉運이 있음을 이르는 말이니 그들을 잘 가르치라 하시니라. (3장 41절)

하루는 종도들에게 일러 가라사대 세상에 성姓으로 풍가風哥가 먼저 났으나 전해오지 못하고 사람의 몸에 들어 다만 체상體相의 칭호로만 쓰게 되어 풍신 풍채 풍골 등으로 일컫게 될 뿐이요, 그다음에 강가姜哥가 났으니 강가가 곧 성의 원시原始라. 그러므로 이제 개벽시대를 당하여 원시로 반본返本되는 고로 강가가 일을 맡게 되나니라. (3장 47절)

매양 옛사람을 평론하실 때 강태공 석가모니 관운장 이마두利瑪竇(마테오 리치)를 칭찬하시니라. (3장 49절)

하루는 종도들에게 일러 가라사대 대인의 도를 닦으려는 자는 먼저 아내의 뜻을 돌려 모든 일에 순종케 해야 하나니 아무리 하여도 그 마음을

---

28 조선 중기 추담 윤선(秋潭 尹銑, 1559~1640)의 문집 『추담선생문집(秋潭先生文集)』 권지 6, 「자계(自誡)」에 나온다. 원불교 교조 소태산 박중빈 대종사의 언행록 『대종경』 인도품 34장에도 인용되어 있다.

29 "처세에는 부드러움이 제일 귀하고 / 강한 것은 재앙의 근본이 되나니 / 말하기는 모자란 듯 어눌히 하고 / 일 당하여는 바보처럼 삼가 행하라 / 급할수록 그 마음을 더욱 늦추고 / 편안할 때 위태할 것 잊지 말지니 / 일생을 이 글대로 살아간다면 / 그 사람이 참다운 대장부니라."

돌리지 못할 때에는 더욱 굽혀 예를 갖추어 경배하여 날마다 일과日課로 하면 마침내 순종하게 되나니 이것이 옛사람의 법이니라. (3장 58절)

또 가라사대 자고로 부인을 존신尊信(존경하여 믿음)하는 일이 적었으나 이 뒤로는 부인도 각기 닦은 바를 따라 공덕功德이 서고 신앙이 모여 금패金牌와 금상金像으로 존신의 표를 세우리라. (3장 59절)

이 뒤에 공우 다시 천사를 모시고 태인 읍을 지날 때 두 노파가 지나거늘 천사 길을 비켜 외면하고 서서 다 지나가기를 기다려 길을 가시며 가라사대 이제는 해원시대解冤時代라 남녀의 분별을 틔워 각기 하고 싶은 대로 하도록 풀어놓았으나 이 뒤에는 건곤乾坤의 위차位次를 바로잡아 예법을 다시 세우리라 하시니라. (3장 61절)

어떤 사람이 피란避亂할 곳을 물으니 가라사대 이때는 일본 사람을 잘 대접하는 것이 곧 피란이니라. 가로되 무슨 연고니이까. 가라사대 일본 사람이 서방 백호白虎의 기운을 띠고 왔나니 숙호충비宿虎衝鼻(잠자는 호랑이의 코를 건드림)하면 상해를 받으리라. 범은 건드리면 해를 끼치고 건드리지 않으면 해를 끼치지 아니하며 또 범이 새끼 친 곳에는 그 부근 동리까지 두호斗護(남을 두둔하여 보호함)하나니 그들을 사사로운 일로 너무 거스르지 말라 이것이 곧 피란하는 길이니라. 청룡靑龍이 동하면 백호는 물러가나니라. (3장 77절)

안내성이 일본 사람과 싸워서 몸에 상해를 입고 와 뵐진대 가라사대 이로부터 너는 내 문하에서 물러가라. 너의 죽고 사는 일을 내가 간여치 않겠노라. 내성이 이유를 몰라서 엎드려 대죄待罪하니 가라사대 시속에 길성소조吉星所照[30]를 말하나 길성吉星이 따로 있는 곳이 없고 일본 사람을 잘 대접하는 곳에 길성이 비치나니 네가 이제 일본 사람과 싸우는 것은 스스로

멸망을 취함이라 내가 어찌 너를 가까이하리오 하시니라. (3장 102절)

하루는 종도들에게 일러 가라사대 사람마다 그 닦은 바와 기국을 따라서 그 임무를 감당할 만한 신명이 호위하여 있나니 만일 남의 자격과 공부만 추앙하고 부러워하여 제 일에 해태懈怠한 마음을 품으면 신명들이 그에게로 옮아가느니라. (3장 103절)

하루는 공우를 데리고 태인 돌창이 주막에 들르사 경어敬語로 술을 불러 잡수시고 공우에게 술을 불러 먹으라 하시거늘 공우는 습관대로 낮은 말로 술을 불러 먹었더니, 가라사대 이때는 해원시대라 상놈의 운수니 반상의 구별과 직업의 귀천을 가리지 않아야 속히 좋은 세상이 되리니 이 뒤로는 그런 언습을 버리라 하시니라. (3장 106절)

형렬이 물어 가로되 병을 고쳐주시고도 병자에게 알리지 않으시고 자식을 태어날 수 있게 해주고도 알리지 않으시니 무슨 연고니이까. 가라사대 나의 할 일만 할 따름이니 남이 알고 모름이 무슨 관계가 있으리오. 남이 알기를 힘씀은 소인의 일이니라. (3장 107절)

종도들에게 남 속이지 않는 공부를 시키사 비록 성냥이라도 다 쓴 뒤에는 그 빈 갑을 깨어서 버리라 하시니라. (3장 108절)

최창조崔昌祚의 아내가 매양 천사께서 오시는 것을 싫어하더니 하루는 천사께서 밥때를 어겨 이르거늘 밥짓기를 싫어하여 마음에 불평을 품었더니 천사 창조에게 일러 가라사대 도가道家에는 반드시 아내의 뜻을 잘 돌려서 아무리 괴로운 일이라도 어기지 않고 순응하여야 복이 이르나니라

---

30 『정감록』「양류결(楊柳訣)」에 "왈연칙가거지하야 길성소조지지 왈길성하성야 왈이십팔숙야日然則可居地何也, 吉星所照之地 曰吉星何星也 曰二十八宿也"(『정감록집성』, 아세아문화사 1973, 43면)라는 비결이 민간에 널리 유포된 이후에 사람들은 28수가 비치는 곳을 길한 땅이라 하여 찾아다니게 되었다. 길하고 상서로운 별이 비치는 곳이라는 뜻이다.

하시니 이때 창조의 아내가 방문 밖에 지나다가 그 말씀을 듣고 보이지 않는 사람의 속마음까지 살피심에 놀라 마음을 고치니라. (3장 112절)

하루는 종도들에게 일러 가라사대 부인이 천하사天下事를 하려고 염주를 딱딱거리는 소리가 구천九天에 사무쳤으니 장차 부인의 천지를 만들려 함이로다. 그러나 그렇게까지는 되지 못할 것이요 남녀동권男女同權 시대가 되리라. (3장 120절)

천사 윤칠輪七(車輪七, 차경석의 동생)에게 또 일러 가라사대, 네 매씨妹氏(여동생)를 잘 공양하라 네 매씨가 굶으면 천하 사람이 모두 굶을 것이요 먹으면 천하 사람이 다 먹을 것이요 눈물을 흘리면 천하 사람이 다 눈물을 흘릴 것이요 한숨을 쉬면 천하 사람이 다 한숨을 쉴 것이요 기뻐하면 천하 사람이 다 기뻐하리라 하시니라. (3장 124절)

천사께서 매양 고부인高夫人의 등을 어루만지며 가라사대 너는 복동福童이라 장차 천하 사람의 두목이 되리니 속히 도통을 하리라 하시니라. (3장 127절)

천사 개고기를 즐기사 가라사대 이 고기는 상등 사람의 음식이니라. 종도들이 그 이유를 물으니 가라사대 이 고기를 농민들이 즐기나니 이 세상에 상등 사람은 곧 농민이라 선천에는 도가에서 이 고기를 기忌했으므로 망량魍魎(이매망량魑魅魍魎의 줄임말, 산도깨비와 물도깨비)이 응하지 않았나니라. (3장 130절)

매양 구릿골 앞 큰 나무 밑에서 소풍하실 때 금산 안과 용화동龍華洞을 가리켜 가라사대 이곳이 나의 기지基址라 장차 꽃밭이 될 것이요 이곳에

인성人城이 쌓이리라 하시고, 또 천황지황인황후 천하지대금산사 天皇地皇
人皇後 天下之大金山寺라고 말씀하시고, 또 만국활계남조선 청풍명월금산사
문명개화삼천국 도술운통구만리萬國活計南朝鮮 淸風明月 金山寺 文明開化三千
國 道術運通九萬里라고 외우시고, 또 세계유이차산출 기운금천장물화 응수
조종태호복 하사도인다불가世界有而此山出 紀運金 天臟物華 應須祖宗太昊伏 何
事道人多佛歌[31]를 외우시니라. (3장 136절)

하루는 어느 지방에서 젊은 부인이 부상大喪(남편의 죽음)을 당한 뒤에 순
절殉節했다 하거늘 천사 듣고 가라사대 악독한 귀신이 무고한 인명을 살해
한다 하시고 글을 써서 불사르시니 이러하니라. 충효열 국지대강 연 국망
어충 가망어효 신망어열忠孝烈 國之大綱 然 國亡於忠 家亡於孝 身亡於烈.[32] 이
뒤에 또 대장부 대장부라 써서 불사르시니라. (3장 140절)

세상에 전해온 모든 허례를 그르게 여겨 가라사대 이는 묵은 하늘이 그
르게 꾸민 것이니 장차 진법眞法이 나리라. 또 제례신설법祭禮陳設法을 보
고 가라사대 이는 묵은 하늘이 그릇 정한 것이니 찬수饌需(반찬과 제수)는 깨
끗하고 맛있는 것이 좋은 것이요 그 놓여 있는 위치로 인하여 귀중하게 되
는 것은 아니니라. 또 상복제도喪服制度를 미워하사 이는 거지 죽은 귀신이
지은 것이니라. (3장 143절)

하루는 종도들에게 일러 가라사대 예수교도는 예수의 재강림을 기다리
고 불교도는 미륵의 출세를 기다리고 동학 신도는 최수운의 갱생을 기다리

---

31 '천황 지황 인황이 나온 후에 금산사가 천하의 중심이 되리라. 만국을 살릴 계책은 남조선에
   있고 금산사는 청풍명월처럼 빛나리라. 문명개화는 삼천국에 이르고 도술은 구만리를 통하
   는구나. 세계가 이 산으로부터 비롯되니 후천의 시운은 서천 창고에 재화를 쌓고 마땅히 복
   희씨와 같은 시작의 근본이 있으니 어인 일로 도인들은 부처를 노래하는가'라는 뜻이다.
32 '충효열은 나라의 큰 벼리이다. 그러나 나라는 그릇된 충으로 망하고, 집안은 그릇된 효로
   망하며, 몸은 그릇된 열로 망한다'라는 뜻.

나 누구든지 한 사람만 오면 각기 저의 스승이라 하여 따르리라. (3장 144절)

천지공사天地公事

임인년(1902) 4월에 천사 김형렬의 집에 머무르사 형렬에게 일러 가라
사대, 시속에 어린아이에게 개벽쟁이라고 희롱하나니 이는 개벽장開闢長
이 날 것을 이름이라 내가 삼계대권을 주재하여 천지를 개벽해 무궁한 선
경의 운수를 정하고 조화정부를 열어 재겁災劫(천재지변이 많은 시대)에 싸인
신명과 민중을 건지려 하니 너는 마음을 순결히 하여 공정公庭에 수종하라
하시고 날마다 명부공사冥府公事를 행하시며 가라사대, 명부공사의 심리審
理를 따라서 세상의 모든 일이 결정되나니 명부의 혼란으로 인하여 세계
도 또한 혼란하게 되느니라 하시고 전명숙全明淑(전봉준)으로 조선朝鮮 명
부, 김일부로 청국淸國 명부, 최수운으로 일본日本 명부를 각기 주장케 한
다 하시며 날마다 글을 써서 불사르니라. (4장 1절)

계묘년(1903) 봄에 형렬과 모든 종도들에게 일러 가라사대 옛적에는 동
서양 교통이 없었으므로 신명도 또한 서로 넘나들지 못했더니 이제는 기
차와 윤선輪船(화륜선火輪船의 줄임말)으로 수출입하는 화물의 표호標號를 따
라서 서로 통하여 다니므로 조선 신명을 서양으로 건너보내어 역사를 시
키려 하노니 재주財主를 얻어서 길을 틔워야 할지라 재주를 천거하라. 김
병욱金秉旭이 전주 부호 백남신白南信을 천거하거늘, 천사 남신에게 물어
가라사대 가진 재산이 얼마나 되느뇨. 대답하여 가로되 삼십만냥은 되나
이다. 가라사대 이십만냥으로써 그대의 생활을 넉넉히 하겠느냐. 대답하
여 가로되 그러하오이다. 가라사대 이제 쓸 곳이 있으니 돈 십만냥을 들이
겠느냐. 남신이 한참 생각하다가 드디어 허락하거늘 이에 열흘로 한정하

여 증서를 받아서 병욱에게 맡겼더니 기한이 이르매 남신이 돈을 준비하여 각지刻紙(약속어음)로 열두장을 올린데 천사 글을 많이 써서 공사를 행하시고 또 병욱에게 맡겼던 증서를 불사른 뒤에 각지는 도로 돌려주며 가라사대 돈은 이미 요긴히 써서 천지공사를 잘 보았으니 다행하도다 하시니, 남신은 현금으로 쓰지 아니하심을 미안히 여기고 다시 여쭈어 가로되 현물 시세를 보아서 무역하여 이익을 냄이 어떠하나이까. 가라사대 그는 모리謀利하는 일이니 불가하니라 하시고 또 가라사대 남신의 일이 용두사미와 같도다 하시니라. (4장 3절)

이때 천사 여러 종도들에게 일러 가라사대 이 지방을 지키는 모든 신명을 서양으로 건너보내어 큰 난리를 일으키리니 이 뒤로는 외인들이 주인 없는 빈집 드나들 듯하리라. 그러나 그 신명들이 일을 마치고 돌아오면 제 집 일은 제가 다시 주장하리라. (4장 4절)

이때 천사 병욱에게 물어 가라사대 일본과 러시아가 국가의 허약함을 타서 서로 세력을 다투는데 조정에는 당파가 나뉘어 혹은 일본과 친선하려 하며 혹은 러시아와 결탁하려 하니 너는 어떤 주의를 옳게 여기느뇨. 병욱이 대답하여 가로되 인종의 차별과 동서양의 구별로 하여 일본을 친선하고 러시아를 멀리함이 옳다 하나이다. 천사 가라사대 네 말이 옳으니라. 이제 만일 서양 사람의 세력을 물리치지 아니하면 동양은 영원히 서양 사람에게 짓밟힌 바 되리라. 그러므로 서양 사람의 세력을 물리치고 동양을 붙잡음이 옳으니 이제 일본 사람을 천지에 큰 일꾼으로 내세우리라 하시고, 이에 천지 대신문大神門을 열고 날마다 공사를 행하사 49일을 한 도수로 하여 동남풍을 불게 하시더니 미처 기한에 수일이 차지 못했는데 한 사람이 와서 병 고쳐주기를 애걸하는지라 천사 공사에 전심專心하사 미처 대답하지 못하시니 그 사람이 드디어 한을 머금고 돌아가더니 문득 동남풍이 그치거늘, 천사 그제야 깨닫고 급히 그 병인病人에게 사람을 보내어 공사의 전심으로 인하여 미처 대답하지 못한 사실을 말하여 안심하게 하고 곧 병을 고쳐주시며 가라사대 한 사람의 원한이 능히 천지 기운을 막히게 한다 하시니라. 그뒤로 러시아가 해륙으로 연하여 패하니라. (4장 10절)

장근壯根(朴壯根)을 명하여 식혜 한동이를 빚어 넣으라 하사 이날밤 초경初更(하룻밤을 다섯으로 나눈 첫번째 시각, 현재의 오후 6시경)에 식혜를 널버기(넓은 그릇의 일종)에 담아서 잉경(磬) 밑에 넣으시고 가라사대 회문산回文山에 오선위기혈이 있으니 이제 바둑의 원조 단주丹朱의 해원도수解寃度數를 이곳에 부쳐서 조선 국운을 돌리려 하노라. 다섯 신선 중에 한 신선은 주인이라 수수방관할 따름이요 네 신선이 판을 대하여 서로 패를 들쳐서 따먹으려 하므로 시일만 천연遷延하고 승부가 속히 나지 않는지라 이제 최수운을 청해 와서 증인으로 세우고 승부를 결정하려 하니 이 식혜는 곧 최수운을 대접하려는 것이로다. 너희 중에 그 문집에 있는 글귀를 아는 자가 있느냐. 몇 사람이 대답하여 가로되 기억하는 구절이 있나이다. 천사 양지洋紙에 "걸군굿 초라니패 남사당 여사당 삼대치"라 쓰시며 가라사대 이 글이 주문이라 외울 때에 웃는 자가 있으면 죽으리니 주의하라. 또 가라사대 이 글에 고저 청탁의 곡조가 있나니 외울 때에 곡조에 맞지 아니하면 신선들이 웃으리니 곡조를 잘 맞추라 하시고 천사 친히 곡조를 맞추어 읽으시며 모두 따라 읽게 하시니 이윽고 찬 기운이 도는지라, 천사 읽기를 멈추고 가라사대 최수운이 왔으니 조용히 들어보라 하시더니 문득 잉경 위에서 "가장이 엄숙하면 그런 빛이 왜 있으리"라고 외치는 소리가 들리거늘, 가라사대 이 말이 어디 있느뇨. 한 사람이 가로되 수운 가사(『용담유사』)에 있나이다. 천사 잉경 위를 향하여 두어마디로 알아듣지 못하게 수작하신 뒤에 가라사대, 조선을 서양으로 넘기면 인종이 다르므로 차별과 학대가 심하여 살아날 수 없을 것이요, 청국으로 넘기면 그 민중이 우둔하여 뒷감당을 못할 것이요, 일본은 임진란 후로 도술신명道術神明들 사이에 척이 맺혀 있으니 그들에게 넘겨주어야 척이 풀릴지라 그러므로 그들에게 일시 천하통일지기天下統一之氣와 일월대명지기日月大明之氣를 붙여주어 역사를 잘 시키려니와, 한가지 못 줄 것이 있으니 곧 '어질 인仁' 자라 만일 '어질 인' 자까지 붙여주면 천하는 다 저희들 것이 되지 않겠느냐. 그러므로 '어질 인' 자는 너희들에게 붙여주노니 오직 '어질 인' 자를 잘 지키라. 너희는 편한 사람이요 저희는 곧 너희의 일꾼이니 모든 일을 분명하게 잘해주고 갈 때는 품삯도 못 받고 빈손으로 돌아가리니 말 대접이나 후하게 하라. (4장 28절)

이때 공우에게 일러 가라사대 후천 오만년 첫 공사를 행하려 하노니 너는 잘 생각하여 가장 중대한 것을 들어 말하라. 공우 지식이 없어서 아뢸 바를 모른다 하며 사양하다가 이윽고 여쭈어 가로되 선천에는 청춘소부靑春少婦(젊은 미망인)가 수절한다 하여 공방空房(남편 없는 텅 빈 방)을 지켜 적막히 늙어버리는 것이 불가不可하오니 후천에는 이 폐단을 없애 젊은 과부는 젊은 홀아비를 늙은 과부는 늙은 홀아비를 각기 가려서 일가와 친구를 모두 청하여 공중 예석公衆 禮席을 벌이고 예를 갖추어서 개가하게 하는 것이 옳을 줄 아나이다. 천사 칭찬하사 가라사대 네가 아니면 이 공사를 보지 못하겠기에 네게 맡겼더니 잘 처결했도다. 이제 결정한 이 공사가 오만년을 내려가리라. (4장 40절)

하루는 공신의 집에 계실 새 종도들에게 물어 가라사대 이 뒤에 전쟁이 있겠느냐 없겠느냐 하시니 혹 있으리라는 사람도 있고 혹 없으리라는 사람도 있는지라 천사 가라사대 천지개벽시대에 어찌 전쟁이 없으리오 하시고 전쟁 기구를 챙긴다 하사 방에 있는 담뱃대 20여개를 거두어 거꾸로 모아 세우시고 종도들로 하여금 각기 수건으로 머리와 다리를 동여매게 하시고 또 백지에 시천주侍天呪를 써서 심을 부벼 불붙여드리고 문창門窓에 구멍을 뚫게 하신 뒤에 담뱃대를 거꾸로 메게 하시고 가라사대 행오

行伍(군대의 대열)를 잃으면 군사가 상하리라 하시고 종도들로 하여금 문으로 나가서 정주(부엌)로 돌아들어 창구멍에 담뱃대를 대고 입으로 총소리를 내게 하시며 다시 측간厠間(화장실)으로 돌아와서 창구멍에 대고 총소리를 내게 하시며 또 허청虛廳(헛간)으로 돌아들어 그와 같이 하되 궁을형弓乙形[33]을 지어 빨리 달리게 하시니 늙은 사람은 헐떡거리더라. 천사 가라사대 이 말세를 당하여 어찌 전쟁이 없으리오 뒷날 대전쟁大戰爭이 일어나면 각기 재주를 자랑하여 재주가 일등 되는 나라가 상등국이 되리라 하시니라. 이 공사를 보신 후에 사방에서 천고성天鼓聲(천둥소리)이 일어나니라. (4장 44절)

공사를 마치시고 경석과 내성은 대흥리로, 원일은 신경원辛京元의 집으로, 형렬과 자현은 구릿골로 각기 보내신 뒤에 공신과 응종과 경수에게 일러 가라사대, 경석이 성경신誠敬信이 지극하므로 달리 써볼까 했더니 제가 스스로 청하니 어찌할 수 없는 일이로다. 원래 동학은 보국안민을 주창했으나 때가 때 아니므로 불량하고 겉으로만 꾸며내는 일이 되고 말았나니 후천 일을 부르짖었음에 지나지 못한 것이라 마음으로 각기 왕후장상을 바라다가 뜻을 이루지 못하고 그릇 죽은 자가 수만명이라 원한이 창천漲天했으니 그 신명을 해원하지 않으면 후천에는 역도逆度에 걸려 정사政事를 못하게 되리라. 그러므로 이제 그 신명들을 해원하려고 그 두령을 정하려는 중인데 경석이 십이제국을 말하니 이는 자청自請함이라. 그 부친이 동학 두목으로 그릇 죽었고 저도 또한 동학 총대總代였으니 오늘부터는 동학 신명들을 전부 그에게 붙여 보냈으니 이 자리에서 왕후장상의 해원이 되리라 하시고 주지周紙에 글을 쓰며 외인의 출입을 금하시니라. 또 일러 가라사대 동학 신명이 전부 이 자리에서 해원되리니 뒷날 두고 보라. 금전도

---

33 궁을형은 태극 모양을 말함.

무수히 소비할 것이요 사람 수효도 갑오년보다 훨씬 많게 되리니 이렇게 풀어놓아야 후천에 아무 일도 없으리라. (4장 48절)

또 공신에게 일러 가라사대 너는 정음정양正陰正陽의 도수度數[34]니 네가 온전히 잘 이어받겠느냐 정심으로 잘 수련하라 문왕文王의 도수와 이윤伊尹[35]의 도수가 있으니 그 도수를 맡으려면 극히 어려우리라 미물 곤충이라도 원망이 붙으면 천지공사가 아니니라. (4장 49절)

이 공사를 시작하실 때에 각기 새 옷을 지어 입게 하시니 천사는 일광단日光緞(옛 비단의 한가지) 두루마기와 무문모초無紋毛綃(무늬 없는 비단) 바지 저고리를 지어 입으시고 다른 사람들도 모두 새 옷을 지어 입었더라. 이날 저녁에 경수의 집에서 초저녁부터 불을 끄고 일찍 자라 하사 천사는 아랫방에서 주무시고 공신과 여러 사람들은 윗방에서 자더니 새벽에 순검巡檢이 들어와서 공신을 찾거늘 공신이 대답하고 나서니 곧 포박하고 이어서 천사와 여러 사람들을 모두 포박하니라. 이때 돈 약간과 백목白木(무명베) 몇 필을 방구석에 두었는데 천사 돈과 백목을 인부를 불러 지우라 하사 따르게 하시니라. (4장 51절)

천사 여러 사람에게 일러 가라사대 이 시대는 거짓말하는 자는 없이 하는 시대니 꼭 바른 말을 하라 하시고 또 순검들에게 일러 가라사대 그대들은 상관의 명령을 받고 왔으니 거짓말을 말고 본 대로 말하라 하시니라. 일행이 고부 장터에 이르니 장꾼들이 서로 말하되 고부는 장차 쑥대밭이 되리로다 저런 큰 인물들이 잡혀왔으니 어찌 무사하기를 바라리오 하고 서로 불안히 여기니 대저 이때는 각처에서 의병義兵이 일어나므로 인심이 소동하여 실로 공포시대를 이루었더라. (4장 52절)

---

34   후천시대에는 여성에 대한 차별이 사라져 완전한 양성평등이 이루어진다는 뜻.

35   가노(家奴) 출신으로 중국 은나라 탕왕(湯王)에게 불려가서 재상이 되어 하의 걸왕(桀王)을 토벌함으로써 은이 천하를 평정하는 데 공헌한 인물.

경무청에 이르니 심문관이 병기를 가졌느냐 묻거늘 없다고 대답하니 즉시 여러 사람을 구류간拘留間(유치장)에 가두고 천사는 상투를 풀어서 들보에 매달고 저고리를 벗긴 뒤에 경관 10여명이 늘어서서 회초리로 치며 가로되 관리는 몇 명이나 죽였으며 일본 사람은 몇 명이나 죽였느뇨 천사 가라사대 우리를 의병으로 알고 묻는 말이뇨 순검이 가로되 그러하노라 가라사대 의병을 일으키려면 깊숙한 산중에 모일 것이어늘 어찌 태인 읍에서 오리五里 안에 들판 하나 떨어진 읍 사람들이 날마다 왕래하는 번잡한 곳에서 의병을 일으키리요. 또 물어 가라사대 그대들이 묻는 의병이란 것은 무엇을 이름이뇨 가로되 이씨 왕가(조선왕조)를 위하여 일본에 저항하는 것을 이름이로다 가라사대 그러면 그대들이 그릇 알았도다 우리는 그런 일을 아니하노라 그러면 무슨 일로 모였나뇨 가라사대 이제 혼란 복멸覆滅(아주 결딴나 없어짐)에 임한 천지를 개조하여 새 세상을 열고 대비겁大否劫[36]에 싸인 사람과 신명을 널리 건져 각기 안락을 누리게 하려는 모임이로다 통역 순검 문형로文亨魯가 놀라 가로되 감히 그런 대담한 말을 하느뇨 가라사대 천하사天下事에 뜻하는 자 어찌 따로 있으리요 그대는 도략과 자비가 있으면 어찌 가만히 앉아서 볼 때이리요 하시니라 이윽고 천사를 끌어 내려 구류간에 가두고 박권임朴權任이 공신을 불러내어 구둣발로 겨드랑을 차니 곧 기절하여 정신을 잃은지라 문총순文總巡이 박권임을 꾸짖어 가로되 죄의 유무를 결정하지 못했는데 어찌 그리 혹독히 하느냐 하고 천사와 공신을 고채[37]로 채워서 구류간에 넣어 여러 사람과 함께 가두니라. (4장 53절)

천사의 말씀은 한갓 황탄한 말로 돌리고 구류간에 홀로 남겨두었다가 무신년(1908) 2월 4일 경칩절에 석방하니 천사께서 그 압수되었던 돈과 백목을 찾아내어 모든 순검과 빈궁한 사람에게 나누어주시고 3일을 유하신

---

36   질병과 전쟁 등으로 크게 혼란한 세상. 병겁(病劫)이라고도 함.
37   죄인에게 채우는 형구인 '차꼬'의 사투리.

후에 와룡리 황응종의 집으로 가시니 차경석이 따르니라. (4장 60절)

하루는 걸군乞軍(농악대)이 들어와 굿을 친 뒤에 천사께서 부인으로 하여금 춤을 추게 하시고 친히 장구를 둘러매고 노래를 부르시며 가라사대, 이것이 곧 천지굿이라 나는 천하 일등재인一等才人이요 너는 천하 일등무당一等巫黨이라 이 당 저 당 다 버리고 무당의 집에 가서 빌어야 살리라 하시고, 인하여 부인에게 무당도수巫黨度數를 정하시니라. (4장 65절)

하루는 천사께서 반듯이 누우신 뒤에 부인으로 하여금 배 위에 걸터앉아 칼로 배를 겨누며 "나를 일등으로 정하여 모든 일을 맡겨주시렵니까"라고 다짐을 받게 하시고, 천사께서 허락하여 가라사대 대인의 말에는 천지가 쩡쩡 울려나가니 오늘의 이 다짐은 털끝만큼도 어김이 없으리라 하시고, 이도삼李道三, 임정준林正俊, 차경석 세 사람으로 증인을 세우시니라. (4장 66절)

하루는 종도들에게 명하사 과거의 모든 명장名將을 써 들이라 하시니 경석이 여쭈어 가로되 창업 군주도 명장이 되겠나이까. 가라사대 그러하니라. 경석이 모든 창업 군주와 명장을 낱낱이 기록하고 맨 끝에 전명숙(전봉준)을 써서 올릴진대 가라사대 왜 전명숙은 맨 끝에 썼느냐. 경석이 대답하여 가로되 왼편으로부터 보시면 전명숙이 첫머리가 되나이다. 천사 가라사대 네 말이 옳도다 전명숙은 진실로 만고 명장이라 백의한사白衣寒士(이름 없는 선비)로 일어나서 능히 천하를 움직였느니라 하시니라. (4장 122절)

하루는 경석에게 일러 가라사대 전날에는 나의 말을 좇았거니와 이 공사에는 내가 네 말을 좇으리니 모든 일을 묻는 대로 잘 생각하여 대답하라 하시고 물어 가라사대, 서양 사람이 발명한 모든 문명 이기를 그대로 두어야 옳으냐 거두어버려야 옳으냐. 대답하여 가로되 그대로 두는 것이 인간 생활에 이로울 듯 하나이다. 천사 가라사대 네 말이 옳으니 그들의 문명 이기가 하늘로부터 내려온 것이니라 하시고 또 여러 가지를 물으신 뒤에 공사로써 결정하시니라. (4장 123절)

하루는 고부인으로 하여금 춤추게 하시고 친히 장구를 치사 가라사대 이것이 천지굿이니 너는 천하 일등무당이요 나는 천하 일등재인이라 이 당 저당 다 버리고 무당의 집에서 빌어야 살리라 하시고 인하여 무당도수를 붙이시니라.**38** (4장 124절)

하루는 약방에 가서 종도 여덟 사람을 벌려 앉히시고 사물탕四物湯 한첩을 지어 그 봉지에 사람을 그리사 두 손으로 드시고 시천주侍天呪 세번을 읽으신 뒤에 여러 사람에게 차례로 돌려서 그와 같이 시키시고 남조선 배가 범피중류泛彼中流**39**로다 하고 노래하시며 가라사대 상륙했으니 풍파는 없으리라 하시니라. (4장 150절)

천사 매양 뱃소리를 하시거늘 종도들이 그 뜻을 묻자 조선을 장차 세계 상등국上等國으로 만들려면 서양 신명을 불러와야 할지라 이제 배에 실어오는 화물표를 따라서 넘어오게 되므로 그러하노라 하시니라. (4장 168절)

천사 천지공사를 마치신 뒤에 포교오십년공부종필布敎五十年工夫終筆**40**이라 써서 불사르시고 여러 종도들에게 일러 가라사대, 옛사람이 오십 살에 49년 동안 그름을 깨달았다 하나니 이제 그 도수를 썼노라. 내가 천지

---

38 증산 강일순은 1907년에 재혼한 고씨 부인을, 다가오는 후천개벽시대를 이끌어갈 수부(首婦)로 임명하고 그 역할을 부여한다는 뜻에서 '무당도수를 정하다' 또는 '무당도수를 붙인다'라고 했다.

39 판소리 심청가 가운데서, 심청이가 인당수에 빠져 가라앉지 않고 떠내려갈 때 주위의 경치를 읊은 대목.

40 49년 동안 잘못 생각해온 것을 50년에 들어와 바꾸듯이, 선천시대의 잘못된 것을 후천시대에 들어와 바꾸는 것을 이름.

운로運路를 뜯어고쳐 물샐 틈 없이 도수를 굳게 짜놓았으니 제 도수에 돌아 닿는 대로 새 기틀이 열리리라. 너희들은 삼가 타락지 말고 오직 일심으로 믿어나가라. 이제 9년 동안 보아온 개벽공사의 확증을 천지에 질정質正하리니 너희들도 참관하여 믿음을 굳게 하라. 오직 천지는 말이 없으니 뇌성과 지진으로 표징하리라 하시고 글을 써서 불사르시니 문득 천둥과 지진이 아울러 크게 일어나더라. (4장 173절)

대저 천사께서 9년 동안 공사를 행하사 천지 운로를 뜯어 고치시고 후천세계 인간생활의 모든 질서를 결정하시니 세간 만사만물에 어느 것이나 천사의 필단筆端(붓끝)을 거쳐서 나가지 않은 것이 없어 공사 건수가 실로 무한하지마는 당시 종도들이 기록해둔 것이 없고 수십년 후 생존한 종도들의 구술대로 필기하여 그중에서도 의미가 분명치 못한 것은 빼어버리고 의미가 통하는 것만 기록한 것이 이뿐이라 더구나 갑진년(1904) 을사년(1905) 양년에 반드시 큰 공사가 많이 있으련만 구술하는 종도들이 모두 잊어버리고 전하지 못한 것은 큰 유감이라 아니할 수 없노라. (4장 175절)

개벽開闢과 선경仙境

천사 가라사대 이제 혼란하기 짝이 없는 말대末代의 천지를 뜯어고쳐 새 세상을 열고 비겁(否劫)에 빠진 인간과 신명을 널리 건져 각기 안정을 누리게 하리니 이것이 곧 천지개벽이라 옛일을 이음도 아니요 세운世運에 매인 일도 아니요 오직 내가 처음 짓는 일이라. 비컨대 부모가 모은 재산이라도 항상 얻어 쓰려면 쓸 때마다 얼굴을 보며 눈치를 봐야 함과 같이, 쓰러져가는 집에서 그래도 살려면 무너질 염려가 있음과 같이 남이 지은 것과 낡은 것을 그대로 쓰려면 불안과 위구危懼가 따르드나니 그러므로 새 배포配布

를 꾸미는 것이 옳으니라. (5장 1절)

대범 판 안에 드는 법으로 일을 꾸미려면 세상에 들켜서 저해沮害를 받나니 그러므로 판 밖에 남모르는 법으로 일을 꾸미는 것이 완전하니라. (5장 2절)

크고 작은 일을 물론하고 신도神道로써 다스리면 현묘 불측한 공을 거두나니 이것이 무위이화無爲而化라 이제 신도를 골라잡아 모든 일을 도의에 맞추어서 무궁한 선경의 운수를 정하리니 제 도수에 돌아 닿는 대로 새 기틀이 열리리라. 지난 임진 난리에 정란靖亂의 책임을 최풍헌崔風憲(최치원)이 맡았으면 사흘 일에 지나지 못하고, 진묵震黙(진묵대사)이 맡았으면 석달이 넘지 않고, 송구봉宋龜峯(구봉 송익필, 1534~99)이 맡았으면 여덟달을 끌었으리라 하니 이는 선도와 불도와 유도의 법술이 서로 다름을 이름이라 옛적에는 판이 작고 일이 간단하여 한가지만 따로 쓸지라도 능히 난국을 바로잡을 수 있었거니와 이제는 판이 넓고 일이 복잡하므로 모든 법을 합하여 쓰지 않고는 능히 혼란을 바로잡지 못하리라. (5장 3절)

선천에는 상극지리相克之理가 인간사물을 맡았으므로 모든 인사가 도의에 어그러져서 원한이 맺히고 쌓여 삼계三界에 넘치매 마침내 살기가 터져나와 세상에 모든 참혹한 재앙을 일으키나니 그러므로 이제 천지도수를 뜯어고치며 신도를 바로잡아 만고의 원을 풀고 상생의 도로써 선경을 열고 조화정부를 세워 하염없는 다스림과 말없는 가르침으로 백성을 화化(교화)하며 세상을 고치리라. 무릇 머리를 들면 조리가 펴짐과 같이 인륜 기록의 시초이며 원의 역사의 처음인 당요唐堯(요임금)의 아들 단주丹朱의 깊은 원을 풀면 그뒤에 수천년 동안 쌓여 내려온 모든 원의 마디와 고가 풀리리라. 대저 당요가 단주를 불초不肖히 여겨 두 딸을 우순虞舜(순임금)에게 보내고 드디어 천하를 전傳하니 단주는 깊이 원을 품어 그 분울憤鬱한 기운의 충동으로 마침내 우순이 창오蒼梧에서 죽고 왕비가 소상瀟湘에 빠진 참혹한 일을 이루었나니, 이로부터 원의 뿌리가 깊이 박히고 시대의 추이를 따라 모든 원이 덧붙어서 더욱 발달하여 드디어 천지에 가득 차서 세상을 폭파함에 이르렀다. 그러므로 단주 해원을 첫머리로 하고, 모든 천하를 건지려는 큰 뜻을 품고 시세가 이롭지 못함으로 인하여 구족을 멸하는 참화를 당해 의탁할 곳 없이 한을 머금고 떠도는 만고 역신萬古 逆神을 그다음으로 하여 각기 원통과 억울을 풀어 혹은 행우를 바로 살펴 곡해를 바루며 혹은 의탁을 붙여 영원히 안정을 얻게 함이 곧 선경을 건설하는 첫걸음이니라. (5장 4절)

원래 역신은 곧 시대와 기회가 지은 바라 그 회포를 이루지 못하여 원한이 하늘에 넘치거늘 세상 사람들은 사리를 잘 알지 못하고 그들을 미워하여 비할 데 없는 악평으로써 일용상어日用常語(일상적으로 쓰는 말)에 모든 죄악의 머리로 일컬으니 역신들은 그것을 크게 싫어하는지라, 그러므로 이제 모든 역신을 만물 가운데 시비 없는 성수星宿로 붙여 보내리라. 하늘도 명천明天과 노천老天의 시비가 있고 땅도 후척厚瘠의 시비가 있고 날도 수한水旱의 시비가 있고 때도 한서寒暑의 시비가 있되 오직 성수는 시비가 없느니라. (5장 5절)

대개 예로부터 각 지방을 할거한 모든 족속들의 분란쟁투는 각 지방신地方神과 지운地運이 서로 통일되지 못한 탓이라, 그러므로 이제 각 지방신과 지운을 통일케 함이 인류 화평의 원동력이 되느니라. (5장 6절)

전주 모악산은 순창 회문산과 서로 마주 서서 부모산父母山이 되었으니 지운을 통일하려면 부모산으로 비롯할지라 이제 모악산으로 주장을 삼고 회문산을 응기應氣함으로써 산하의 기령氣靈을 통일할지니라. 또 수운의 글에 산하대운山河大運이 진귀차도盡歸此道[41]라 하고, 궁을가에 사명당이 갱생하니 승평시대昇平時代 불원不遠이라 했음과 같이 사명당을 응기하여 오선위기로 시비를 풀며, 호승예불胡僧禮佛[42]로 앉은 판이 되며, 군신봉조

---

41   『동경대전』「탄도유심급」에 나오는 말로, 산하의 큰 운수가 모두 이 도로 돌아온다는 뜻.

42   풍수지리설에서 산의 형태를 묘사하는 용어의 하나인 호승예불형의 줄임말. 부처 앞에서 목

群臣奉詔[43]로 임금을 내며, 선녀직금仙女織錦으로 비단옷을 입히리니 이로써 밑자리를 정하여 산하대운을 돌려 발음發蔭(음덕으로 운수가 열리고 복을 받는 일)케 하리라. (5장 7절)

또 모든 족속들은 각기 색다른 생활 경험으로 인하여 유전된 특수한 사상으로 각기 문화를 지어내어 그 마주치는 기회에 이르러서는 마침내 큰 시비를 이루나니 그러므로 각 족속의 모든 문화의 진액津液(진수)을 뽑아 모아 후천문명의 기초를 정할지니라. (5장 8절)

선도와 불도와 유도와 서도西道는 세계 각 족속의 문화의 근원이 되었나니 이제 최수운은 선도의 종장宗匠이 되고, 진묵은 불도의 종장이 되고, 주회암朱晦庵(주자)은 유도의 종장이 되고, 이마두利瑪竇는 서도의 종장이 되어 각기 그 진액을 거두며 모든 도통신道統神과 문명신文明神을 거느려 각 족속들 사이에 나타난 여러 갈래 문화의 정수를 뽑아 모아 통일케 하느니라. (5장 9절)

이제 하늘도 뜯어고치고 땅도 뜯어고쳐 물샐 틈 없이 도수를 짜놓았으니 제 한도限度에 돌아 닿는 대로 새 기틀이 열리리라. 또 신명으로 하여금 사람의 뱃속에 나돌게 하여 그 체질과 성격을 고쳐 쓰리니 이는 비록 말뚝이라도 기운을 붙이면 쓰임이 되는 연고라 오직 어리석고 가난하고 천하고 약한 것을 편히 하여 마음과 입과 뜻으로부터 일어나는 모든 죄를 조심하고 남에게 척짓지 말라. 부하고 귀하고 지혜롭고 강권强權을 가진 자는 모든 척에 걸려서 콩나물 뽑히듯 하리니 묶은[44] 기운을 채운 곳에 큰 운수를 감당키 어려운 까닭이라 부자의 집 마루와 방과 곳집(창고)에는 살기와 재앙이 가득 차 있느니라. (5장 10절)

탁을 치면서 염불을 하거나, 부처 앞에 합장하며 기도하는 형상.

43 풍수지리설에서 산의 형태를 묘사하는 용어의 하나인 군신봉조혈의 줄임말. 여러 신하가 임금의 명을 받드는 형상을 하고 있는 땅 모양.

44 '묵은'의 오기.

선천에는 위무威武로써 보배를 삼아 복과 영화를 이 길 위에서 구했나니 이것이 상극의 유전遺傳이라 아무리 좋은 것이라도 쓸 곳이 없으면 버린 바 되고 비록 천한 것이라도 쓸 곳이 있으면 취한 바 되느니, 이제 서양에서 건너온 무기의 폭위暴威에는 짝이 틀려서 겨루어낼 것이 없으리니 전쟁은 장차 끝을 맞으리라. 그러므로 모든 무술과 병법을 멀리하고 비록 비열한 것이라도 의통醫統을 알아두라. 사람을 많이 살리면 보은報恩 줄이 찾아들어 영원한 복을 얻으리라. (5장 11절)

서양 사람 이마두가 동양에 와서 천국을 건설하려고 여러 가지 계획을 내었으나 쉽게 모든 적폐를 고치고 이상을 실현하기 어려우므로 마침내 뜻을 이루지 못하고 다만 하늘과 땅의 경계를 틔워 예로부터 각기 지경을 지켜 서로 넘나들지 못하던 신명들로 하여금 서로 거침없이 넘나들게 하고 그 죽은 뒤에 동양의 문명신을 거느리고 서양으로 돌아가서 다시 천국을 건설했나니, 이로부터 지하신이 천상에 올라가 모든 기묘한 법을 받아내려 사람에게 알음 귀를 열어주어 세상의 모든 학술과 정묘한 기계를 발명케 하여 천국의 모형을 본떴으니 이것이 현대의 문명이라. 그러나 이 문명은 다만 물질과 사리에 정통했을 뿐이요 도리어 인류의 교만과 잔포殘暴를 길러내어 천지를 흔들며 자연을 정복하려는 기세로써 모든 죄악을 거리낌없이 범행犯行하니 신도의 권위가 떨어지고 삼계가 혼란하여 천도와 인사가 도수를 어기는지라, 이에 이마두는 모든 신성과 불타佛陀와 보살菩薩들로 더불어 인류와 신명계의 큰 겁액劫厄을 구천에 하소연하므로 내가 서천서역 대법국 천계탑에 내려와서 삼계를 둘러보고 천하에 대순大巡하다가 이 동토東土에 그쳐 모악산 금산사 미륵 금상에 임하여 30년을 지내면서 최수운에게 천명과 신교神敎를 내려 대도를 세우게 했더니 수운이 능히 유교의 테 밖에 벗어나 진법眞法을 들쳐내어 신도와 인문人文의 푯대를 지으며 대도의 참빛을 열지 못하므로 드디어 갑자년(1864, 수운이 죽은 해)에 천명과 신교를 거두고 신미년(1871, 증산 강일순이 태어난 해)에 스스로 세상에

내려왔노라. (5장 12절)

이때는 천지성공시대라 서신西神이 명命을 맡아서 만유를 지배하여 뭇 이치를 모아 크게 이루나니 이른바 개벽이라. 만물이 가을 바람에 혹 말라서 떨어지기도 하고 혹 성숙하기도 함과 같이 참된 자는 큰 열매를 맺어 그 수壽가 길이 창성昌盛할 것이요 거짓된 자는 말라 떨어져 길이 멸망할지라. 그러므로 혹 신위神威를 떨쳐 불의를 숙청하며 혹 인애仁愛를 베풀어 의로운 사람을 돕나니 삶을 구하는 자와 복을 구하는 자는 힘쓸지어다. (5장 14절)

원래 사람이 사는 세상에서 하고 싶은 일을 하지 못하면 분통이 터져서 큰 병을 이루나니 그러므로 이제 모든 일을 풀어놓아 각기 자유 행동에 맡겨 먼저 난법亂法을 지은 뒤에 진법眞法을 내리니 오직 모든 일에 마음을 바르게 하라 거짓은 모든 죄의 근본이요 진실은 만복의 근원이라. 이제 신명으로 하여금 사람에게 임감臨監(일이 벌어지는 현장에서 지켜봄)하여 마음에 먹줄을 잡혀 사정邪正을 감정하여 번갯불에 달리리니 마음을 바르게 못 하고 거짓을 행하는 자는 기운이 돌 때 쓸개가 터지고 뼈마디가 튀어나리라. 운수가 좋더라도 목 넘기기가 어려우리라. (5장 15절)

후천에는 천하가 한집안이 되어 위무와 형벌을 쓰지 않고 조화로써 중생을 다스려 화할지니 벼슬아치는 직품職品을 따라 화권化權이 열리므로 분의分義에 넘는 폐단이 없고, 백성은 원통과 한과 상극과 사나움과 탐심과 음탕과 노염과 모든 번뇌가 그치므로 성음소모聲音笑貌(목소리와 웃는 얼굴)에 화기和氣가 무르녹고, 동정어묵動靜語默이 도덕에 합하며 쇠병사장衰病死葬을 면하여 불로불사不老不死하며 빈부의 차별이 철폐되고 맛있는 음식과 좋은 옷이 요구하는 대로 빼다짓(장롱이나 서랍의 사투리)에 나타나며, 모든 일은 자유 욕구에 응하여 신명이 수종隨從 들며 운거雲車(수레)를 타고 공중을 날아 먼 데와 험한 데를 다니며, 하늘이 나직하여 오르내림을 뜻대로 하며 지혜가 밝아서 과거 미래 현재 시방세계의 모든 일을 통달하며 수화풍水火風 삼재三災가 없어지고 상서祥瑞가 무르녹아 청화명려淸和明麗한 낙원으로 화하리라. (5장 16절)

치우蚩尤가 작란하여 큰 안개를 지으므로 황제黃帝가 지남거指南車로써 정했나니 작란作亂하는 자도 조화요 정란靖亂하는 자도 조화라 최수운은 동세動世를 맡았고 나는 정세靖世를 맡았나니 전명숙의 동動은 천하의 난亂을 동하게 했느니라. (5장 19절)

동학 신도들이 「안심가安心歌」를 잘못 해석하여 난을 일으켰느니라. 일본 사람이 300년 동안 돈 모이는 공부와 총 쏘는 공부와 모든 부강지술富强之術을 배워왔나니 너희들은 무엇을 배웠느뇨 일심으로 석달을 못 배웠고 삼년을 못 배웠나니 무엇으로 저들을 대항하리오 저들을 하나 죽이면 너희는 백이나 죽으리니 그런 생각은 하지 말라 이제 최수운을 일본명부 전명숙을 조선명부 김일부를 청국명부로 정하여 각기 일을 맡아 일령지하一令之下에 하룻저녁으로 대세를 돌려 잡으리라. (5장 20절)

현하 대세를 오선위기의 기령氣靈으로 돌리노니 두 신선은 판을 대對하고 두 신선은 각기 훈수訓手하고 한 신선은 주인이라. 주인은 어느 편도 훈수할 수 없어 수수방관하고 다만 공궤供饋(음식을 제공함)만 했나니 연사年事에 큰 흠이 없어 공궤지절만 빠지지 아니하면 주인의 책임은 다할지라 만일 바둑을 마치고 판이 헤치면 바둑은 주인에게 돌리리니 옛날 한고조漢高祖(유방)는 마상에서 득천하得天下 했다 하나 우리나라는 좌상座上(앉은 자리)에서 득천하 하리라. (5장 25절)

바둑도 한 수만 높으면 이기나니 남모르는 공부를 해두라. 이제 비록 장량張良(한고조를 도운 장자방) 제갈諸葛(제갈량)이 두름(다발)으로 날지라도 어느 틈에 끼인지 모르리라. 선천개벽 이후로 수한도병水旱刀兵(호수와 가뭄, 전쟁)의 겁재劫災(대재앙)가 서로 번갈아서 그칠 새 없이 세상을 진탕殄蕩(모두 없애버림)했으나 아직 병겁病劫은 크게 없었나니 이 뒤에는 병겁이 온 세상을 엄습하여 인류를 전멸케 하되 살아날 방법을 얻지 못하리니 모든 기사묘법奇事妙法을 다 버리고 의통을 알아두라. 내가 천지공사를 맡아봄으로부터 이 땅에 모든 큰 겁재를 물리쳤으나 오직 병겁은 그대로 두고 너희들에게 의통을 전해주리니 멀리 있는 진귀한 약품을 중히 여기지 말고 순전純全(순수하고 온전함)한 마음으로 의통을 알아두라. 몸 돌이킬 겨를 없이 홍수 밀리듯 하리라. (5장 33절)

법언法言

천사 가라사대 선천에는 하늘만 높이고 땅은 높이지 않았으니 이는 지덕地德이 큰 것을 모름이라 이 뒤에는 하늘과 땅을 일체로 받듦이 옳으니라. (6장 1절)

이때는 해원시대라 사람도 이름 없는 사람이 기세를 얻고 땅도 이름 없는 땅에 길운이 돌아오느니라. (6장 5절)

양반을 찾는 것은 그 선영先靈의 뼈를 오려내는 것 같아서 망하는 기운이 이르나니 그러므로 양반의 기습氣習을 속히 빼고 천인賤人을 우대해야 속히 좋은 시대가 오리라. (6장 6절)

경석이 모든 행동에 위엄을 내며 양반의 기습을 본뜨거늘 가라사대 대인의 공부를 닦는 자는 항상 공근恭謹하고 온화한 기운을 기를지니 이 뒤로는 그런 기습을 빼버리라. 망하는 기운이 따라 드느니라. (6장 7절)

선천에는 돈에 눈이 어두워서 불의한 사람을 따랐거니와 이 뒤로는 그 눈을 틔워서 선한 사람을 따르게 하리라. (6장 11절)

선천 영웅시대에는 죄로써 먹고 살았으나 후천 성인시대에는 선善으로써 먹고 살리니 죄로써 먹고 사는 것이 장구長久하랴 선으로써 먹고 사는 것이 장구하랴. 이제 후천 중생으로 하여금 선으로써 먹고 살 도수를 짜놓았노라. (6장 12절)

부귀한 자는 빈천함을 즐기지 않고 강한 자는 잔약孱弱(가냘프고 약함)함을 즐기지 않으며 지혜로운 자는 어리석음을 즐기지 않나니 그러므로 나는 그들을 멀리하고 오직 빈천하고 병들고 어리석은 자를 가까이하노니 그들이 곧 내 사람이니라. (6장 14절)

부귀한 자는 자만자족하여 그 명리名利를 증대하기에 몰두하여 딴 생각이 나지 않으니 어느 겨를에 나에게 생각이 미치리요. 오직 빈궁한 자라야 제 신세를 제가 생각하여 도성덕립道成德立을 하루바삐 기다리며 운수 조일 때마다 나를 생각하리니 그들이 내 사람이니라. (6장 15절)

안내성에게 일러 가라사대 불의로써 남의 자제를 유인하지 말며 남의 보배를 탐내지 말며 남과 서로 싸우지 말며 도한屠漢(조선시대 소, 돼지 따위를 잡는 일을 업으로 하던 사람)과 무당에게 천하게 대우하지 말라. (6장 16절)

우리 일은 남 잘되게 하는 공부이니 남이 잘되고 남은 것만 차지해도 우리 일은 되느니라. 전명숙이 거사할 때에 상놈을 양반 만들어주려는 마음을 두었으므로 죽어서 잘되어 조선명부가 되었느니라. (6장 29절)

선천에 안락을 누리는 자는 후천에 복을 받지 못하리니 고생을 복으로 알고 잘 받으라. 만일 당하는 고생을 이기지 못하여 애통하는 자는 오는 복을 물리치는 것이니라. (6장 36절)

무장포고문[1]

이 세상에서 사람을 가장 존귀하게 여기는 까닭은 인륜이란 것이 있기 때문이다. 임금과 신하, 아버지와 자식 사이의 윤리는 인륜 가운데서도 가장 큰 것이다. 임금은 어질고 신하는 정직하며, 아버지는 자애롭고 자식은 효도를 다한 후라야 비로소 한 가정과 한 나라가 이루어지며, 한없는 복을 누릴 수 있는 법이다.

지금 우리 임금님께서는 어질며 효성스럽고 자애로우며, 귀신과 같은 총명함과 성인과 같은 예지를 갖추셨으니 현명하고 정직한 신하들이 보좌

---

1 「무장포고문(茂長布告文)」은 1894년 음력 3월 20일 무렵에 전라도 무장현(茂長縣)에서 전봉준이 이끄는 동학농민군이 조선왕조 전체의 폐정(弊政) 개혁을 위한 전면 봉기를 단행하기 직전에 전국 각지에 포고하여 재야의 뜻있는 선비를 비롯해 지방의 하급관리, 일반 민중들의 광범위한 호응을 촉구한 글이다. 전봉준이 이끄는 동학농민군은 1894년 음력 3월 21일에 '무장현 동음치면 당산마을'(현재 고창군 공음면 구암리 구시내 마을)에서 전면 봉기를 단행하여 북상을 개시하게 되므로 이 글은 적어도 전면 봉기가 있기 전날인 3월 20일 아니면 그 이전에 포고된 것이다. 이 포고문 속에는 전봉준을 비롯한 농민군 지도부의 당면한 시국 인식, 무장봉기를 단행하지 않을 수 없는 필연적 이유, 민중의 삶을 파탄으로 내몰고 있는 조선왕조 지배체제의 모순을 개혁하고자 하는 강력한 의지, 그리고 이 같은 취지에 공감하는 지지층의 연대와 협조를 촉구하는 내용이 대단히 사실적으로 묘사되어 있다.

하여 돕기만 한다면 요 임금과 순 임금 때의 교화敎化와, 한나라 문제와 경제 때와 같은 (태평성대의) 정치에 도달하는 것은 마치 손가락으로 해를 가리키는 것처럼 그리 오래 걸리지 않을 것이다.

그러나 지금 이 나라의 신하라는 자들은 나라의 은혜에 보답할 생각은 하지 않고 한갓 봉록과 벼슬자리만 탐내면서 임금님의 총명을 가린 채 아첨만을 일삼고 있으며, 충성스러운 마음으로 나라의 잘못을 충고하는 선비들의 말을 요사스러운 말이라 하고 곧고 바른 사람들을 가리켜 도적의 무리라 하고 있다. 또한 안으로는 기울어가는 나라를 바로잡을 인재가 없고 밖으로는 백성들을 수탈하는 관리들만 많으니 사람들의 마음은 날로 거칠고 사납게 변해가고 있으며, 백성들은 집에 들어가도 즐겁게 종사할 생업이 없고 집을 나오면 제 한 몸 보호할 방책이 없건마는 가혹한 정치는 날로 심해져 원망의 소리가 끊이지 않으며, 임금과 신하 사이의 의리와 아버지와 자식 사이의 윤리, 윗사람과 아랫사람 사이의 분별은 마침내 다 무너지고 남은 것이라곤 하나도 없는 실정이다.

일찍이 관자管子께서 말씀하시기를 "사유四維 즉 예의염치禮義廉恥가 떨치지 못하는 나라는 결국 망한다"고 했는데 지금의 형세는 그 옛날보다도 더 심하기 그지없으니, 예를 들면 지금 이 나라는 위로 공경대부公卿大夫로부터 아래로 방백수령方伯守令들에 이르기까지 모두가 나라의 위태로움은 생각하지 않고 그저 자기 몸 살찌우고 제 집 윤택하게 할 계책에만 몰두하며, 벼슬길에 나아가는 문을 마치 재화가 생기는 길처럼 생각하고 과거시험 보는 장소를 마치 돈을 주고 물건을 바꾸는 장터로 여기며, 나라 안의 허다한 재화와 물건들은 나라의 창고로 들어가지 않고 도리어 개인의 창고만 채우고 있다. 또한 나라의 빚은 쌓이는데 아무도 갚을 생각은 하지 않고, 그저 교만하고 사치하며 방탕한 짓을 하는 것이 도무지 거리낌 없어 팔도八道는 모두 어육魚肉이 되고 만백성은 모두 도탄에 빠졌으나 지방 수령들의 가혹한 탐학貪虐은 더욱 더하니 어찌 백성들이 곤궁해지지 않을 수 있겠는가.

백성은 나라의 근본인바 근본이 깎이면 나라 역시 쇠잔해지는 법이다. 그러니 기울어가는 나라를 바로잡고 백성들을 편안하게 만들 방책을 생각하지 않고 시골에 집이나 지어 그저 오직 저 혼자 온전할 방책만 도모하고 한갓 벼슬자리나 도둑질하고자 한다면 그것을 어찌 올바른 도리라 하겠는가. 우리 동학농민군은 비록 시골에 사는 이름 없는 백성들이지만 이 땅에서 나는 것을 먹고 이 땅에서 나는 것을 입고 사는 까닭에 나라의 위태로움을 차마 앉아서 볼 수 없어 팔도가 마음을 함께 하고 억조창생億兆蒼生(수많은 백성)들과 서로 상의하여 오늘의 이 의로운 깃발을 들어 잘못되어가는 나라를 바로잡고 백성들을 편안하게 만들 것을 죽음으로써 맹세하노니, 오늘의 이 광경은 비록 크게 놀랄 만한 일이겠으나 절대로 두려워하거나 동요하지 말고 각자 자기 생업에 편안히 종사하여 다 함께 태평성대를 축원하고 다 함께 임금님의 덕화를 입을 수 있다면 천만다행이겠노라.

전봉준공초[1]

첫번째 심문(1895년 2월 9일)

문 너의 이름이 무엇이냐?

답 전봉준이다.

문 나이는 몇인가?

답 마흔하나이다.

문 어디에 사는가?

---

[1] 원본은 서울대학교 규장각에 소장되어 있다(도서번호 17285). 2023년 5월 19일, 김태웅(서울대), 정병설(서울대), 홍승진(서울대), 정경훈(원광대) 교수 등과 함께 원본을 열람했다. 그 결과『전봉준공초(全琫準供草)』는 당초 2부가 작성되었던 것으로 밝혀졌다. 규장각 소장본은 그 두번째 권에 해당하는 데(共二). 따라서 첫번째 권(共一)에 해당하는『전봉준공초』가 어딘가에 소장되어 있을 가능성도 있다. 한국학중앙연구원 장서각 소장본은 규장각본을 필사한 것으로 필체는 다르나 내용은 동일하다. 국사편찬위원회 및 국가기록원(부산분원) 소장본은 규장각본을 촬영한 마이크로필름 사본이다.

답 전라도 태인 산외면 동곡泰仁 山外面 東谷에 산다.

문 직업은 무엇인가?
답 선비〔士〕로 업을 삼고 있다.

문 오늘은 법아法衙(법무아문法務衙門)의 우리 관원과 일본영사가 함께 심판하여 공정하게 처리할 것이니 하나하나 바른대로 대답하라.
답 마땅히 하나하나 바른대로 대답하겠다.

문 이미 밝혔듯이 동학의 일〔東學事〕²은 한 사람에게만 관계되는 일이 아니라 나라와 크게 관계가 있으니 비록 높은 직위의 사람과 관계된 일이 있다 하더라도 숨기지 말고 바른대로 대답하라.
답 마땅히 가르치는 대로 하겠으나 이 문제는 애초부터 나의 본심에서 우러나온 것이지 다른 사람과는 아무런 관계가 없다.

문 너는 전라도 동학의 우두머리였다고 하는데 과연 그러한가?
답 처음부터 의義를 들어 기포起包³한 것이지 동학의 우두머리라고 칭한 적은 없다.

문 너는 어디에서 사람의 무리를 모았느냐?
답 전주와 논산에서 무리를 모았다.

문 작년(1894) 3월에 고부 등지에서 민중을 모았다 하는데 어떤 사연이

---

2   1894년 음력 1월 10일의 고부농민봉기에서 시작하여 3월 21일의 제1차 기포(제1차 동학농민혁명), 같은 해 9월 14일의 제2차 기포(제2차 동학농민혁명)를 일으킨 것을 말함.
3   1894년 동학농민혁명 당시 동학의 포(包) 조직을 중심으로 봉기함.

있어 그리했는가?

답 그 무렵 고부 군수가 법으로 정해진 것 외에 부당하게 세금을 거둔 것이 수만냥이나 되었기 때문에 민심에 원한이 맺혀 그로 인해 거병하게 되었다.

문 비록 탐관오리라 할지라도 세금을 거둘 때에는 분명 명목을 내세웠을 텐데 자세히 말해보라.

답 지금 그 자세한 것을 다 말할 수는 없으나 대략을 들어 말하자면, 첫째, 이미 민보民洑(팔왕보)가 있는데도 보를 다시 쌓고, 강제로 민간에게 명령을 내려 좋은 논 한두락에서는 쌀 두말을, 나쁜 논 한두락에서는 쌀 한말을 거두어 모두 700석을 거두어들였으며, 또 버려두어 거칠어진 땅을 백성들에게 경작하도록 허가한 후에 관가에서 땅문서를 내주며 세금을 거두지 않겠다고 하고서는 급기야 추수기가 되자 강제로 세금을 거두었다. 둘째, 부자들에게서 2만냥 이상을 강제로 수탈했다. 셋째, 그의 부친이 일찍이 태인 현감을 지낸 적이 있는데 그 부친의 비(공덕비)를 세운다는 구실로 1천여냥을 수탈했다. 넷째, 백성들로부터 대동미大同米(대동법에 따라 세금으로 바치는 쌀)를 징수할 때 정백미精白米(더이상 손댈 필요 없이 잘 찧어진 쌀) 16말을 징수하고서는 위에 바칠 때는 추미麤米(품질이 나쁜 쌀)로 바꾸어 냄으로써 이득을 취한 일이다. 이 외에도 허다한 일들이 많았으나 다 말하기가 불가능할 정도이다.

문 지금 말한 내용 가운데 2만냥을 수탈했다는 것은 어떤 명목으로 그리한 것인가?

답 부모에게 불효하고, 이웃과 화목하지 못하고, 음탕한 짓을 하고, 노름을 했다는 등의 죄목을 씌워 수탈했다.

문 이와 같은 일이 한곳에서만 있었느냐 아니면 여러 곳에서 있었느냐?

답 한군데가 아니라 수십곳이 된다.

문 그런 곳이 수십군데라면 그 가운데 혹시 이름을 아는 자가 있느냐?

답 지금은 그 이름을 기억하지 못한다.

문 이 밖에 고부군수는 또 무슨 짓을 저질렀는가?

답 지금 진술한 내용은 모두 백성을 수탈한 것들인데 보를 쌓을 때 남의 산에 있는 수백년 묵은 나무들을 마구 베어 사용하고, 보를 쌓기 위해 동원된 백성들에게 한푼의 품삯도 주지 않고 강제로 일만 시켰다.

문 고부 군수의 이름은 무엇인가

답 조병갑趙秉甲이다.

문 이같이 백성들에게 탐학을 저지른 것이 고부 군수뿐이었느냐 아니면 군수 밑의 아전 무리들이 농간을 부린 것인가?

답 고부 군수 혼자서 한 일이다.

문 너는 태인에서 살았으면서 고부에서 봉기를 한 이유가 무엇인가?

답 태인에서 살았지만 고부로 이사한 지 몇 년 되었다.

문 그렇다면 고부에 너의 집이 있는가?

답 (집이 있었는데 이번 난리 통에) 불에 타서 잿더미가 되었다.

문 너는 고부 군수가 탐학한 일을 저지를 때 수탈의 피해를 본 일이 있는가?

답 없다.

문 고부 일대 인민人民이 모두 피해를 입었다고 하는데 어찌 너만 홀로 피해가 없었단 말인가?

답 학구學究[4]를 업으로 했기에 전답이라고는 세두락밖에 없었기 때문이다.

문 너의 가족은 몇이나 되는가?

답 모두 여섯명이다.

문 고부 일대의 인민이 모두 가혹한 수탈의 피해를 입었는데 너만 홀로 피해를 입지 않았다는 것은 대단히 의아한 일이다.

답 나는 조반석죽朝飯夕粥(가까스로 끼니를 이어감)으로 살고 있었는데 수탈당할 것이 무엇이 있었겠는가.

문 고부 군수가 부임한 것은 몇 년 몇 월인가?

답 재작년(1893) 동짓달(11월)과 섣달(12월) 사이이다.

문 부임하여 몇 달이나 재임했는가?

답 상세하게는 알지 못하나 재임한 햇수는 1주년이 된다.

문 부임한 초기부터 학정을 저질렀는가?

답 부임 초부터 그리했다.

4 　서당에서 학동들을 가르치는 일. 전봉준은 고부에 살면서 서당 훈장을 했다. 박문규 「석남역사」, 『한국학보』 71, 일지사 1993, 247면.

문 처음부터 학정을 저질렀다면 왜 그 즉시 들고 일어나지 않았느냐?

답 고부 일대의 인민이 참다 참다 못해 끝내 어쩔 수 없이 일어난 것이다.

문 너는 피해가 없었다면서 어찌 들고 일어났느냐?

답 내 한 몸의 피해 때문에 들고 일어나는 것을 어찌 남자가 할 일이라 하겠는가. 중민衆民이 원통함을 호소하는 까닭에 백성들을 위해 그 피해를 없애고자 했을 따름이다.

문 기포할 때 너는 어찌 주모자가 되었는가?

답 중민이 모두 나를 추대하여 주모자로 삼고자 했기에 그들의 말을 따랐을 뿐이다.

문 중민이 너를 주모자로 뽑을 때 너의 집으로 찾아왔는가?

답 중민 수천명이 내 집 근처에 모였기 때문에 자연히 그리되었다.

문 수천명 중민이 어찌하여 너를 주모자로 추대했느냐?

답 중민이 비록 수천명이었다고는 해도 대개 어리석은 농민들뿐이고, 내가 다소나마 문자를 이해할 수 있었기 때문이다.

문 너는 고부에 살 때 주변에 동학을 포교하는 일을 한 적이 없는가?

답 나는 어린 학동들을 가르치는 서당 훈장 역할을 했을 따름이고 동학을 포교한 적은 없다.

문 고부에 동학의 무리는 없는가?

답 고부에도 역시 있다.

문 고부에서 기포할 당시 동학東學(동학교도)이 많았는가? 원민寃民이 많았는가?

답 기포할 때 비록 동학과 원민이 함께 하긴 했지만 동학은 적었고 원민이 더 많았다.

문 기포한 후에 무슨 일을 했는가?

답 기포한 후에 황무지 개간에서 수탈한 세금을 원민들에게 되돌려주고 관에서 쌓은 보(만석보)를 허물어버렸다.

문 그때가 언제인가?

답 작년(1894) 3월 초순이다.

문 그후에는 어떤 일을 했는가?

답 그후에는 해산했다.

문 해산한 뒤에는 무슨 이유로 다시 기포했는가?

답 고부봉기를 해산한 뒤에 장흥부사 이용태가 안핵사로 고부에 부임해 기포했던 인민들을 모두 동학(동학교도)으로 몰아 이름을 적어 잡아들이고, 그 집에 당사자가 없으면 그들의 처자를 잡아다가 살육을 일삼았기 때문에 다시 기포[5]했다.

문 그렇다면 너는 처음에 한번이라도 관아에 정소呈訴(청원서)를 올린 적이 있는가?

답 처음에 40여명이 정소를 올렸다가 잡혀 들어갔으며, 두번째로 정소

---

5   1894년 음력 3월 21일, 전라도 무장에서 동학농민군이 제1차 기포를 단행한 일.

를 올렸다가 60여명이 쫓겨났다.

문 정소를 올린 것이 언제인가?

답 첫번째는 재작년(1893) 11월이었고, 두번째는 같은 해 12월이었다.

문 재차 기포한 것이 안핵사 때문이라 했는데 그때도 네가 주모자가 되었는가?

답 그렇다.

문 재차 기포한 후에 무슨 일을 했는가?

답 전라 감영의 군사 1만여명이 고부 인민을 모두 죽이려고 했기 때문에 어쩔 수 없이 접전接戰했다.

문 어디에서 접전했는가?

답 고부에서 접전했다.[6]

문 군대의 무기와 군량은 어디서 마련했는가?

답 무기와 군량은 모두 민간에서 마련했다.

문 고부 관아 군기고의 무기와 물자는 모두 네가 탈취하지 않았더냐?

답 그 당시에는 탈취하지 않았다.

문 그때도 역시 네가 주모자가 되었느냐?

답 그렇다.

---

6 1894년 음력 5월 11일 새벽에 황토현(黃土峴)에서 동학농민군이 전라 감영군을 맞아 접전한 일.

문 그후에 오래도록 고부에 머물렀는가?

답 고부에 머무르기 전에 장성으로 먼저 갔다.

문 장성에서도 접전했는가?

답 경군京軍(수도 한양에서 내려온 중앙군대)과 접전했다.

문 경군과 접전하여 어느 쪽이 이기고 어느 쪽이 졌는가?

답 우리 군사가 식사를 하던 중에 경군이 대포를 쏘아 우리 측에서 사망자가 40~50명이나 나왔다. 이에 우리 군대가 일제히 추격하니 경군은 마침내 도주하여 대포 2문과 탄환 등을 노획했다.

문 그때 양측 군대의 숫자는 얼마나 되었는가?

답 경군이 700명이고 우리 군사는 4천명이었다.

문 그때 장성에서 한 일을 하나하나 바른대로 말하라.

답 경군이 패주한 뒤에 우리 동학농민군은 걸음을 두배로 빨리하여 경군보다 먼저 전주성에 입성했다.

문 그때 전라감사는 없었는가?

답 전라감사는 우리 동학농민군이 오는 것을 보고 도주했다.

문 전주성을 지키면서 무슨 일을 했는가?

답 그후 경군이 뒤를 쫓아와 완산完山(완산칠봉)에 이르러 용머리재에 진을 치고 전주성을 향하여 대포를 쏴서 경기전慶基殿(태조 이성계의 어진 등을 봉안한 건물)을 파괴했다. 이런 연유를 따지자 경군 측에서 받아들이고 경군

진영(초토사 홍계훈 진영)에서 효유문을 지어 너희들이 소원하는 바대로 따르겠다고 말했으므로 감격하여 해산했다.

문 그후에는 무슨 일을 했는가?

답 그후에는 각기 집으로 돌아가 농사일에 힘썼으며, 나머지 따르지 않는 무리들이 민가를 약탈하는 일도 있었다.

문 따르지 않는 무리 약탈자들은 너와 관계가 없는가?

답 관계가 없다.

문 그후 다시 한 일은 없는가?

답 작년(1894) 10월에 나는 전주에서 기포했고, 손화중은 광주에서 기포했다.

문 다시 기포한 이유는 무엇인가?

답 그후 들으니 귀국貴國(일본)이 개화開化라 칭하고 처음부터 민간에게 일언반구의 말도 전하지 않은 채 격서檄書(여기서는 선전포고를 말함)도 없이 군대를 끌고 도성으로 쳐들어가 밤중에 왕궁을 격파하고 임금님을 놀라게 했기 때문[7]에 초야의 선비와 백성들은 충군애국忠君愛國의 마음으로 분통함을 이기지 못하여 의려義旅(의병)를 규합해 일인日人(일본군)과 접전하여 1차로 그런 사실을 따지고자 했다.

문 그후에 다시 무슨 일을 했는가?

답 그후에 생각해보니 공주의 충청 감영은 산이 가로막고 강으로 둘러

---

7   1893년 음력 6월 21일(양력 7월 23일) 미명에 일본군이 불법으로 경복궁을 침략한 사건.

싸여 있어서 지리의 형세가 뛰어나 그곳에 웅거하여 굳게 지키면 일본 군대가 쉽게 쳐들어오지 못할 것이므로 공주에 입성하여 일본 군대에 격서를 전달하고 대치하고자 했다. 그러나 일본 군대가 먼저 공주성을 점거했기 때문에 사태가 어쩔 수 없어 접전했다. 두차례 접전[8] 후에 1만여명의 동학농민군을 점검해보니 남은 자가 불과 3천여명에 지나지 않았다. 그후에 다시 두차례 접전[9]한 뒤 다시 점검해보니 500여명밖에 남지 않았으므로 전라도 금구金溝로 패주하여 다시 농민군을 모았으나 숫자는 조금 늘었으되 기율이 없어서 다시 싸우기가 지극히 어려웠다. 더욱이 일본 군대가 추격해왔기 때문에 두차례 싸운 후[10]에 패주하여 각자 해산했다. 금구(태인)에서 해산한 후에 나는 서울의 상황을 자세히 알기 위해 상경하려다가 순창 땅에서 민병民兵[11]에게 잡힌 몸이 되었다.

문 전주에 들어가 군사를 모을 때 전라도 한 도의 인민만 모았는가?
답 전라도 외 각 도에서 온 인민이 조금 더 많았다.

문 공주로 향할 때도 전라도 외 각 도의 인민이 더 많았는가?
답 그때도 역시 그러했다.

문 재차 군사를 모을 때 어떤 방법으로 규합했는가?
답 군사를 모을 때 충의忠義의 선비로서 의로운 깃발을 함께 들자는 방문을 내걸었다.

---

8   1894년 음력 10월 23일부터 25일까지 벌어진 제1차 공주전투.
9   1894년 음력 11월 8일부터 9일까지 벌어진 제2차 공주전투. 이를 흔히 '우금티전투'라 한다.
10 전봉준이 이끄는 동학농민군은 1894년 음력 11월 25일 김제 원평 구미란 일대에서 일본군과 싸우고, 다시 후퇴하여 11월 27일 태인 성황산(城隍山), 한가산(閑加山) 일대에서 일본군과 싸웠다.
11 지방의 유생 등으로 구성된 반(反) 농민군.

문 군사를 모을 때 스스로 원하는 사람만 뽑았는가 아니면 강제로 모이게 했는가?

답 내가 본래 거느리고 있던 4천명은 모두 스스로 원한 자들이며, 그 외 각지에 보낸 통문 속에 만약 응하지 않는 자는 불충무도不忠無道한 자라는 내용을 담았다.

문 작년 3월 고부에서 기포하여 전주로 향하는 동안에 어떠어떠한 고을을 거쳤고 몇 차례나 접전했느냐?

답 무장, 고부, 태인, 금구를 거쳐 전주에 이르고자 했지만 전라 감영의 군대 1만여명이 내려온다는 말을 듣고 부안으로 갔다가 다시 고부로 돌아와 감영 군대와 접전했다.

문 그후 어디로 향했는가?

답 정읍으로부터 고창, 무장, 함평을 거쳐 장성에 이르러 경군과 접전했다.

문 전주에는 언제 들어갔으며, 해산은 언제인가?

답 작년 4월 26일에서 27일 무렵에 전주성에 들어갔으며, 5월 초 5일과 6일 무렵에 해산했다.

문 다시 기포[12]할 때는 어디에서 시작했는가?

답 전주에서 시작했다.

---

12   전봉준 등이 1894년 음력 6월 21일, 일본군이 불법으로 조선왕조의 정궁인 경복궁을 불법으로 침략·점령한 사태를 접하고 일본군을 몰아내기 위해 9월 14일 전라도 삼례에서 다시 봉기한 일.

문 다시 기포할 때 몇 명쯤 모았는가?

답 4천여명이다.

문 공주에 이르렀을 때 군사는 몇 명이나 되었는가?

답 1만여명이었다.

문 공주에서 접전한 것은 언제인가?

답 지난해(1894) 10월 23일과 24일 사이였다.

문 처음에 고부에서 기포했을 때 함께 모의한 자는 누구누구인가?

답 손화중孫化中과 최경선崔慶善, 아무개 등이다.

문 그 밖에 다른 사람은 없었는가?

답 이 세 사람 외에 많은 사람이 있었지만 수를 헤아릴 수가 없다.

문 4천여명이 모였을 때는 이 세 사람만이 아닐 텐데 그 사람들의 이름을 상세히 말하라.

답 이 세 사람 외에 사소한 무리들이야 족히 말할 것이 있겠는가.

문 작년 10월 기포 때는 같이 모의한 자가 없었는가?

답 이외에 손여옥孫汝玉, 조준구趙駿九 등이 있었다.

문 손화중과 최경선은 작년 10월 기포 때는 관계가 없었는가?

답 두 사람은 광주光州의 일이 급하여 미처 오지 못했다.

문 손과 최 두 사람은 광주에서 무엇을 했는가?

답 두 사람은 10월 기포 때 즉시 공주로 향하려 했으나 일본 군대가 바다로부터 쳐들어온다는 말을 듣고 바다를 막아 광주를 굳건히 지키고자 했다.

두번째 심문(1895년 2월 11일)

문 네가 지난해 3월에 기포한 뜻은 백성을 위하여 해독을 제거하고자 한 것이라는데 과연 그러한가?

답 과연 그러하다.

문 그렇다면 내직內職(중앙의 관리)에 있는 자들과 외직外職(지방의 관리)의 관원들이 모두 탐학을 일삼았다는 말인가?

답 내직에 있는 자들이 탐학을 일삼으니 내외를 막론하고 모두가 탐학을 일삼았다.

문 그렇다면 전라도 한 도의 탐학한 관리를 제거하기 위해 기포한 것인가, 아니면 조선 팔도 전체에서 그런 뜻을 펼치고자 했는가?

답 전라도 한 도의 탐학한 무리를 제거하고 아울러 내직에 있는 매관매직자賣官賣職者를 몰아내면 팔도가 자연히 하나가 될 것이다.

문 전라감사 이하 각 고을의 수령들이 모두 탐학을 일삼았는가?

답 열에 여덟아홉이 그렇다.

문 어떤 일을 가리켜 탐학이라 하는가?

답 각 고을의 수령들은 상납上納을 구실 삼아 토지로부터 세금을 더 거두거나, 집집마다 져야 하는 부역의 세금을 마구 거두어들인다. 또 조금이라도 재산이 있는 백성에게는 공연히 죄를 뒤집어씌워 재산을 강제로 빼앗고 전답을 함부로 침탈하는 일이 하나둘이 아니었다.

문 내직에 있는 자로서 매관매직을 한 자는 누구인가?
답 혜당惠堂[13] 민영준, 민영환, 고영근 등이다.

문 이들뿐인가?
답 이외에도 아주 많아서 모두 다 말할 수가 없다.

문 이들이 매관매직한 것을 어찌 그리 분명하게 안단 말인가?
답 온 세상에 널리 알려져 모르는 사람이 없다.

문 너는 어떤 계책으로 탐관들을 제거하려 했느냐?
답 특별한 계책이 있었던 것은 아니다. 백성들을 편안하게 하려는 마음이 간절했으므로 탐학을 일삼는 자들을 보고서 분노와 탄식을 이기지 못하여 이번 일을 행한 것이다.

문 그렇다면 왜 소장을 올려 원통함을 말하지 않았는가?
답 고부 관아와 전라 감영에 소장을 올린 것이 부지기수이다.

문 고부 관아와 전라 감영에는 네가 직접 소장을 올렸느냐?
답 매번 소장은 내가 작성했고 소장을 원민들이 올리도록 했다.

---

13   대동미(大同米)를 관장하는 선혜청(宣惠廳)의 당상관(堂上官).

문 그렇다면 조정에도 원통함을 상소한 적이 있는가?

답 조정에 상소할 길이 없어 홍계훈洪啓薰 대장이 전주에 경군 군사를 거느리고 머물고 있을 때 그 연유를 써서 올렸다.

문 그때 수령들이 모두 탐학을 일삼았는데 비록 소장을 올렸다 하더라도 어찌 들어주겠는가?

답 비록 그러하기는 하나 호소할 곳이 없어 부득이 그곳에 소장을 올린 것이다.

문 고부 관아와 전라 감영에 소장을 올린 것은 언제였나?

답 지난해 정월과 2월 3월 사이였다.

문 정월 이전에는 소장을 올리지 않았는가?

답 정월 이전 고부에서는 고부 한 고을 백성들의 민장民狀(청원서)만 있었으며, 대단한 소장을 올리지는 않았다

문 고부 관아와 전라 감영에 여러 차례 소장을 올렸음에도 끝내 들어주지 않았기 때문에 기포한 것이냐?

답 그렇다.

문 너는 고부 군수로부터 그다지 피해를 입지 않았는데 무슨 생각으로 이번 거사를 일으킨 것이냐?

답 세상일이 날로 그릇되어가므로 분연히 한번 세상을 구해보겠다는 생각이었다.

문 너와 함께 모의한 손화중과 최경선 등은 모두 동학을 대단히 좋아했느냐?

답 그렇다.

문 이른바 동학이란 어떤 주의主意이며 어떤 도학道學인가?

답 마음을 잘 지키고 충효로써 근본을 삼으며, 잘못되어가는 나라를 바로잡아 백성들을 편안하게 하고자 하는 것(輔國安民)이다.

문 너 역시 동학을 대단히 좋아했느냐?

답 동학은 마음을 지키고 하늘을 공경하는(守心敬天) 도이므로 나 역시 대단히 좋아한다.

문 동학이 시작된 것은 언제부터인가?

답 동학이 시작된 것은 30여년 전이다.

문 누구로부터 시작되었느냐?

답 경주에 살던 최제우에 의해 시작되었다.

문 지금도 전라도에 동학을 존숭하는 사람들이 많으냐?

답 난리를 겪은 후에는 사망자가 속출하여 지금은 많이 줄었다.

문 네가 처음 기포할 당시 거느렸던 무리들은 모두 동학(동학교도)이었느냐?

답 이른바 접주接主는 모두 동학이었지만 그 나머지 거느린 무리들은 충의의 선비라고 일컫는 이들이 다수였다.

문 접주란 어떤 직책인가?

답 앞에서 이끄는 자를 가리키는 것이다.

문 그렇다면 기포할 당시에 무기와 군량을 마련한 자들인가?

답 모든 일에 지휘를 맡은 이들이다.

문 접주와 접사接司는 처음부터 있었는가?

답 이미 있었던 것이지만 기포할 때 새로 임명한 경우도 있었다.

문 동학(동학교도) 가운데 앞에서 이끄는 직책은 접주와 접사뿐인가?

답 접주와 접사 외에도 교장敎長, 교수敎授, 도집都執, 집강執綱, 대정大正, 중정中正 등 여섯가지 직책이 있다.

문 이른바 접주라는 자는 평소에 무슨 일을 하는가?

답 별로 하는 일이 없다.

문 이른바 법헌法軒이란 어떤 직책인가?

답 직책이 아니라 장로(최시형)의 별칭이다.

문 위에서 말한 여섯가지 직책은 무슨 일을 하는가?

답 교장과 교수는 어리석은 백성들을 가르치는 직책이요, 도집은 감화력을 갖추고 기강에 밝으며 선악의 경계를 아는 직책이며, 집강은 옳고 그른 것에 밝아서 기강을 바로잡는 직책이다. 대정은 공평하고 부지런하며 온후한 사람이다. 중정은 능히 직언을 할 만한 강직한 성품을 가진 사람이다.

문 접주와 접사는 같은 직책인가?

답 접사는 접주가 지휘하는 것을 듣고 따르는 사람이다.

문 위에서 말한 여러가지 직책은 누가 임명하는가?

답 법헌(최시형)이 교도가 많고 적음을 헤아린 다음에 차례로 임명한다.

문 동학 가운데 남접南接과 북접北接이 있다고 하는데, 남접과 북접은 무엇에 의해 구별하는가?

답 호이남湖以南(호남) 지역을 가리켜 남접이라 하고, 호중湖中(충청) 지역을 가리켜 북접이라 한다.

문 작년에 기포할 때 위에서 말한 직책들은 어떤 일들을 지휘했느냐?

답 각자 맡은 바 일을 지휘했다.

문 각자 일을 맡은 자들은 모두 너의 지휘를 듣고 따랐느냐?

답 내가 모두 지휘했다.

문 마음을 닦고 하늘을 공경하는 도를 동학이라 부르는 까닭은 무엇인가?

답 우리 도는 동(동쪽 나라)에서 나왔기에 동학이라 부르는 것이다. 처음에 비롯된 뜻은 시작한 사람이 분명히 알고 있을 것이며, 나는 다른 사람들이 그렇게 부르는 것을 따라서 불렀을 따름이다.

문 동학에 들어가면 능히 괴질도 면할 수 있다고 한다는데 과연 그러한가?

답 동학의 글[14]에 말하기를 앞으로 3년 괴질이 있을 터인데 하늘을 공경

---

14 『용담유사』「권학가」에 "하늘님을 공경하면 아동방 삼년 괴질 죽을 염려 있을쏘냐 (…) 성경이자(誠敬二字) 지켜내어 하늘님을 공경하면 자아시(自兒時) 있던 신병 물약자효(勿藥自效) 아닐런가"라고 나온다.

하고 마음을 지키면 가히 면할 수 있다고 했다.

문 동학은 조선 팔도에 모두 전파되었는가?

답 5개 도(경기, 충청, 전라, 경상, 강원)에는 모두 전파되었으나 서북 3개 도(황해, 평안, 함경)는 잘 모르겠다.

문 동학의 가르침을 공부하면 병을 면하는 외에 다른 이익은 없는가?

답 다른 이익은 없다.

문 작년에 양호초토사 홍(계훈) 대장에게 절목節目[15]을 올린 적이 있다는데 과연 그러한가?

답 그렇다.

문 절목을 올린 후에 탐관오리를 제거하는 징험이 있었느냐?

답 별 징험이 없었다.

문 그렇다면 홍 대장이 백성들을 속인 것이 아닌가?

답 그렇다.

문 그렇다면 백성들은 왜 다시 원통함을 호소하지 않았느냐?

답 그후에 홍 대장은 서울에 있었으니 어찌 다시 원통함을 호소할 수 있었겠는가.

문 다시 기포한 것은 일본군이 궁궐을 침범했기 때문이라고 했는데, 다

15　전주화약(全州和約) 직전에 전봉준 등 동학농민군 지도부가 폐정 개혁을 요구하며 양호초토사 홍계훈에게 제출한 27개조의 청원서.

시 일어난 뒤에 일본군에 대해 어떤 일을 하려고 했느냐?

답 궁궐을 침범한 까닭을 따지려 했다.

문 그렇다면 일본군과 서울에 있는 외국인을 모두 몰아내고자 했느냐?

답 그렇지 않다. 다른 나라 외국인들은 통상만 할 뿐인데, 일본인들은 군대를 이끌고 서울에 주둔했으므로 우리나라의 영토를 침범하려는 것이 아닌가 하고 의아하게 생각했다.

문 이건영李健永이라는 사람을 아느냐?

답 잠깐 만난 적이 있다.

문 만났을 때 무슨 이야기를 나누었느냐?

답 자신을 소모사召募使라고 말하기에 소모사라면 당연히 어느 곳에 소모영을 설치하라고 말한 적은 있으나 그는 나와 아무 관계가 없어서 곧 금산錦山으로 떠났다.

문 어디에서 만났느냐?

답 삼례역參禮驛에서 만났다.

문 그때 이건영이 어디로부터 왔다고 하더냐?

답 경성에서 왔다고 했다.

문 누가 보냈다고 하더냐?

답 정부에서 보냈다고 했는데 삼사일이 지나 들으니 거짓으로 소모사라고 칭했다고 하기에 잡아들이도록 명령했다.

문 소모사라고 믿을 만한 문서가 있었느냐?

답 그러한 문서는 본 적이 없다.

문 그때 네가 거느리고 있던 무리는 얼마나 되었느냐?

답 수천 명이었다.

문 그 외에 소모사라고 칭하면서 기포를 권유한 사람이 있었더냐?

답 그런 사람은 없었다.

문 송정섭宋廷燮을 아는가?

답 단지 충청도 소모사라는 소문만 들었을 뿐이다.

문 다시 기포할 때 최법헌(최시형)과 상의했더냐?

답 상의하지 않았다.

문 최법헌은 동학의 우두머리인데 동학의 무리를 모으면서 어찌 상의하지 않았단 말인가?

답 충의는 각자의 본심에서 우러나온 것인데 하필이면 최법헌과 상의하여 기포할 이유가 있겠는가?

문 작년 8월에 너는 어디에 있었느냐?

답 태인에 있는 나의 집에 있었다.

문 그 나머지 무리들은 어디에 있었느냐?

답 각자 자기 집에 있었다.

문 충청도 천안 지방에도 너의 무리들이 있느냐?

답 그곳에는 나의 무리가 없다.

세번째 심문(1895년 2월 19일)

문 너는 일전에 답변하기를 송희옥宋喜玉을 모른다고 했는데 희옥 두 글자는 이름이냐 호이냐?

답 희옥은 이름이고 칠서漆瑞는 자이다.

문 송희옥과 더불어 삼례역에서 이미 함께 모의했으면서 어찌 그 이름을 자세히 알지 못한단 말인가?

답 송희옥은 본래 허망한 무리로서 갑자기 나타났다가 갑자기 가버리기 때문에 실지 어디에 있는지 자세히 알지 못한다.

문 들자니 송희옥은 전라도 한 도의 도집강都執綱일 뿐만 아니라 너와는 친척 간이라고 들었는데 네가 지금 고하는 것을 들은즉 오로지 거짓으로 꾸며대고 솔직하게 고백하지 않으니 의심하지 않을 수 없다. 하물며 네 죄의 경중은 송희옥이 거짓으로 꾸며대는 데 있지 않고, 송희옥의 죄 역시 네가 감추고 보호해주는 데 달린 것이 아니니 오로지 신뢰할 수 있어야 하는데 너는 진실로 어떤 마음이더냐?

답 앞에서 고한 바와 같이 송(희옥)은 본래 부황浮黃(실속 없이 들뜨고 부풀어 있음)한 무리로서 지난번 일본영사관에서 심문받을 때 일본영사가 글 한 편을 보여줬는데 송희옥의 글이었다. 그 글에 운현변雲峴邊(대원군)과 서로 통하고 있다고 적혀 있으므로 내가 곰곰이 생각해보니, 그가 그러한 말을 위조하여 시국의 힘을 빌리고자 한 것 같았다. 이렇게 사실이 아닌 거짓을 꾸미는 것은 실로 남아(대장부)가 할 일이 아니요, 존엄尊嚴(임금)을 모독하고 공연히 시국의 물의를 일으킨 것이므로 잠시 이를 꾸며서 말한 것이다.

문 남자의 말은 수백마디가 사실이라 하더라도 만약 한마디가 거짓이라면 백마디 모두 거짓이 되는 것이다. 이것으로 미루어 보건대 앞서서 알지 못한다고 한 것이나 하지 않았다고 한 것 모두 거짓이 아니냐?

답 마음과 정신이 혼미하여 과연 착오가 있었다.

문 송희옥이 갑오년(1894) 9월에 쓴 글에서 이르기를 "어제저녁에 다시 두 사람이 비밀리에 내려와서 (조정 안에서 일어난) 일의 전말을 자세히 알게 되었다. 과연 개화변開化邊(개화파)에 눌려 있으므로 우선 그들을 잘 알아듣게 타이른 뒤에 비밀히 기별이 있을 것이라"고 했다. 이것이 누가 보낸 글인지 너는 역시 모른단 말인가? 지난번에 너는 "작년 10월에 다시 기포한 것은 일본인이 군대를 거느리고 입궐했는데 그 이익과 손해가 어디에 있는지를 알지 못했기 때문에 이 나라의 신하와 백성 된 자로서 한순간도 안심할 수 없어서 기포했다"고 했으니, 이것은 대원군으로부터 비밀스러운 기별이 배후에 있었음을 알려주는 것이다. 그런데도 너는 재차 기포할 때 (대원군과) 몰래 합의한 것이 아니라고 할 것이냐?

답 그동안 비록 그같은 무리들이 왕래했다 하더라도 평소에 그 얼굴을 알지 못하는데 그토록 중대한 사건을 어찌 그들과 의논할 수 있겠는가? 그러하기에 행적이 수상한 자는 단 한 사람도 만난 적이 없다.

문 남원부사 이용헌李用憲(李龍憲의 오기)과 장흥부사 박헌양朴憲陽이 입은 피해는 누구의 소행인가?

답 이용헌은 김개남이 한 일이고, 박헌양은 누구에게 피해를 입었는지 알지 못한다.

문 은진에 사는 김원식金元植이 입은 피해는 누구의 소행인가?

답 공주의 동학 우두머리 이유상李裕相(李裕尙)이 한 일이요 나와는 관계가 없다.

문 작년에 다시 기포할 때 너는 묘당廟堂(조정)에서 온 효유문을 보지 못했는가?

답 대원군으로부터 온 효유문은 보았지만 묘당에서 온 효유문은 보지 못했다.

문 비록 묘당에서 온 효유문을 보지 못했다고 하나 대원군으로부터 온 효유문을 보았다면 세상일을 알 수 있었을 것이다. 그런데 일의 기틀이 어떠한지를 헤아리지 않고 함부로 백성들을 선동하여 무단히 난을 일으켜 백성들을 물과 불 속으로 빠뜨렸으니 이 어찌 신하된 자로서 할 일인가?

답 일의 상세한 사정을 모르고 함부로 백성들을 선동했으니 과연 이것은 잘못된 일이다.

세번째 심문(1895년 2월 19일) 중 일본영사의 심문

문 송희옥의 글 가운데 이른바 대원군의 비밀 기별이 사실인지 거짓인지 너는 어떻게 알았느냐?

답 송희옥은 본래 부랑한 자이므로 그것으로 미루어 말한 것이다. 또한 설령 대원군은 이런 일이 있다면 마땅히 나와 먼저 통할 것이요 송희옥과 먼저 통할 리가 없다.

문 송희옥은 너보다 아래인가 위인가?

답 따로 상하를 가릴 것은 없고 같다고 보는 것이 편할 것이다.

문 송은 다시 기포할 때 너와 의논하지 않았더냐?

답 다시 기포할 때 비록 더러 참석하기는 했지만 처음부터 횡설수설했다.

문 송이 만약 횡설수설했다면 거짓으로 대원군의 비밀 기별을 다른 사람에게 보낸 것은 무슨 까닭인가?

답 송(희옥)이 누구에게 글을 보내서 어떤 포가 일어났는지 비록 헤아리기 어렵지만 나에게 관계된 일은 방관했다.

문 송(희옥)과 너는 같은 포가 아니어서 피차 한 일에 대해 서로 알지 못하는 바가 있었을 것이다.

답 그렇다.

문 그런데 너는 송(희옥)이 거짓으로 비밀 기별한 것을 어찌 분명하게 알고 있었느냐?

답 송은 애당초 서울에 머문 일이 없었을 뿐만 아니라, 이름이 알려진 인물도 아니기 때문에 스스로 생각해서 그렇게 말한 것이다.

문 (네가) 앞뒤로 말한 내용을 합하여 살펴보면 송은 너와 평소 서로 친한 사이인데 계속 모른다고 하니 이 또한 의심스럽다.

답 지난번 귀관(일본영사관)에서 진술할 때 보여준 글은 부랑한 자와 관계된 것이어서 역시 알지 못한다고 한 것이다. 만약 (송희옥을) 잘 아는 자로 상대했다면 반드시 그 글의 내력에 대해 물었을 것이고, 그렇게 되면 의혹에서 벗어나기 어려울 것이라 생각하여 잠시 그렇게 거짓으로 고한 것이다.

문 그렇다면 너에게 이로운 것을 물으면 대답하고 너에게 해가 되는 것을 물으면 모른다고 대답하는 것이 옳은 일인가?

답 이로움과 해로움을 따진 것은 아니나 특별히 의심을 벗어나기 어려운 것은 그리했다.

문 전라도 사람은 반복이 무상하다는 말을 일찍이 들었는데 지금 네가 고하는 것이 그러한 버릇을 답습하고 있다. 그러나 질문이 오래가면 모든 일의 정상情狀이 저절로 드러나는 법이니 비록 일언반구라도 반드시 거짓으로 고하지 말라.

답 송희옥 한가지 일은 비록 거짓으로 고했다 할지라도 그 나머지는 처음부터 단 한마디도 거짓말을 한 적이 없다.

문 이번 재판은 (조선과 일본) 두 나라에 관계되는 재판이므로 일호의 치우침 없이 처리할 것이다. 그러므로 감히 이치에 맞지 않는 말로 속여서 한순간을 넘기려 한다면 탐관오리를 징벌하고 간신배를 몰아내고자 했다는 너의 말을 믿을 사람은 아무도 없을 것이다.

답 붙잡힌 지 몇 달이 지난데다 병까지 걸린 몸이라 한마디 실수한 것이 없지 않다.

문 송과 너는 인척 관계가 없는가?

답 처가로 7촌이다.

문 기포할 때 어디서 처음 보았는가?

답 비록 삼례에서 처음 보았으나 실제로 같은 포에서 일한 적은 없다.

문 처음 만났을 때 무슨 일을 상의했는가?

답 처음 만났을 때 이때에 무슨 일을 할 것인가를 말하고, 나 역시 추후에 기포하여 올라갈 것이라고 말했다.

문 그때가 언제인가?

답 지난해 10월 다시 기포할 때인데 날짜는 자세히 알 수 없다.

문 네가 다시 기포한 것은 무엇을 하기 위한 것이었느냐?

답 그것에 대해서는 이미 앞에서 다 말했다.

문 너와 송희옥이 삼례에서 만났을 때 혹시 대원군의 말이라고 청탁하는 것은 없었더냐?

답 송(희옥)이 말하기를 대원군으로부터 두 사람이 내려왔다고 하면서 속히 올라오는 것이 좋을 것이라는 교지가 있었다고 하기에 문서가 있느냐고 물었더니 없다고 했다. 내가 문서를 보여주지 않은 것을 책망했더니 횡설수설하며 실로 황당했다. 또한 반드시 운현궁雲峴宮(대원군)의 교지를 말하지 않더라도 마땅히 해야 할 일이라면 나는 당연히 할 것이라고 송에게 말했다.

문 삼례에서 기포할 때의 무리는 얼마였느냐?

답 4천여명이었다.

문 그후에 접전한 것은 며칠이었느냐?

답 삼례에서 기포하여 출발한 후 20여일이 지나 처음으로 접전했다.

문 송(희옥)이 말하기를 운현궁(대원군)으로부터 두 사람이 내려왔다고 했는데 성명은 무엇이냐?

답 그때 들었을 때는 알았지만 지금은 기억이 나지 않는다.

문 두 사람의 성명을 비록 정확하게 듣지는 못했다 하더라도 성이라든지 이름이라도 기억이 나지 않는단 말이냐?

답 그 성이 박과 정 씨였던 것 같은데 정확한 것은 아니다.

문 박과 정 씨라면 박동진朴東鎭과 정인덕鄭寅德이 아니더냐?

답 박동진은 맞는데 정인덕은 맞는지 잘 모르겠다.

문 박동진과 정인덕은 송희옥에게 무슨 말을 했다고 하더냐?

답 송이 말하기를 운현궁은 역시 네(전봉준)가 올라오기를 기다린다고 말했다.

문 송희옥은 지금 어디에 있느냐?

답 이번에 서울로 올라오면서 들자니 고산高山에서 민병에게 죽임을 당했다고 하는데 정확하지는 않다.

문 운현궁의 효유문은 어디서 구해 보았느냐?

답 9월경 태인 본가에 머물고 있을 때 내 휘하의 한 사람이 베껴 가져와서 보았다.

문 그때가 바야흐로 기포하려고 할 때였느냐?

답 그때는 집에서 치료 중이었으므로 기포할 생각이 없었다.

문 그때 전라도에서는 동학도들의 소요가 없었느냐?

답 그때 김개남金開男 등이 여러 고을에서 소요를 일으키고 있었다.

문 여러 고을이라 하면 어디를 말하는 것이냐?

답 순창, 용담, 금산, 장수, 남원 등이며 그 나머지는 정확히 알지 못한다.

문 대원군의 효유문은 단 한차례만 보았더냐?

답 그렇다.

문 효유문에는 어떤 내용이 들어 있었느냐?

답 "너희들의 이번 소요는 실로 수령들의 탐학과 백성들의 원통함에서 연유한 것이므로 앞으로는 관리의 탐학을 틀림없이 징계하여 백성들의 억울함을 반드시 풀어줄 것이니 각자 집으로 돌아가 편안히 생업에 종사하는 것이 옳을 것이나, 혹시라도 이를 준수하지 않으면 마땅히 왕명으로 다스릴 것이다"라고 했다.

문 효유문에는 도장이 찍혀 있더냐?

답 내가 본 것은 베낀 것이어서 도장이 없었다. (그러나) 관아에 도착한 원본에는 있었다고 하며 방방곡곡에 게시했다고 한다.

문 누가 방방곡곡에 게시하는 일을 했느냐?

답 관아에서 했다고 들었다.

문 효유문은 누가 가지고 갔다고 하더냐?

답 주사의 직함을 가진 사람이 가지고 갔다고 들었다.

문 그때 본 효유문은 네가 보기에 진짜이더냐 가짜이더냐?

답 이미 관아에서 게시했는데 어찌 가짜라고 여기겠는가?

문 너는 그 효유문이 진짜인 줄 알았으면서도 어찌 다시 기포했느냐?

답 귀국(일본)의 속셈을 정확히 알아보기 위해서였다.

문 정확하게 알아본 뒤에는 장차 무슨 일을 하려고 했느냐?

답 잘못되어가는 나라를 바로잡아 백성을 편안하게 할 계책(輔國安民之計)을 실행하려고 했다.

문 네가 다시 기포한 것은 대원군의 효유문을 믿지 못했기 때문인가?

답 그전에도 묘당(조정)에서 내린 효유문이 한두차례가 아니었지만 끝내 제대로 시행된 적이 없었다. 그래서 백성들의 뜻을 임금님에게 전할 길이 없었고 임금님의 은택도 백성들 처지에서는 입기 어려워 일차 상경하여 백성들의 뜻을 정확하게 진정하고자 했다.

문 이미 효유문을 보고서도 감히 다시 기포한 것은 잘못이 아닌가?

답 직접 눈으로 보고 귀로 듣기 전에는 깊이 믿기 어려웠기 때문에 다시 기포한 것을 어찌 잘못이라고 하겠는가.

문 앞에서 실수라고 말했던 것은 무엇이냐?

답 앞에서 실수라고 말했던 것은 세상일을 정확하게 알지 못했음을 가리키는 것이지 효유문을 보고 못 보고를 말하는 것이 아니다.

문 네가 다시 기포한 것은 대원군의 효유문이 개화파의 압력에 의한 것이라고 보고 아울러 운현궁(대원군)이 너희가 서울로 올라오는 것을 기다린다고 생각해서 한 일이 아니더냐?

  답 대원군의 효유문이 개화파의 압력 때문에 나온 것인지 아닌지 나는 모르며, 재차 기포한 것은 나의 본심에서 나온 것이다. 또한 비록 대원군의 효유문이 있었다 해도 깊이 믿기 어려웠기 때문에 힘써 다시 기포를 도모하게 되었다.

  문 일본군이 궁궐을 침범했다는 소식은 언제 들었느냐?
  답 7월과 8월 사이에 들었다.

  문 누구에게서 들었느냐?
  답 소문이 자자하여 자연히 알게 되었다.

  문 이미 창의倡義를 말했으면 소식을 듣자마자 기포해야지 왜 10월까지 기다렸느냐?
  답 때마침 병중에 있었고 많은 무리를 일시에 일제히 움직일 수가 없었을 뿐만 아니라, 새 곡식이 아직 여물기 전이어서 자연히 10월에 이르게 되었다.

  문 대원군이 동학과 관계가 있다는 사실은 세상 사람들이 모두 아는 바이다. 또한 지금 대원군은 아무런 권세가 없으므로 네 죄의 가볍고 무거움은 이곳 재판정에서 결정되는 것이지 대원군에게 있는 것이 아니다. 그런데도 너는 끝내 바른대로 말하지 않고 대원군이 몰래 보호해주기만을 바라고 있는 것 같으니 이것은 과연 무슨 뜻인가?
  답 대원군이 다른 동학과 관련 있는 것이 비록 백수십 무리들이라 할지라도 애당초 나와는 관계없는 일이다.

문 대원군이 동학과 관계있다는 것은 세상 사람들이 다 아는 사실인데 어찌 너만 홀로 듣지 못했다는 말이냐?

답 실제로 듣지 못했다.

문 대원군이 동학과 관계있다는 말을 처음부터 하나도 듣지 못했다는 말인가?

답 그렇다. 나에 관한 일도 감추는 것이 없는데 하물며 남의 일을 숨길 리가 있겠는가.

문 송희옥이 대원군과 관계있는 것을 너도 알고 있었느냐?

답 송희옥과 대원군은 전혀 관계가 없다.

문 그들이 서로 관계가 없다는 것을 네가 어떻게 아느냐?

답 송희옥과 대원군 사이에 관계가 있다는 증거가 확실하지 않으니 스스로 생각해보아도 그들 사이에 관계가 없는 것이 분명하다.

네번째 심문 (1895년 3월 7일, 일본영사의 심문)

문 너의 이름이 한두개가 아닌데 도대체 몇 개나 되느냐?

답 전봉준 하나뿐이다.

문 전명숙全明淑은 누구의 성명이냐?

답 나의 자字이다.

문 전녹두全綠豆는 누구인가?

답 세상 사람들이 부르는 이름이지 내가 지은 이름이 아니다.

문 이 외에 다른 별호는 없는가?
답 없다.

문 이외에 다른 별호나 몇 글자로 부르는 칭호가 있느냐?
답 없다.

문 네가 매번 사람들에게 글을 써서 보낼 때 이름을 쓰느냐 자를 쓰느냐?
답 이름을 쓴다.

문 네가 작년 10월 다시 기포할 때 날짜는 며칠이었느냐?
답 10월 12일인 것 같으나 정확하지는 않다.

문 삼례에서 다시 기포하기 전에는 어디에 있었느냐?
답 내 집에 있었다.

문 네가 전주에서 (홍계훈의) 초토병과 접전한 후 해산하고서는 어디로 갔느냐?
답 십여 고을을 돌아다니며 (동학농민군에게) 집으로 돌아가도록 권유하고 나도 역시 집으로 돌아갔다.

문 전주에서 해산한 것은 언제이더냐?
답 5월 초 7일과 8일 사이이다.

문 전주에서 해산한 후에 제일 먼저 도착한 곳은 어디이더냐?

답 금구를 거쳐 김제·태인 등지로 갔다.

문 처음 금구에 도착한 것은 언제이더냐?

답 금구는 지나는 길에 잠시 들렀고 5월 초 8일과 9일 사이에 김제에 이르렀다가 초 10일에 태인에 도착했다.

문 태인에 도착한 후 거쳐간 고을은 모두 어디인가?

답 장성, 담양, 순창, 옥과, 남원, 창평, 순천, 운봉을 거쳐서 즉시 집으로 돌아갔다.

문 집에 들어간 것은 언제이더냐?

답 7월 그믐에서 8월 초 사이였다.

문 각 고을을 돌아다닐 때 네 혼자 다녔느냐 아니면 일행이 있었느냐?

답 기병騎兵 20여명을 거느리고 다녔다.

문 그때 최경선도 함께 다녔느냐?

답 그렇다.

문 손화중도 함께 다녔느냐?

답 그는 함께 다니지 않았다.

문 전주에서 해산한 후 손화중은 어디로 갔느냐?

답 그 무렵 손화중은 전라도의 여러 고을을 돌아다니며 귀화를 권유했다.

문 손화중이 전주에서 해산한 것은 너와 같은 날짜였더냐?

답 그렇다.

문 전주에서 해산한 뒤로 너는 손화중을 보지 못했더냐?
답 4~5개월 동안 만나지 못했다.

문 4~5개월이 지난 후에 어디에서 다시 만났느냐?
답 8월 그믐에 전라감사의 명령을 지니고 먼저 나주로 내려가 민보군의 해산을 권유한 다음, 돌아오는 길에 장성에 이르러 처음 만났다.

문 손화중을 만나서 무엇을 의논했느냐?
답 그때 나는 전라감사로부터 따로 부탁받은 바가 있었기에 같이 전라 감영으로 가는 것이 좋겠다는 것을 의논했다.

문 그랬더니 손화중이 무엇이라고 대답하더냐?
답 지금 몸이 아파 함께 갈 수 없으니 병이 나은 후에 뒤따라가겠노라고 대답했다.

문 그 밖에 상의한 일은 없느냐?
답 없다.

문 일본군이 대궐을 침범했다는 소식은 언제 어디에서 들었느냐?
답 7월 중에 남원에서 들었다.

문 그렇다면 여러 고을을 돌아다니며 귀화를 권하던 때에 들었단 말인가?
답 이것은 거리에 떠도는 소문을 들은 것뿐이다.

문 이런 소문을 듣고 무리를 모아 일본군을 격파하는 일을 상의한 곳은 어디인가?

답 삼례역이다.

문 삼례에서 이 일을 상의한 특별한 이유는 무엇인가?

답 전주 부중府中의 바깥에 있으면서 주막이 다소 많은 곳으로 삼례만 한 곳이 없기 때문이었다.

문 삼례에서 만나기 전에 혹시 다른 곳에서 회합한 적은 없느냐?

답 원평에서 하룻밤을 지내고 곧바로 삼례에 도착했다.

문 집을 출발한 것은 언제였느냐?

답 10월 초순경이었다.

문 네가 삼례로 갈 때 누구와 동행했느냐?

답 동행은 없었다.

문 가는 도중에 만난 동행자도 없었느냐?

답 없었다.

문 그때 최경선이 동행하지 않았더냐?

답 최경선은 그후에 도착했다.

문 삼례에서는 누구의 집에서 모였느냐?

답 주막집에서 모였다.

문 삼례에는 본래 친척 집이 있었느냐?

답 처음부터 친척 집은 없었다.

문 삼례의 호구 수는 얼마나 되느냐?

답 100여호 된다.

문 네가 살던 근처에도 반드시 100여호가 되는 마을이 없지 않았을 터인데 특별히 삼례에서 모인 것은 무슨 이유 때문이더냐?

답 이곳 삼례는 길이 사방으로 트이고 겸하여 역驛이 있는 마을이었기 때문이다.

문 최경선이 삼례에 도착한 후 며칠이나 함께 묵었느냐?

답 5~6일간 머물다가 곧바로 광주와 나주 등지로 떠났다.

문 왜 광주와 나주 등지로 떠났느냐?

답 기포를 하기 위해서였다.

문 최경선이 광주와 나주로 간 것은 그때 네가 시킨 것이냐?

답 내가 시킨 것은 아니고 그가 단지 광주와 나주에 인연이 있고 예로부터 친지가 많아 기포하는 데 용이했기 때문이다.

문 삼례에서 모였을 때 동학도로서 이름이 있는 자는 누구누구였느냐?

답 금구의 조진구, 전주의 송일두, 최대봉 등 몇 사람이 이른바 가장 이름 있는 사람이었으나 그 밖의 허다한 사람들은 지금 다 기억할 수 없다.

문 그때 삼례에서 모인 이른바 의병義兵들은 몇 명 정도였느냐?

답 4천여명 정도였다.

문 그 무리들을 데리고 어디로 향했느냐?
답 은진과 논산으로 향했다.

문 논산에 도착한 것은 언제였느냐?
답 지금으로서는 자세히 알지 못하겠다.

문 어찌 간단하게 기록해둔 것도 없다는 말이냐?
답 10월 그믐 무렵인 것 같다.

문 논산에 이르러 무슨 일을 했느냐?
답 논산에 이르러서도 널리 무리를 모았다.

문 그곳에서 다시 어디로 갔느냐?
답 곧바로 공주로 향했다.

문 공주에 도착한 것은 언제였느냐?
답 11월 6일이나 7일경인 것 같으나 정확히는 모르겠다.

문 공주에 도착해서는 무슨 일을 했느냐?
답 공주에 도착하기도 전에 접전을 하여 끝내 패배하고 말았다.

문 네가 매번 다른 사람에게 글을 보낼 때 직접 썼느냐 아니면 남에게
대신 쓰게 했느냐?
답 직접 쓰기도 하고 남에게 대신 쓰게도 했다.

문 혹 남에게 대신 쓰게 할 때도 너의 도장을 찍었느냐?

답 겉봉에는 도장을 찍을 때가 많았지만 찍지 않을 때도 많았다.

문 네가 삼례에 머물 때 다른 사람에게 보낸 글이 많은데 이것들은 직접 쓴 것이냐 아니면 남이 대신 쓴 것이냐?

답 모두 통문通文으로 부쳤으며 개인적인 편지는 없었다. 오직 손화중에게만은 편지를 보낸 적이 있다.

문 처음부터 다른 사람에게 개인적인 편지를 한자도 보낸 적이 없다는 것이냐?

답 만약 그 편지를 보면 알겠지만 지금으로서는 정확하지 않다.

문 (일본영사가 편지 한통을 내보이며) 이것은 너의 친필이냐 아니면 남이 대신 쓴 것이냐?

답 대신 쓴 것이다.

문 누구에게 시켰단 말이냐?

답 어떤 접주의 필적인 것 같으나 지금은 정확히 기억할 수 없다.

문 너는 일찍이 최경선을 시켜서 대신 쓰게 한 적이 있느냐?

답 최경선은 글에 능숙한 사람이 아니다.

문 이 편지는 삼례에서 쓴 것이더냐?

답 그렇다.

문 이 편지의 날짜는 분명 9월 18일인데 어찌 10월에 삼례에서 나왔다고 하느냐?

답 앞에서 10월이라 말한 것은 9월이 맞는 것 같다.

문 (일본영사가 또다른 편지를 내보이며) 이것은 친필인가 아니면 남에게 대신 쓰게 한 것인가?

답 그것 역시 남이 대신 쓴 것이다.

문 이 편지는 누가 대신 쓴 것인가?

답 그것도 접주를 시켜서 쓴 것인데 지금 그 이름을 기억하기 어렵다.

문 너는 오늘의 진술을 반드시 바른대로 대답해야 할 것이다. 그런 후라야 판결이 속히 날 것이며, 만일에 거짓으로 말한 것이 많다면 일이 지리할 뿐만 아니라 너에게도 또한 해로움이 많을 것이다.

답 날짜는 과연 정확하게 기억하기 어렵지만 그 나머지 관련된 것들에 어찌 털끝만큼도 거짓으로 고하는 것이 있겠는가.

문 남에게 대신 쓰게 하자면 반드시 정해놓은 사람이 있었을 터인데 어찌 모른다고 하느냐?

답 그 무렵 나는 평소에 졸필이라 매번 대신 쓰게 했는데 따로 정해놓은 사람은 없었다.

문 이 두통의 편지는 모두 네가 남에게 시켜서 쓴 것이냐?

답 그렇다.

문 삼례에서 무리들을 모이게 한 것은 모두 네가 한 일이냐?

답 그렇다.

문 그렇다면 기포와 관계된 일은 모두 네가 주도한 것이냐?

답 그렇다.

문 (일본영사가 또다른 편지를 내보이며) 이것도 역시 네가 시켜서 쓰게 한 것이냐?

답 그렇다.

문 (일본영사가 또다른 편지를 내보이며) 이것도 역시 네가 시켜서 쓰게 한것이냐?

답 그렇다.

문 일전에 진술할 때 너는 김개남과는 애당초부터 관계가 없었다고 말했으나 이 이 편지를 보면 너희 두 사람 사이의 관계가 깊은 것 같은데 어찌된 일이냐?

답 김개남은 내가 국가의 일에 합력合力하자고 권했지만 끝내 듣지 않았다. 그래서 처음에는 서로 상의를 했으나 나중에는 관계를 끊고 상관하지 않았다.

문 (일본영사가 작은 종이쪽지를 내보이며) 이 두 편지의 필적은 한 사람의 것인데 앞의 편지는 네가 쓴 것이라 말하고 이번 편지는 왜 모른다고 대답하느냐?

답 이번 편지는 내가 쓴 것이 아니다.

문 앞에서 말하기를 삼례에서 일은 모두 네가 한 일이라고 하면서도 지금 이 쪽지를 보고서는 네가 쓴 것이 아니라고 하니 참으로 그 대답이 모호하다.

답 쪽지 중에 서학徐鶴이라는 사람은 서병학徐丙鶴을 말하는데 서병학과 나의 관계는 끊어져서 왕래가 없었으므로 내가 쓴 것이 아니라고 했다.

문 동학교도 중에 접주를 임명하는 것은 누구인가?
답 모두 최시형이 임명한다.

문 네가 접주가 된 것도 최시형이 임명한 것인가?
답 그렇다.

문 동학 접주는 모두 최시형이 임명하는가?
답 그렇다.

문 호남과 호서가 모두 똑같은가?
답 그렇다.

문 도집이나 집강을 임명하는 것도 모두 최시형이 하는가?
답 최시형이 임명하는 경우가 많기는 하지만 접주가 임명하는 경우도 있다.

다섯번째 심문 (1895년 3월 10일, 일본영사의 심문)

문 오늘도 역시 사실을 조사할 것인즉 숨김없이 대답하라.
답 알겠다.

문 작년 9월 삼례에 머물 때 대서代書할 사람이 따로 없어 접주 중에서 번갈아가며 썼다고 한 것이 사실인가?

답 대서할 사람이 없어 접주 중에서 번갈아가며 썼다. 처음에는 임오남林五男으로 하여금 쓰게 했으나 그가 무식한 사람이어서 다시 김동섭金東燮으로 하여금 잠시 대신 쓰게 했다.

문 대서한 사람은 오직 김동섭과 임오남뿐이었느냐?

답 접주 중에서 문계팔, 최대봉, 조진구가 가끔 대신 썼으나 불과 몇 번만 쓰고 그쳤다.

문 너와 최경선은 사귄 지 몇 년이나 되는가?

답 고향에서 서로 사귄 지 5~6년이 된다.

문 최경선은 일찍이 너와 가르치는 관계에 있었는가?

답 단지 친구로 만났을 뿐 가르침을 받는 사이는 아니었다.

문 이 재판은 너에게 해로운 것이 없을 터인데 너의 진술 내용 가운데 사실과는 다른 것이 있어 공연히 재판을 끌고 있으니 왜 그러는가?

답 따로 사실을 속인 것은 없으며 일전에 송희옥의 일만은 잠시 숨겼지만 다시 분명하게 말했다.

문 (일본영사가 한장의 편지를 내보이며) 이것이 너의 친필이 아니라고 하니 사실을 속이는 것이 아닌가?

답 내가 한 일에 대해서는 이미 말했다. 글은 내 글이지만 쓴 것은 내가 아니라고 한 것뿐이다. 나에게 무슨 이익이 있다고 속이겠는가? 그것은 내

필적이 분명 아니다.

문 최경선의 답변에 따르면 이것은 너의 필적이라 하는데 너는 아니라고 하니 어찌 사실을 속인 것이 아닌가?

답 최경선에게 다시 물어보는 것이 옳을 것이다. 그리고 나로 하여금 글씨를 써보도록 하면 필체를 알아볼 수 있을 것이다.

문 일전에 너를 심문했을 때 네가 삼례에 머물던 때 서기라는 직책이 없었다고 말하더니 이제는 서기가 있었다고 하니 어찌된 셈인가?

답 지난번에는 대략 말했던 것이다. 지금 자세하게 물어보기 때문에 그때 잠시 대신 글을 쓰는 사람을 서기라고 불렀을 뿐이다.

삼전론[1]

서론

　천고의 역사라도 말로 듣고 글로 보면 환하게 알 수 있는 것이다. 예로 부터 만물이 생긴 이치는 그 어찌 그러하며 어찌 그러한가. 이치를 붙여 헤 아리면 아득하고 아득하게 멀고, 물건을 느끼고 알아보면 도무지 의심이 없는 것이다. 그러므로 예로부터 지금까지 먼저 성인과 나중 성인이 이어 나시고 제왕의 법이 모두 한 궤도에서 벗어남이 없으니 어찌된 일인가. 다 스리는 것은 다르나 도는 같은 것이요, 때는 다르지만 규범은 같이 하는 것 이다. 대략 그 이유를 살펴보면 도가 하늘에 근본하여 우주에 흘러넘치는 것은 한 기운의 간섭하는 바 아님이 없는 것이다. 그러나 그중에서도 사람 이 동물 가운데 영장이 되었고 영장인 가운데서도 특별히 총명함이 있어

---

[1]　의암 손병희(義菴 孫秉熙, 1861~1922)가 일본 망명중이던 1903년에 지은 글. 삼전(三戰)이 란 도전(道戰)·재전(財戰)·언전(言戰)을 말한다. 「삼전론(三戰論)」은 서론, 도전, 재전, 언 전, 총론 등 총5부로 구성되어 있으며, 동학농민혁명 실패 이후 문명개화(文明開化)를 통한 우리나라의 자강(自强)을 위한 방향이 잘 드러나 있다.

임금을 만들고 스승을 만드니 이 어찌 된 까닭인가. 하늘님은 편벽됨이 없어서 하늘이 부여한 성품을 온전하게 거느리는 사람과 친하니 하늘을 모시고 하늘대로 행동하므로 이것을 '하늘을 온전히 체 받음〔體天〕'이라 말하고, 나를 생각하여 사람에게 미치므로 그것을 도덕道德이라 말한다.

빛이 사방을 덮으니 만사에 맞게 흩어지고 때에 따라 맞는 것을 취하니 무릇 때에 맞는다 함이요, 때를 쓰는 데 잘 변하여 중도를 잡아 잃지 아니함이요, 처음과 나중이 있으니 한가지 이치에 합하는 것이다. 이것으로 좇아보면 하늘과 도에 어찌 사이가 있으며 도와 사람이 어찌 멀다고 하겠는가. "잠시도 떠나지 못할 것"이라 한 것은 이것을 두고 말한 것이다. 저 옛 무위無爲 시대는 그 기운이 아직 발하지 않은 때요, 삼황三皇의 기초基礎 시대는 도를 마음에 근본한 때요, 오제五帝의 어린 시대는 법으로 다스리기 시작한 때이다. 사람이 순후하니 백성이 모두 요순이요 성스러운 도로 가르치니 세상이 다 요순이었다. 인도가 커지면서 사람은 각각 인심이 있는지라 헌원씨軒轅氏 시대에는 치우蚩尤가 난을 일으키고, 우순虞舜의 세상에서는 유묘有苗가 교화를 배반하고 난을 일켰으니 이런 일을 보더라도 어찌 선악의 차별이 없다고 할 것인가.

무릇 성인의 도는 한 물건도 이루지 못함이 없는지라 능히 난을 다스리는 약석藥石이 되나니 병장기와 형벌이 바로 이것이다. 그러므로 주나라가 번성함에 이르러 그 기운이 장대하여 다스림이 위에서 융성했고 교화가 아래에까지 아름다웠다. 빛나고 빛나는 문물이 이에 성대한지라 어찌 부럽지 않겠는가.

슬프다. 물건이 오래되면 낡아지고 덕이 멀어지면 소홀해지는 것은 이치가 그런 까닭이라 밝게 불을 본 듯하다. 이로부터 역대 여러 나라들이 권력 잡기만 숭상하여 이루고 폐하며 이기고 지는 것을 장기나 바둑 내기와 같이 했으니 이 어찌 한심하지 아니하랴. 아무리 그러해도 역시 운수요 천명이니 누구를 원망하겠는가. 이렇듯이 헤아리면 이치의 번복과 운수의 순환이 손바닥 보는 듯이 할 것이다.

이와 같이 하면 옛날을 거울삼고 옛날을 상고하여 오늘을 가르치고 오늘을 살펴보는 것에 어찌 조금인들 어려움이 있겠는가. 그러므로 나는 말하기를 "옛날과 지금이 같지 않은 것은 운이 변하기 때문이라"고 할 것이다.

방금, 천하의 대세가 운과 함께 나아가므로 사람의 기운은 강하고 또 강하며 꾀가 날 대로 나서 기술의 발달과 동작의 연습이 이에 극진했나니라. 아무리 그러해도 강하다는 것은 병력이 강하다는 것이 아니라 의로움〔義〕에 나아가 굴복하지 않는 것을 말하는 것이요, 꾀라는 것은 잔재주가 아니라 일에 통달하여 예리함을 타는 것을 말하는 것이니 만약 예리한 무기와 굳센 무장으로써 병력이 서로 접전하면 강약이 서로 나뉘어 필경은 인도가 끊어질 것이니 이 어찌 천리이겠느냐.

불민한 나로서 세계 대세를 살펴보니 온 세상이 모두 강해져서 비록 싸운다 할지라도 같은 적수가 서로 대적하여 싸운 공은 없을 것이니 이것을 오수부동五獸不動이라 말하는 것이다. 그러니 무기로 싸운다는 것은 자연히 쓸데없이 되는 것이요, 무기보다 더 무서운 세가지가 있으니 첫째 도전道戰이요, 둘째 재전財戰이요, 셋째 언전言戰이라 이 세가지를 잘 안 뒤라야 가히 문명에 나아가 보국안민과 평천하의 계책이 얻어질 것이다. 그러므로 자청하여 삼전론을 말하노라.

도전道戰

도전이란 무엇인가. 옛사람이 말하기를 "천시天時가 지리地理만 못하고, 지리가 인화人和만 못하다"고 했으니, 인화하는 방책은 도가 아니면 불가능하다. 또 말하기를 "도로써 백성을 교화하면 다스리지 않아도 저절로 다스려진다"고 했거니와 싸움에 대해서 말한다 해도 그렇지 않다고 말할 수 없는 것이다.

군자의 덕은 바람과 같고 소인의 덕은 풀과 같으니 도덕이 행해지는 곳에 그 바람을 좇아 쓰러지지 않는 사람이 없다. 큰 덕화는 초목에까지 미치고 힘이 만방에 미치는 법이다. 지금 세상은 천운이 크게 통하고 풍기가 크게 열려 멀고 가까운 것이 한 몸과 같고 사해四海가 한가지로 돌아가고 있으니 이 어찌된 까닭인가.

나라마다 국교가 있으니 첫째 주장은 개명문화開明文化이다. 무릇 먼저 개명한 도로써 미개한 나라에 더 입혀 그 덕을 행하고 그 백성을 교화하면 민심 돌아가는 것이 물이 아래로 흐르듯 할 것이니, 어찌 "백성이 나라의 근본이라"고 말하지 아니하랴. 그 근본이 온전하지 못하고 그 나라가 홀로 보전되는 것은 있을 수 없는 것이다.

그러므로 세계 각국이 각각 문명의 도를 지켜 그 백성을 안보하고 그 직업을 가르쳐서 그 나라로 하여금 태산같이 안전하게 하니, 이것은 별 수 없이 도 앞에는 대적할 자 없다는 것이다. 병력으로 치는 곳에는 아무리 억만대중이 있어도 억만심이 각각 있거니와, 도덕이 미치는 곳에는 비록 열집의 충성뿐이어도 같은 마음 같은 덕이리니 보국의 계책이 무엇이 어려울 것인가. 그렇게 되면 천시와 지리가 쓸 곳이 없지 않겠는가. 옛사람이 말하기를 "지극히 잘 다스리는 시대에는 논밭이 넉넉하고 비와 바람이 순조로워 산천초목도 모두 다 아름다운 빛깔이 있다" 했나니, 이것이 다름 아니라 천시와 지리가 인화 가운데서 이루어지는 것을 말함이 아니고 무엇이겠는가. 나는 반드시 말하기를 "싸울 만한 것은 도전道戰이라" 하노라.

재전財戰

재전이란 무엇인가. 재물이라 하는 것은 하늘이 준 보배로운 물화이니 생령의 이용물이요 원기의 기름이라 그 종류가 얼마인가. 동물과 식물, 광물이 이것이다.

사람은 물건을 사용하는 주인이니 그 이익은 무엇인가. 농상공 삼업이 이것이다. 농기구를 발달시켜 농사할 때를 어기지 않으면 그 나는 곡식을 다 먹을 수 없을 것이다. 먹는 것은 때맞추어 쓰고 절충하면 흉년과 환란을 가히 방비할 수 있을 것이니 이것을 농업이라 한다. 있는 것과 없는 것을 사고팔고 옮기고 이익을 불려 부를 이루고, 수입을 보아 쓸 데 쓰고 힘껏 벌어서 먹고 쓰면 이것이 생산을 보호하는 계책이니 이것을 상업이라 한다. 기계를 만들어 쓰기에도 편리하게 하며 보기에도 좋음을 다하고, 규격의 기술을 올바르게 하면 물건이 모두 넉넉함이 있을 것이니 이것을 공업이라 한다.

이 세가지 업은 예로부터 지금까지 아름다운 법이요 좋은 규칙이라. 요즈음 세계는 사람들의 기운이 왕성하여 경위를 널리 돌아보고 물건을 대하면 이치를 생각하여 만들고 꾸며서 쓰니 진귀한 각종 물건을 미처 다 쓰지 못하는 일이 많을 것이다. 만약 특출한 물건을 각국에 상품으로 시험하면 그 나라 소산물을 바꾸어 올 것이니, 이와 같이 할 때 혹 미개한 나라가 이해 분석을 할 줄 모르면 몇 해 지나지 않아 그 나라가 쇠잔해지는 것을 면하지 못할 것이니, 이로써 보면 정녕 이것은 기름을 빨아먹는 앞잡이이다. 그러므로 꾀 있는 선비는 생각이 같은지라 위에서는 왕가의 자제로부터 아래로는 민간의 수재에 이르기까지 그 재주를 기르고 그 기술을 발달시켜 한편으로는 외국 물품을 막아내고, 다른 한편으로는 나라가 부강해지는 술책을 쓸 것이니, 이것이 어찌 싸움이 아니라고 할 것인가. 그러므로 나는 반드시 말하기를 "싸울 만한 것은 재전財戰이라" 하노라.

언전言戰

언전이란 무엇인가. 말이라 하는 것은 마음속에 있는 생각을 드러내는 신표요 사실을 있는 그대로 알게 하는 기본으로써 마음속에 있는 생각을 발하여 베푸는 것이다. 그 나오는 것이 형상은 없으나 소리가 있고 그 쓰는 것이 자연스럽지 않은 때가 없으니 경위는 아주 작은 것도 분석하며 조리는 지극히 정미精微해서 생존하는 것과 전쟁을 일으키는 것이 모두 이것에 관계하나니 믿지 않을 수 있겠는가. 그러므로 옛 선비가 "때가 된 뒤에 말을 하라" 한 것은 이것을 말한 것이다.

무릇 '사투리'는 그 지방의 산천과 풍기를 좇아 각각 그 조절을 달리하나니 그러므로 각 나라 사람들이 품성과 자질이 아무리 같아도 서로 뜻을 통하지 못하는 것은 다름이 아니라 말에 모순이 있기 때문이다. 하물며 지금 세상 복잡한 사이에서 사람이 오고 가고 물화가 상통하며 국정國政이 넓어서 서쪽에서 동쪽까지 남쪽에서 북쪽까지 이웃과 다름이 없으니 만약 말이 통하지 못하면 어찌 교제할 방책이 있겠는가.

말을 하는 데에도 도가 있으니 아는 것과 꾀가 병행한 뒤라야 말도 빛이 난다. 그러므로 한마디 말이 가히 나라를 흥하게 한다 하는 옛 성인의 심법이 이 글에 나타났으니 단연코 그림 그리는 사람이 물건을 보고 묘하게 그리는 것과 다름이 없는 것이다.

교제할 때에 또한 담판법이 있으니 두 상대방이 서로 대적하여 판결하기 어려울 때에는 여러 나라가 모여 먼저 시비곡직을 가리고 경위의 가부를 열람하여 사리의 마땅한 것을 얻은 연후에야 모든 일이 하나로 돌아가 승부의 목적을 확정하고 마침내 귀화歸化할 규정을 짓게 되나니, 이때를 당하여 만일 그 반푼 경위라도 지모에 맞지 않으면 어떻게 세계무대 위에 권위를 세울 수 있겠는가.

나라가 흥하고 패하는 것과 빠르고 더딘 것이 담판하는 데 달렸으니 이렇게 생각하면 꾀 있는 선비는 말을 하여 맞지 않는 것이 없을 것이다. 무릇 이렇게 말하면 사물에 베풀어질 때에 그 공이 어찌 중대하지 않겠는가. 그러므로 나 또한 말하기를 "싸울 만한 것은 언전言戰이라" 하노라.

총론總論

지금 세계 형편을 보니 우리 도의 앞길이 더욱 환하게 빛나도다. 경에 무병지란無兵之亂이라고 하는 것이 어찌 맞는 말씀이 아니겠는가. 내가 생각하기에 여러분은 우물 안에 앉아 있는 것 같아서 바깥 나라의 형편에 어두우므로 이에 「삼전론」 한 책을 만들어 염치를 불고하고 돌려 보이니, 행여 마음을 극진히 하여 대동소이한 이치를 분석한다면 힘을 이 책에서 얻어 그 글 밝기가 단 것이 화하고 흰 것이 채색을 받아들이는 것과 같을 것이다. 마음을 담아 맛을 보아 담장을 마주 보고 탄식하는 일이 없도록 하는 것이 어떠하고 어떠할까.

방금 세계 문명은 실로 천지가 한번 크게 변하는 첫 운수라 먼저 깨닫는 그곳에는 반드시 하늘님의 돌보시는 기운이 응하리니 부디 깊이 생각하여 천지가 감동하는 그 정신을 어기지 않도록 하라. 무릇 효제충신孝悌忠信과 삼강오륜三綱五倫은 세계에서 칭송하는 것이요 인의예지仁義禮智는 먼저 성인이 가르치신 바라, 우리 도의 종지와 '삼전三戰'의 이치를 합하여 쓰면 어찌 천하제일이 아니겠는가. 이와 같이 한다면 비단 위에 꽃무늬를 더하는 것이 되리니 이로써 명심하고 또 명심하기를 바라노라.

최제우 연보

연도	최제우	국내외 주요 사건
1762년 (영조 38년)	* 부친 근암(近庵) 최옥(崔鋈) 경주 가정리에서 출생.	* 루소『사회계약론』출간.
1774년	* 부친, 기와(畸窩) 이상정(李象遠)의 문하에 수학함.	* 아메리카의 영국 식민지(미국) 대표들이 최초의 대륙회의 개최.
1778년 (정조 2년)	* 부친, 오천정씨(烏川鄭氏)와 결혼	* 바이에른 계승전쟁 발발.
1797년 (정조 21년)	* 부친, 첫번째 부인 정씨와 사별	* 9월, 영국 프로비던스호가 동래항에 정박.
1798년 (정조 22년)	* 부친, 달성서씨(達城徐氏)와 재혼	* 프랑스 나뽈레옹이 이집트 원정.
1811년 (순조 11년)	* 부친, 두번째 부인 서씨와 사별, 동생 규(珪)의 아들 제환(濟寏)을 양자로 받아들임.	* 12월, 홍경래의 난 발발.
1815년 (순조 15년)	* 부친, 용담서사(龍潭書社, 현재의 용담정龍潭亭)를 짓고 학문에 전념함.	* 을해박해. * 프랑스 황제 나뽈레옹이 워털루 전투에서 영국에 패하고 퇴위.
1824년 (순조 24년)	* 2월, 부친, 곡산한씨(谷山韓氏, 1793~1833)와 세번째 결혼. * 10월 28일, 부친과 모친 곡산한씨 사이에서 최제우 출생.	* 영국 내셔널갤러리 개관.
1831년 (순조 31년)	* 부친 슬하에서 유학(퇴계학)을 익힘.	* 양력 9월, 천주교 조선대목구가 설립됨.
1833년 (순조 33년)	* 모친상을 당함. (10세)	* 일본에서 기근 발생(텐뽀 대기근). * 영국이 포클랜드 제도를 점령.
~1838년 (헌종 4년)	* 전후하여 친우 김동범(金東範, 1825년생, 범부凡父 김정설金鼎卨의 조부) 등과 어울리며 경주성 안에서 활쏘기와 말달리기 등 무예에 전념. (15세)	
1840년 (헌종 6년)	* 부친상을 당함.	* 제1차 아편전쟁 발발.
1842년 (헌종 8년)	* 울산 출신 밀양박씨와 결혼.	* 난징조약 체결로 제1차 아편전쟁 종전.

1843년 (헌종 9년)	• 화재로 가정리 생가 전소. (20세)	
1844년 (헌종 10년)	• 가족을 울산 처가에 맡기고 장삿길에 나섬.	• 최초의 전보가 전송됨. • 런던에서 YMCA 설립.
1854년 (철종 5년)	• 부인의 친정이 있는 울산 여시바윗골로 이사. (31세)	• 미국 공화당 창당. • 오스트레일리아 유레카혁명 발발.
1855년 (철종 6년)	• 꿈속에서 노스님으로부터 책을 받음((乙卯天書)).	• 러일화친조약 체결. • 빠리 만국박람회 개최.
1856년 (철종 7년)	• 양산 천성산 적멸굴에 입산하여 1차 기도, 47일 만에 하산.	• 제2차 아편전쟁 발발.
1857년 (철종 8년)	• 다시 적멸굴에 입산하여 49일 기도 마침. 하산하 여 철점(鐵店) 경영.	• 인도 세포이의항쟁 발발. • 무굴제국 멸망. 영국 인도 점령.
1858년 (철종 9년)	• 철점 경영 실패로 6두락의 논 경매 후 소송전에 휘말림. (35세)	• 미일수호통상조약 체결.
1859년 (철종 10년)	• 울산 처가살이를 청산하고 고향 경주 용담으로 돌아옴.	• 『종의 기원』 출간.
1860년 (철종 11년)	• 입춘, 「입춘시(立春詩)」를 지어 불출산외(不出山 外)를 맹세함. • 4월 5일(양력 5월 25일), 강령체험(降靈體驗)을 통해 득도. • 득도 직후에 「용담가」를 지어 득도의 기쁨을 노 래함. • 「주문(呪文)」과 「심고법(心告法)」 제정.	• 베이징조약 체결로 제2차 아 편전쟁 종전. • 링컨이 미국 대통령에 당선됨. • 이딸리아 가리발디의 붉은 셔 츠단이 시칠리아 점령.
1861년 (철종 12년)	• 4월경, 「칼노래((劍歌)」 지음. • 6월, 「포덕문(布德文)」을 짓고, '21자 주문' 중심 의 가르침을 전하는 포덕 활동 시작. 경주 일대에 '용담에 신인(명인)이 났다'는 소문이 널리 어진 선비들이 사방에서 다투어 찾아옴. • 8월, 「안심가」를 지음. • 11월, 동학에 대한 탄압이 심해짐에 따라 전라도 로 피신길에 오름. • 11월에서 12월 사이, 피신길에 「교훈가」를 지음. • 12월, 그믐에 남원 교룡산성(蛟龍山城) 안의 선국 사(善國寺)에 도착하여 산 중턱의 작은 암자 은적 암(隱跡庵)에 은거, 저술 활동에 들어감.	• 김정호 「대동여지도」 제작. • 미국 내전 발발.

1862년 (철종 13년)	• 1월, 「도수사」와 「권학가」 「논학문(論學文)」(일명 동학론束學論)을 지음. • 3월, 남원 은적암에서 경주 도인 박대여(朴人汝)의 집으로 돌아옴. • 6월, 「수덕문(修德文)」 「몽중노소문답가」를 지음. • 9월, 경주부 영장(營將)에서 체포되어 구금되었다가 석방됨. • 10월, '도를 버려서라도' 관의 지목을 받지 않도록 하라는 요지의 「통문(通文)」을 각지 도인에게 발송함. • 11월, 흥해(興海) 매곡(梅谷) 손봉조(孫鳳祚)의 집으로 거처를 옮김. • 12월 29일에 흥해 매곡 손봉조의 집에서 경주를 중심으로 경상도 15개 지역에 16명의 접주를 임명하는 '접주제(接主制)'를 시행함.	• 2월, 임술농민전쟁 발발. • 제1차 사이공조약 체결. • 위고 『레미제라블』 발간.
1863년 (철종 14년)	• 1월부터 흥해, 영천, 신녕 등지의 도인 집을 전전하다가 3월에 경주 용담 본가로 돌아옴. • 3월, 「필법(筆法)」을 지음. • 7월 23일, '파접'(罷接, 수련회를 마침)함. 이때 해월 최시형을 '북도중주인'(北道中主人, 경주 이북 지방의 동학 포교 책임자)에 임명함. • 7월 이후, 「도덕가」를 지음. • 8월, 「흥비가」를 지음. • 8월 14일, 해월 최시형에게 도통을 전수함. • 8월 말경, 「탄도유심급(歎道儒心急)」을 지어 도인들의 조급한 마음을 경계함. • 9월 13일, 경상도 상주 우산서원(愚山書院)에서 도남서원(道南書院)으로 동학 배척을 호소하는 통문을 발송함. • 11월, 「불연기연(不然其然)」과 「팔절(八節)」을 지음. • 12월 1일, 우산서원으로부터 동학 배척을 호소하는 통문을 받은 도남서원이 다시 옥성서원(玉成書院)으로 동학 배척을 호소하는 통문을 발송함. • 12월, 응와(凝窩) 이원조(李源祚, 1792~1871)가 동학을 배척하는 글 「동학금칙사통유일향문(東學禁勅事通諭一鄕文)」을 지어 경상도 일대에 배포함. • 12월 10일, 경주 용담 수운의 본가에 도착한 선전관 정운구(鄭雲龜), 수운과 그의 제자 10여 명을 체포함. 이후 서울로 압송되었으나 철종의 승하로 다시 대구 경상감영으로 이송됨. (40세)	• 12월, 철종 붕어. 고종 즉위. • 미국 링컨이 노예해방을 선언. • 세계 최초로 런던에 지하철 개통. • 시모노세끼전쟁 발발. • 사쯔에이전쟁 발발. • 미국 내전의 게티즈버그전투에서 북군이 승리.

1864년 (고종 1년)	* 1월 20일 이후, 경상감사 서헌순의 심문을 여러 차례 받음. * 2월 29일, 경상감사 서헌순, 수운과 그의 제자들의 처벌을 청하는 장계를 임금에게 올림. * 3월 2일, 고종이 수운을 참형에 처하고 제자들을 정배 보내라는 전교를 내림. * 3월 10일, 대구 남문 근처에 있는 관덕정 뜰에서 참형을 당하고, 제자들은 각지로 정배(定配)당함. * 3월 13일, 시신이 유족들에게 인도됨. * 3월 17일, 시신이 유족(조카 최세조)과 제자들에 의해 경주 용담으로 운구되어 안장됨.	* 태평천국운동이 진압됨. * 캄보디아가 프랑스의 보호령이 됨. * 네덜란드가 수마트라섬 일부를 점령함.
1879년 (고종 16년)	* 행장을 담은 문집 『최선생문집도원기서』 편찬	
1880년 (고종 17년)	* 강원도 인제 갑둔리 김현수(金顯洙)의 집에서 『동경대전』(초판) 간행.	
1881년 (고종 18년)	* 충청도 단양 천동(泉洞, 샘골) 여규덕(呂圭德)의 집에서 『용담유사』(초판) 간행.	

최시형 연보

연도	최시형	국내외 주요 사건
1827년 (순조 27년)	* 경주 동촌 황오리(지금의 경주시 황오동)에서 부친 종수(宗秀)와 월성배씨(月城裵氏) 사이에서 출생, 초명은 경상(慶翔).	
1832년 (순조 32년)	* 모친상을 담함. (6세)	* 그리스 독립.
1841년 (헌종 7년)	* 부친상을 당함. (15세)	* 영국령 통합 캐나다 출범.
1843년 (헌종 9년)	* 조지소(造紙所) 직공으로 일함.	
1845년 (헌종 11년)	* 흥해 출신 밀양손씨(密陽孫氏)와 결혼함. (19세)	* 김대건이 상해에서 사제 서품을 받고 귀국함. * 텍사스와 플로리다가 미합중국에 가입함.
1854년 (철종 5년)	* 신광면 마북동(馬北洞)으로 이주. (29세)	* 미국 공화당 창당. * 오스트레일리아 유레카혁명 발발.
1859년 (철종 10년)	* 마북동에서 검곡(劍谷, 검등골)로 이주.	*『종의 기원』 출간.
1861년 (철종 12년)	* 6월, '용담에 명인(신인)이 났다'는 소문을 듣고 수운을 찾아가 동학 입도. 이후 수련에 열중하여 하늘님의 '조화(造化)'를 체험함. (35세)	* 김정호「대동여지도」제작. * 미국 내전 발발.
1862년 (철종 13년)	* 수운의 허락을 받아 포덕(布德) 활동에 나섬. '검등골 포덕'이란 말이 생김.	* 제1차 사이공조약 체결. * 위고『레미제라블』 발간.
1863년 (철종 14년)	* 7월, 북도중주인(北道中主人, 경주 이북 지역의 동학 포덕 책임자)으로 임명됨. * 8월, 동학의 도통을 전수받음. * 12월 10일, 스승 수운이 체포되자 옥바라지에 나섬.	* 12월, 철종 붕어. 고종 즉위. * 미국 링컨이 노예해방을 선언. * 세계 최초로 런던에 지하철 개통. * 시모노세끼전쟁, 사쓰에이전쟁 발발.
1864년 (고종 1년)	* 1월, 스승 수운의 심문 과정에서 이름이 드러나 관의 지목을 피해 영양 일월산 용화동 상죽현(上竹峴, 윗대치)으로 피신(1차 피신).	* 태평천국운동이 진압됨. * 캄보디아가 프랑스의 보호령이 됨.

1864년 (고종 1년)		* 네덜란드가 수마트라섬 일부를 점령함.
1865년 (고종 2년)	* 7월, 수운의 유족이 상죽현으로 피신해 와 동거.	* 4월, 경복궁 중건 계획이 발표됨. * 미국 내전 종전.
1866년 (고종 3년)	* 상죽현 해월 거처를 중심으로 동거 도인들이 늘기 시작함. * 10월 28일, 스승 수운의 생일에 탄신제(誕辰祭)를 봉행하고, 정기적으로 제사를 봉행하기 위한 계안(契案)을 각처 도인들에게 발송. (40세)	* 2월, 병인박해. * 3월, 명성황후 간택. * 9~11월, 병인양요. * 일본 삿쪼동맹 체결.
1869년 (고종 6년)	* 2월, 강원도 양양 도인들이 상죽현의 해월을 찾아옴. * 3월, 박춘서를 대동하고 양양 지방을 순회·포덕함.	* 5월, 일본 무진전쟁 종결.
1870년 (고종 7년)	* 영해 도인 이인언과 박군서가 해월을 찾아와 이필제를 소개함.	* 보불전쟁 발발.
1871년 (고종 8년)	* 3월 10일, 이필제가 교조신원(敎祖伸寃)을 명분으로 일으킨 영해 교조신원운동(이필제란李弼濟亂)에 참여하였다 실패하고, 차괴(次魁, 두번째 지도자)로 지목되어 피신함(2차 피신). 양자 최준이(崔俊伊)는 심문을 받는 과정에서 사망하고 부인 밀양손씨는 행방불명됨. * 8월, 이필제가 일으킨 문경작변(聞慶作變)으로 인해 관의 지목을 받아 태백산 산중으로 피신(3차 피신). * 9월, 영월 직동 박용걸(朴龍傑)의 집으로 피신함. 박용걸과 '결의형제'를 함. (45세)	* 6월, 신미양요 발발. * 서원훼철령이 일단락됨. * 청일수호조약 체결. * 보불전쟁 종전. 독일제국 선포. * 프랑스 빠리꼬뮌 결성 및 해체.
1872년 (고종 9년)	* 3월 10일, 직동 박용걸의 집에서 스승 수운의 기제(忌祭)를 봉행함. * 4월 5일, 박용걸의 집에서 스승 수운의 득도기념제(得道記念祭)를 봉행함. * 4월, 정선 무은담 유시헌(劉時憲)의 집에서 49일 수련함. * 10월, 정선 갈래산(葛來山) 정암사(淨岩寺)의 부속 암자 적조암(寂照庵)으로 입산하여 강수, 유시헌, 전성문 등과 함께 49일 수련함.	* 토오꾜오에서 대화재 발생. * 미국 옐로스톤 지역이 최초의 국립공원으로 지정.
1874년 (고종 11년)	* 3월, 안동김씨와 재혼, 단양 남면 사동(寺洞, 절골)에 정착함. * 4월에 사동에서 김연국 등과 49일 수련함.	* 고종 친정 시작. * 만국우편연합 창설. * 청 동치제 양위, 광서제 즉위.

1875년 (고종 12년)	* 1월, 수운의 차남 세청(世淸)이 병사하고, 세 딸이 모두 출가하자 스승의 기제와 탄신제 등 두 제사를 직접 봉행하기 시작함. * 2월, 단양 남면 사동에서 인근 '송고'(松皐, 송두둑 혹은 새두둑)로 이거함. * 8월, 강화(降話)를 받아 새 제사를 창설함. * 9월, 경주 일대(경주 용담, 경주 부중, 신녕, 청하, 달성 등) 순회 포덕에 나섬.	* 1월, 척신 민승호가 암살됨. * 8월, 운요호사건. * 상뜨뻬쩨르부르크조약 체결. * 독일사회민주당 창당.
1875년 (고종 12년)	* 10월, 설법제(說法祭)를 새로 창설하여 봉행하고 지도체제를 새로 정비함(도주인 최시형, 차도주 강시원, 도접주 유시헌).	
1876년 (고종 13년)	* 7월, 영해 교조신원운동 당시 행방불명되었던 손씨 부인이 단양 남면 송두둑으로 찾아옴. (50세)	* 2월, 조일수호조약(강화도조약) 체결.
1877년 (고종 14년)	* 10월, 구성제(九星祭)를 봉행함.	* 영국 빅토리아 여왕이 인도 황제에 즉위.
1878년 (고종 15년)	* 7월, 정선 무은담 유시헌가에서 '다시 개접'(수운 당시 폐지했던 정기 수련활동을 다시 시작)함. * 2~3월, 경상도 경주와 강원도 영서지방을 순회하며 포덕활동.	* 발칸반도 이해관계 조정을 위한 베를린회의 개최.
1879년 (고종 16년)	* 4월, 인등제(引燈祭)를 봉행함. * 11월, 정선 방시학(房時學)의 집에 스승 수운의 문집(『최선생문집도원기서』) 편찬 수단소를 설치하고 편찬에 들어가 11월 10일에 완료함.	* 지석영이 우두법 시술. * 일본이 류큐왕국 병합.
1880년 (고종 17년)	* 5월 9일, 『동경대전』 간행을 위한 각판소를 강원도 인제 갑둔리 김현수의 집에 설치하고 개간을 시작하여 6월 14일에 1백여권 인출을 완료함.	* 12월, 통리기무아문 설치.
1881년 (고종 18년)	* 6월, 충청도 단양 천동 여규덕의 집에서 『용담유사』 간행함. * 8월, 충청도 공주(公州) 출신 윤상오(尹相五) 등 다수의 인물들이 입도함. (55세)	* 4월, 일본에 조사시찰단 파견. * 9월, 청나라에 영선사 파견.
1883년 (고종 20년)	* 3월 이후, 충청도의 서인주, 황하일, 손천민, 손병희, 박인호 등이 입도함. * 중춘(仲春, 2월), 충청도 목천(木川)에서 『동경대전』 1천여권을 간행함(계미중춘판). * 중하(仲夏, 5월), 공주접중에서 『동경대전』을 간행함(계미중하판).	* 10월, 『한성순보』 창간.

1884년 (고종 21년)	• 4월, 전라도 익산 미륵산 사자암에 은거하며 포덕 활동. • 10월, 충청도 공주 마곡사 가섭암에 은거하며 포덕활동을 하고, 이때 육임제(六任制)를 제정함.	• 10월, 갑신정변. • 청불전쟁 발발.
1885년 (고종 22년)	• 2월, 서인주와 황하일이 해월의 첫 부인 밀양 손씨의 거처를 보은(報恩) 장내(帳內, 장안마을)로 정하고, 6월에 해월도 충청감사 심상훈과 단양군수 최희진의 탄압을 피해 송두둑에서 보은 장내로 거처를 옮김.	• 3월, 영국군 거문도 점령. • 3월, 제중원 개원. • 3월, 청과 일본이 톈진조약 체결. • 8월, 청에 납치되었던 흥선대원군이 귀국. • 배제학당과 경신학교가 창립됨. • 청불전쟁 종전. • 일본 초대 내각총리대신으로 이또오 히로부미가 임명됨.
1885년 (고종 22년)	• 6월, 강시원 등 다수의 도인들이 체포되자(乙酉營厄), 석방 자금 모금을 지시하는 통문(乙酉通文)을 발송함.	
1887년 (고종 24년)	• 2월, 둘째 부인 안동김씨 사망. • 3월, 서인주, 손천민과 함께 갈래산 적조암에서 49일 수련함. • 3월 이후, 보은 장내에 '육임소'(동학본부)를 설치함. (61세)	• 2월, 영국이 거문도에서 철수. • 3월, 국내 최초로 경복궁 건청궁에 전등 설치.
1888년 (고종 25년)	• 봄에 손병희의 누이동생을 세번째 부인으로 맞이함. • 가뭄으로 인한 대기근을 맞이하여 '유무상자(有無相資)'를 강조하는 통문 발송함(무자통문).	• 영국 축구 리그 출범. • 벤저민 해리슨이 미국 대통령에 당선.
1889년 (고종 26년)	• 3월 10일, 신정절목(新定節目)을 발표함. • 7월, 관의 탄압이 심하여 보은 장내의 육임소를 폐지함. • 10월, 서인주 등 다수의 도인들이 체포당하여 강원도 지방으로 피신함(己丑之寃柱).	• 9월, 함경도 지역에 방곡령 선포. • 일본 헌법 공포. • 프랑스 에펠탑 준공. • 브라질제국 해체, 공화국 수립. • 제2인터내셔널 결성.
1890년 (고종 27년)	• 1~7월, 인제, 간성, 양구 등지를 전전하며 피신 생활을 하는 가운데, 인제에서 모금한 5백냥을 서인주의 석방 자금으로 보냄. • 8월 이후, 충청도 공주 궁원(弓院, 활원) 등지로 피신함.	• 독일 비스마르크가 해임됨. • 운디드니 학살사건 발생.

1890년 (고종 27년)	* 11월, 경상도 김산(金山) 복호동에서 「내칙, 내수 도문」을 발표함.	
1891년 (고종 28년)	* 5월, 익산 출신 남계천(南啓天)을 호남좌우도 편 의장(便義長)에 임명함. * 5~7월, 전라도 익산, 부안, 고부, 태인, 금구, 전주 등지를 순회하며 포덕활동. * 10월, 「통유 10조」를 하달함. (65세)	* 시베리아철도 착공.
1892년 (고종 29년)	* 1월 19일, 대전과 가사에 대한 통문을 하달함. * 1월 25일, 어육주초(魚肉酒草)를 금하는 통문을 하달함. * 2월 26일, 백일기도를 지시하는 통문을 하달함. * 2월 28일, 육임 임명 중지를 지시하는 통문을 각 접주들에게 하달함. * 윤 6월 2일, 육임을 임명하여 6월 15일까지 보고 하라는 통문을 하달함. * 7월, 서인주 등이 상주 왕실에 은거하고 있는 해월 을 찾아와 교조신원운동을 전개할 것을 건의함. * 8월 29일, 각 지방 접주들에게 9월 5일까지 덕망 있는 인사 수백명을 선발하여 그 주소 성명을 기 록한 명단을 해월이 은거하고 있는 곳으로 보낼 것을 지시하는 통문을 하달함. * 10월, 서인주 등이 재차 교조신원운동을 전개할 것을 건의함. * 10월 17일, 교조신원을 위한 「입의통문(立義通 文)」을 하달함. * 10월 20일, '공주의송소' 이름으로 충청감사에게 의송단자를 제출하여 교조의 신원, 도인들에 대 한 가렴주구 금지, 척왜양을 건의함. * 10월 24일, 충청감사, 관내 각 군현에 동학 금단 을 구실로 한 가렴주구 행위를 금지하는 감결(甘 結)을 하달함. * 11월 2일, 전라감사에게도 동일한 내용을 요구하 는 의송단자를 제출함. * 11월 7일, 전라감사에게 재차 답변을 촉구하는 의 송단자를 제출함. * 11월 11일, 전라감사가 관내 각 군현에 충청감사 의 감결과 동일한 내용의 감결을 하달함. * 11월 19일, 서울로 올라가 복합(伏閤) 상소를 올 리는 계획은 상의하여 하달하겠다는 내용과 함 께 도인들끼리 '유무상자'할 것을 지시하는 통문 을 하달함.	* 6월, 조오수호통상조약 체결. * 미국 스프링필드에서 최초의 공식 농구경기가 개최됨.

1892년 (고종 29년)	• 12월 초순, 복합상소 준비를 위한 도소를 보은 장 내에 설치함. • 12월 중순, '교조신원'을 요구하는 상소문을 조정 에 제출함[都所 朝家回通].	
1893년 (고종 30년)	• 1월, 복합상소를 위한 봉소도소(奉疏都所)를 청주 송산(松山, 솔뫼) 손천민의 집에 설치함. • 2월 8일경, 복합상소 지도부가 과거 보는 선비로 분장하고 집단 상경함. • 2월 11~13일, 40여명이 광화문 앞에서 복합상소 를 올리고, 교조의 신원 등을 요구함. • 2월 13일, '각자 돌아가 편안히 생업에 종사하라' 는 임금의 전교가 내려짐. • 2월 14일, 복합상소 지도부 해산하여 보은으로 돌 아감. • 2월~3월 7일, 외국인을 성토하겠다는 격문이 각국 공사관을 비롯하여 미국인 교회당 등에 게시됨. • 2월 25일, 동학 도인들의 복합상소를 비난하는 상 소가 올라옴. • 2월 26일, 고종이 복합상소 소두(疏頭, 지도자) 체 포령을 내린 것을 계기로 동학 도인들과 복합상 소 지도부에 대한 탄압이 강화됨. • 3월 10일, 모든 접주들과 도인들에게 충청도 보은 으로 집결할 것을 지시하는 통유문을 하달하여 '보은집회'가 시작됨. • 3월 16일, 왜양을 강력하게 배척할 것을 주장하는 통유문을 하달함. • 3월 18일, 어윤중이 보은집회와 금구(원평)집회 해산 책임을 맡은 양호도어사(雨湖都御史)에 임 명되었다가 25일에 양호선무사(雨湖宣撫使)로 고 쳐 임명됨. • 3월 28일, 해산을 명하는 고종의「윤음」이 내려짐. • 4월 1일, 양호선무사 어윤중이 보은 장내 도회소 에 도착하여 고종 임금의「윤음」을 선포하고 즉 각 해산할 것을 명령함. 같은 날 장위영(壯衛營) 병정 6백명이 무력해산을 위해 서울에서 청주에 도착함. • 4월 2일, 집회를 해산하고 피신함. • 4월 이후, 경상도 칠곡, 인동, 김산, 황간, 상주 등 지와 충청도 청산 등지로 전전하며 피신 생활을 계속함. • 10월 15일, 장남 덕기가 피신 도중에 청산 문암리 에서 사망함.	• 뉴질랜드 여성 참정권 인정. • 시카고 만국박람회 개최. • 미국에서 경제공황 발생.

1894년 (고종 31년)	* 1월 10일, 전봉준 등이 고부에서 군수 조병갑의 폭정에 항거하는 봉기를 일으킴. * 3월 21일, 전봉준 등이 전라도 무장에서 전면 봉기함. * 4월 초, 전봉준이 전면 봉기했다는 소식과 함께 도인들이 무수히 타살당한다는 보고를 받고 '참 나무 몽둥이라도 들고 나가 싸우라'고 기포령을 하달함. * 10월 13일, 충청도 청산에서 전라도로 출발함. * 11월, 임실 조항리 허선(許善)의 집에 은신 * 11월 19일, 임실 갈담 장터에서 손병희가 이끄는 농민군을 만나 함께 북상하기 시작함. * 12월 12일, 충청도 영동 용산 장터에서 경리청군 과 청주 병영 군대를 맞아 싸워 격퇴시킴. * 12월 18일, 보은 북실에서 일본군과 김석중의 민 보군과 전투, 2천 6백여명이 몰살당함. * 12월 24일, 음성 되자니에서 최후 전투 후 해산. * 12월 말, 강원도 인제로 피신함.	* 7월, 갑오개혁 실시. 청일전쟁 발발.
1895년 (고종 32년)	* 12월, 원주 수레너미로 피신함.	* 8월, 을미사변.
1896년 (고종 33년)	* 3월, 충주 외서촌으로 피신함. * 7월, 상주 높은터로 피신함. * 9월, 상주 은척리로 피신함. (70세)	* 2월, 아관파천. * 4월,『독립신문』창간. * 7월, 독립협회 창립. * 제1회 근대 올림픽 대회 개최.
1897년 (고종 34년)	* 2월, 이천 앵산동으로 피신함. * 9월, 여주 전거론으로 피신함.	* 10월, 대한제국 선포.
1898년 (고종 35년)	* 1월 25일, 이천 병정들이 여주 전거론을 급습하여 부안대접주 김낙철이 대신 체포됨. * 3월, 원주 송골로 피신함. * 4월 5일(양력 5월 24일), 원주 송골에서 체포되어 서울로 압송됨. * 6월 2일(양력 7월 20일), 육군법원 형장에서 교수 형에 처해짐. * 6월 4일(양력 7월 22일), 제자 이종훈이 시신을 수습하여 송파에 임시 안장함.	* 9월, 중국 무술정변. * 12월, 독립협회 강제해산. * 파쇼다사건 발발.
1900년 (고종 37년)	* 3월 12일(양력 4월 11일), 경기도 여주군 금사면 주록리 천덕봉 아래 현재의 묘소에 이장함.	
1907년 (고종 44년)	* 7월 17일, 사면 조치 내려짐.	* 7월 19일, 고종 퇴위, 순종 즉위. * 8월, 대한제국 군대 해산.

강일순 연보

연도	강일순	국내외 주요 사건
1871년 (고종 8년)	* 9월 19일(양력 11월 1일) 전라도 고부군 우덕면 객망리(현재 정읍시 덕천면 신월리)에서 부친 흥주(興周)와 모친 안동권씨(安東權氏) 사이에서 출생.	* 서원훼철령이 일단락됨. * 보불전쟁 종전 후 독일제국 수립, 빠리꼬뮌 등장.
1876년 (고종 13년)	* 서당에 들어가 한문을 익힘. (6세)	* 2월, 조일수호조약(강화도조약) 체결.
1877년 (고종 14년)	* 농악(農樂)을 보고 문득 혜각(慧覺)이 열림.	* 영국 빅토리아 여왕이 인도 황제에 즉위.
1879년 (고종 16년)	* 부친에게 청하여 집 뒤 후원에 별당을 짓고 홀로 거처함. (9세)	* 지석영이 우두법 시술. * 일본이 류큐왕국 병합.
1883년 (고종 20년)	* 장에 가서 잃어버렸던 모시 베를 기지를 발휘하여 되찾음.	* 10월, 『한성순보』 창간.
1884년 (고종 21년)	* 서당에서 학업을 그만둠. (14세)	* 청불전쟁 발발. * 10월, 갑신정변.
1891년 (고종 28년)	* 연일정씨(延日鄭氏) 부인과 결혼함. (21세)	
1894년 (고종 31년)	* 처남 정남기(鄭南基)의 집에 서당 개설했으나 그해 3월 동학농민혁명이 일어나 문을 닫음. * 10월, 태인(泰仁) 접주 최두연(崔斗淵), 동학교도 안필성(安弼成), 김형렬(金亨烈) 등과 함께 청주성 전투에 참여했다가 패퇴하였으나 살아 돌아옴.	* 3월 동학농민혁명운동. * 7월, 갑오개혁 실시. 청일전쟁 발발.
1895년 (고종 32년)	* 두승산(斗升山) 시회(詩會)에서 한 노인으로부터 책 한권을 전해 받음. (25세)	* 8월, 을미사변.
1897년 (고종 34년)	* 충청도 연산의 일부(一夫) 김항(金恒)을 찾아가 정역(正易)을 배우는 등 30세까지 4년간 각지를 주유함. 다시 처가(정남기의 집)에서 서당을 개설함.	* 10월, 대한제국 선포.
1901년 (고종 38년)	* 2월, 모악산(母嶽山) 대원사(大願寺)로 들어가 수도하던 중 7월에 이르러 다섯 용이 포효하는 듯한 폭풍우 속에서 천지대도(天地大道)를 깨달음. 가을에 집으로 돌아와 공명첩(空名帖)을 불사름. 겨울에 집에서 처음으로 천지공사(天地公事)를 행함. (31세)	

1902년 (고종 39년)	* 4월, 김형렬(金亨烈)이 찾아와 첫 제자가 됨.	* 1월, 영일동맹 체결.
1904년 (고종 41년)	* 1월 15일, 정씨 부인과 사이에서 외동딸 순임(舜任) 출생. '장효순(張孝淳)의 난'을 당해 관에 고발 당함.	* 2월, 러일전쟁 발발.
1907년 (고종 44년)	* 5월, 동학농민군 출신 차경석(車京石)과 그의 친구 박공우(朴公又)가 제자가 되고, 이어서 안내성(安乃成)이 제자가 됨. * 11월 3일, 고판례(高判禮, 1880~1935)와 혼인함. * 12월 26일 새벽, '천자신(天子神)과 장상신(將相神)을 모아들여 백의군왕백의장상도수(白衣君王白衣將相度數)를 보는' 공사(公事)가 의병(義兵)을 모의하는 것으로 오인되어 고부 경무청에 제자 21명과 함께 체포됨. 제자들은 이듬해 1월 10일, 증산은 2월 4일 석방됨. (37세)	* 7월 19일, 고종 퇴위, 순종 즉위. * 8월, 대한제국 군대 해산.
1908년 (순종 1년)	* 4월, 제자 김준상(金俊相)의 집 방 한칸을 빌려 광제국(廣濟局)이란 이름으로 약방을 차림. * 11월 28일, 정읍시 입암면 대흥리 차경석의 집에 포정소(布政所)를 설치함.	
1909년 (순종 2년)	* 정월, 『현무경(玄武經)』을 저술함. * 8월 9일, 39세를 일기로 화천(化天).	* 1월, 대종교 창건. * 10월, 안중근이 이또오 히로부미 저격.
1926년	* 증산의 일대기 및 9년간(1901~1909)의 공사(天地公事)를 기록한 『증산천사공사기(甑山天師公事記)』 간행.	
1929년	* 『증산천사공사기』를 경전 형식으로 재구성한 『대순전경(大巡典經)』 초판 간행.	

찾아보기

창비 한국사상선 16

최제우·최시형·강일순
개벽 세상을 꿈꾸다

초판 1쇄 발행 / 2024년 7월 15일

지은이 / 최제우 최시형 강일순

편저자 / 박맹수

펴낸이 / 염종선

책임편집 / 박주용 박대우

조판 / 박아경 박지현

펴낸곳 / (주)창비

등록 / 1986년 8월 5일 제85호

주소 / 10881 경기도 파주시 회동길 184

전화 / 031-955-3333

팩시밀리 / 영업 031-955-3399 편집 031-955-3400

홈페이지 / www.changbi.com

전자우편 / human@changbi.com

ⓒ 박맹수 2024

ISBN 978-89-364-8035-6 94150